JN412351

다니엘서의 난제 해석

다니엘서의 메시야 예언

간 하 배(Harvie M. Conn) 지음
정 정 숙 옮김

개혁주의신행협회

The Messianic Prophesies of Daniel

by

Harvie M. Conn

translated by

Jung Jung Sook

The Korea Society for the Reformed Faith and Action

개정 - 쇄신판에 부쳐

본서는 다니엘서의 난해 부분을 잘 해석한 책이다. 다니엘서는 계시록처럼 상징적 요소들(신상과 그 구조, 네 짐승, 뿔, 70 이레와 같은 숫자 등 특히 2장, 7장, 9장)이 많아 이해하기 어렵다.

저자는 다니엘서의 난제들 중에도 특히 이슈가 되는 부분을 다루되 세대주의자들과 비평학파의 견해들을 비판하면서 전통적 보수주의 입장을 밝혔다.

본서는 오래 전에 출판되어 신학계에 귀중한 연구서로 인정을 받아 6 쇄까지 출간되었다. 그러나 활자 조판에다 편집이 미흡하여 계속 독자들 앞에 내놓기가 거북하였는데 이제야 쇄신판을 내게 되었다. 정독을 하면서 교정을 하다 보니 잘못된 부분이 적잖게 발견되어 진작 개정 - 쇄신판을 내지 못한 것에 대해 만시지탄을 통감한다. 그래서 신간을 내는 각오로, 분량에 비해 여느 책보다 많은 시간과 정력을 쏟아 완전히 새롭게 출판하였다.

* 난삽한 문장들을 보다 이해하기 쉽도록 하기 위해 힘썼다.
* 착오된 성경 장절을 고침과 동시에 관련 성경 장절을 더 보완하되 성구 인용은 개역 개정판을 사용하였다.
* 길게 이어지는 내용은 독자들이 지루하지 않게, 또한 이해를 돕도록 길 안내 표지판과 같이 적당한 단락 사이에 대소 제

목들을 대폭 삽입하였다.

본서의 제목에 함축된 말대로 과연 다니엘서의 어느 부분이 "메시야 예언"을 가리키는가? 독자들은 이것을 과제로 삼고 읽어 나가면 이의 해답도 자연 터득하게 되고 다른 난제들의 해답도 알게 되어 성경에 대한 흥미를 한층 더 맛보게 될 것이다.

2007년 12월 5일

본 협회 편집·출판 담당
이 사 **최 석 진**

추천의 말씀

하나님의 말씀(성경)이 우리나라에 전해진 지는 벌써 오래 되었으나 이 말씀을 정확히 해석하는 운동은 매우 빈약하게 내려왔다. 그러므로 오늘날 성경 해석 문헌은 참으로 귀하다. 간하배(Harvie M. Conn) 선교사님께서 다니엘서 주석을 내어 놓으신 일에 대하여 우리는 크게 기뻐하는 바이다. 다니엘서는 풀기 어려운 책 가운데 하나인데(특별히 2, 7, 8, 9장 등이 그러하다.) 이렇게 어려운 책에 대한 주석이 이제 나왔으므로 진리를 옳게 분별해야 할 우리 교계가 많은 은혜를 받으리라고 나는 믿는다.

간하배 선교사님이 우리 신학계의 지도자적 입장에서 많이 봉사하시는 중, 이렇게까지 주석을 내어 놓도록 은혜를 주신 하나님께 감사하며 또 저자 자신에게도 감사하는 바이다.

이 주석에서 저자는 세대주의적인 해석이 예리하게 비판하였고 역사적인 칼빈주의 해석을 밝히 드러냈다. 그 한 가지 실례를 들면, 2:34,45에서 언급된 “손대지 아니한 돌” 운동이 그리스도의 복음 운동으로 해석되었다. 곧 그리스도의 복음은 궁극적으로 모든 원수를 정복하는 능력이라는 것이다. 그것은 물론 그리스도의 초림으로부터 재림까지에 포괄되는 능력의 역사를 말함이다. 구약은 이렇게 어디서나 그리스도의 초림과 재림을 합하여 한 가지 사건으로 말하고 있는데 여기서도 그 사상이 통하고 있다.

많은 교역자들과 성도들이 이 주석을 애독함으로써 크게 은혜를 받게 될 줄 믿는다.

前 고신, 총신, 합신 교장 및 원장

박 윤 선

머리말

젊은 선교사인 필자가 이 책을 쓰게 된 동기는 1962년에 서울에 있는 장로교 총회신학교로부터 다니엘서를 강의해 달라는 부탁을 받은 데 있으며 하나님이 주시는 힘과 지혜를 통하여 이 책을 쓰게 되었다.

이 책은 아직도 강의체로 되어 있으며 필자는 이것을 변경하기를 원치 않고 있다. 왜냐하면 이 책이 비록 많은 기술적인 문제를 가지고 있다 할지라도 20세기에 살고 있는 한국인들에게 다니엘이 직접 말하기를 원하고 있기 때문이다. 필자는 다니엘서가 진정한 예언서임을 부인하거나 역사적 오류를 가지고 있는 것이라고 하여 하나님의 말씀을 교정하기를 원하는 사람들과 견해를 달리한다. 우리는 지도자로서 이 책의 여러 페이지에 걸쳐서 나타나 있는 이러한 사람들을 알아야만 한다. 우리는 로울리(Rowley)와 몬트고메리(Montgomery)와 같은 학자들의 정성들인 책에서 풍부한 문학적, 언어학적 연구를 발견할 수 있지만 그들이 다니엘의 예언을 완전히 받아들이기를 기뻐하지 않는 것을 섭섭하게 생각한다.

필자는 본문에 대한 해석적인 견해를 충분하게 검토하려고 노력했다. 어려운 자료들을 사용하여 독자들에게 과중한 부담을 주지 않으려고 배려한 동시에 서구의 해석사에 대한 진가를 인정하여 서구의 해석사를 정당히 취급하는 것이 요청되고 구약에 대한 연구 자료가 부족하며 보다 명확한 역사 의식이 요청되는 한국 교회에 도움을 주려고 노력했다.

이 책을 쓰는 데는 많은 사람의 도움을 받았다. 그중에서도 가장 깊은 영향을 주신 분은 에드워드 제이 영(Edward J. Young, 1907-1968) 박사이며, 영 박사의 책을 이 주석의 여러 페이지에 자주 인용했다. 필라델피아에 있는 웨스트민스터 신학교에서 구약학 교수로 계셨던 영 박사의 책은 "하나님의 거룩한 말씀이 가지고 있는 권위와 통일성"을 옹호하는 유명한 학적인 책이다. 영 박사는 세계 20여 개 이상의 언어를 통달한 분이며, 어린아이 같이 하나님의 주권에 충실한 분이셨다. 이 책은 이토록 고상하고 훌륭하신 은사의 지혜가 반영된 책인 이유 때문에 그 점으로 보아서는 가치가 있는 책이다.

이 책을 내놓기까지에는 많은 사람의 숨은 봉사가 있었다. 필자의 동역자요 친구인 박윤선 박사님은 1967년에 그의 훌륭한 다니엘서 주석을 출판하면서 그의 주석 가운데 이 책의 많은 부분을 수록하는 영예를 필자에게 주셨으며 비록 그의 이름을 밝히지는 않았지만 이 책을 우리말로 번역하는 데 많은 협조를 해 주셨다. 이 책을 처음 번역하기 시작한 분은 현재 미국에서 연구하고 있는 장우익 집사였으며, 그의 노고는 굉장히 유익했음을 말해 둔다. 그 후 또한 많은 시간을 들여서 이 책을 번역한 정정숙 선생을 비롯하여 사랑의 노고를 아끼지 않은 분들에게 뜨거운 감사를 드린다.

끝으로 전문적인 기술을 사용하여 이 책을 편집하고 교정하며 출판 일체를 감독하여 이 책이 나오도록 수고해 주신 김남식 전도사께 진심으로 감사를 드린다.

이 책에 관한 모든 공을 한국말로 내놓도록 한국의 두루마기를 입혀 주신 분들에게 돌리며, 만일 어떤 잘못된 일이 있으면 그 책임은 저자에게 있음을 말해 둔다.

이 주석은 말씀의 약속과 하나님의 능력을 다시 나타내도록 해 달라는 필자와 동역자의 기도가 어려 있다. 다니엘을 통하여 주권적으로 역사하시던 다니엘의 하나님을 의지해야만 미래가 불확실한 오늘날의 한국도 소망이 있다. 하나님을 모르던 이방이 느부갓네살 왕은 이것을 깨닫고 "땅의 모든 거민을 없는 것같이 여기시며 하늘의 군사들에게든지 땅의 거민에게든지 그는 자기 뜻대로 행하시나니 누가 그의 손을 금하든지 혹시 이르기를 네가 무엇을 하느냐 할 자가 없도다."(단 4:35)라고 외쳤다.

간 하 배(Harvie M. Conn)

차 례

개정-쇄신판에 부쳐/3
추천의 말/5
머 리 말/7

제 1 부 여러 해석학파들 ……………………………15

1. 다니엘서의 저자 문제/20
(1) 자유주의적인 비평가들의 견해/20
(2) 전통적인 메시야적 해석/22

2. 다니엘서의 역사성에 관한 문제/24
(1) 자유주의적인 비평적 견해/24
(2) 전통적인 메시야적 견해/25

3. 4대 제국/29
(1) 자유주의 비평학파의 해석/29
(2) 전통적인 메시야 학파의 해석/32

4. 세대주의적인 해석/36
(1) 세대주의 단체 및 저서들/36
(2) 세대주의 연구를 위한 우량 도서/38

제 2 부 다니엘서에 나타난 메시야 예언들의 성격 ········48

1. 포로 생활의 의미/48

(1) 신정국(神政國)의 종지부/48

(2) 이방을 위한 새로운 시대의 시작/50

2. 본서의 메시야 예언의 목적과 주제/51

(1) 두 신학자들의 주석 고찰/52

(2) 매우 적합한 견해/55

제 3 부 큰 신상(神像)에 관한 환상(단 2 : 31-45) ·····60

1. 다니엘서의 이해의 기초와 열쇠인 제 2 장의 메시야 예언(환상)/60

(1) 제 2 장의 환상 : 그 주제와 이스라엘의 의문의 해답/60

(2) 느부갓네살의 꿈과 그 해석/62

왕이 꿈에 본 큰 신상(2 : 31)/66

그 신상(우상)의 각 부분(32-33)/71

손대지 않은 돌이 신상의 발을 파괴함(34)/ 75

우상을 친 돌은 온 세계에 가득함(35)/76

그 꿈의 해석을 선언(36)/ 77

금 머리(신상의 첫째 부분)에 대한 해석(37-38)/ 78

신상의 둘째(은), 셋째(놋) 부분(39)/ 90

종아리 부분(쇠 : 넷째 나라)(40)/ 98

발과 발가락 : 쇠 · 진흙(넷째 나라 아랫부분)(41-43)/100

메시야 왕국 실현에 대한 예언(44-45)/119

제4부 네 짐승 환상(단 7:1-28) 130

다니엘의 꿈과 환상(7:1) / 132
네 바람, 네 짐승(2-3) / 138
첫째 짐승(4) / 143
둘째 짐승(5) / 147
셋째 짐승(6) / 154
넷째 짐승(7-8) / 162
'열' 숫자와 열 뿔의 바른 해석 / 170
세대주의자들의 그릇된 주장 / 171
옛적부터 항상 계신 이의 모습(9) / 183
하나님의 심판의 광경(10) / 188
네 짐승에 대한 심판(11-12) / 191
인자의 영원한 권세와 영광과 나라(13-14) / 196
"인자 같은 이"에 대한 세 가지 해석 / 199
환상으로 인한 다니엘의 근심과 번민(15) / 215
다니엘의 질문과 하나님의 해답(16) / 217
네 큰 짐승=네 왕(17) / 218
성도들이 누릴 영원한 나라(18) / 219
넷째 짐승과 또 다른 뿔(작은 뿔)(19-20) / 226
성도들이 원한을 풀고 나라를 얻음(21-22) / 228
온 천하를 파괴하는 넷째 짐승-넷째 나라(23) / 232
넷째 짐승의 열 뿔-열 왕을 이은 또 하나의 왕(24) / 233
그 작은 뿔이 하나님을 대적하며 성도를 괴롭게 함(25) / 241
넷째 짐승의 완전 멸망(26) / 248
성도들이 누릴 영원한 나라(27) / 249
환상의 결론(28) / 250

제 5 부 칠십 이레(단 9 : 24-27) ··········· 252

1. 다니엘 9:24-27에 관한 해석파들/252

(1) 전통적인 메시야적 해석/252

(2) 비판적인 자유주의자들의 해석/253

(3) 기독교회의 해석/259

(4) 세대주의 해석/258

2. 이 계시가 다니엘에게 임하게 된 경위/261

"70 이레"에 대한 개요(9 : 24)/263

3. 9:24의 예언이 성취될 소극적 결과들/270

(1) 허물이 그침/270

(2) 죄가 끝남/272

(3) 죄악이 용서됨/272

4. 9 : 24의 예언이 성취될 적극적 결과들/274

(1) 영원한 의가 드러남/274

(2) 환상과 예언이 응함/275

(3) 지극히 거룩한 이가 기름 부음을 받음/277

"7 이레"와 "62 이레"(25)/279

"62 이레"의 특색(26)/289

"한 이레"의 성격과 내용의 개요(27)/298

참고 도서/ 312

제 1 부

여러 해석학파들

1883년 퓨지(E. B. Pusey)는 옥스퍼드 대학교에서 다니엘서 강의를 시작할 때 다음과 같은 말을 했다.

> 다니엘서는 특별히 신앙과 불신앙의 일대 싸움터라고 하기에 적합하다. 다니엘서는 어떤 타협도 허용하지 않고 있다. 다니엘서는 성령의 영감으로 된 책이 아니며 사기(史記)의 산물일 것이다. 어떤 책이든지 다른 사람의 이름으로 책을 써서 그 사람이 쓴 것처럼 내어 놓는 것은 어떤 경우를 막론하고 이는 위조요 본질적으로 불성실한 짓이며 모든 신빙성을 파괴하는 것이다(*Lectures on Daniel*, London, p. 1).

퓨지는 다니엘서를 하나님과 성령의 영감으로 된 작품이라고 하였다. 그는 "다니엘서를 연구하려면 근본적으로 두 가지 견해 중 어느 하나를 취할 수밖에 없다. 즉, 다니엘서를 정확무오한 저서로 인정하든지, 인정하지 않든지 해야 한다."고 말했다.

다니엘서 예언의 역사성과 정확성에 대한 주석가들의 태도는 오늘날에 와서 다니엘서의 메시야 예언 연구에서 나타나고 있는데 이것은 근본적으로 서로 상반되는 두 가지 견해이다. 그 하나는 전통적 메시야적인 해석이라 할 수 있는 것이며, 다른 하나는 자유주의의 비판적인 해석이라 할 수 있을 것이다. 전통적 메시야적인 견해는 다니엘서 전권을 포로 시대에 바벨론 궁중에 있었던 다니엘 자신이 기록했다고 본다. 그러나 자유주의 견해는 다니엘서를 한 사람이나 혹은 한 사람 이상의 저자들이 쓴 저서라고 보며 이 책의 일부분이 B.C. 2세기 이전에 기록되었는지 아닌지는 잘 모르지만 대체적으로 이 책이 B.C. 2세기의 마카비 시대에 기록, 편찬되었거나 최종적으로 완성된 것만은 확실하다고 한다.

다니엘서를 연구함에 있어서 이렇게 두 개의 학파로만 분류하는 것은 너무나 간추린 것이어서 좀 더 부연(敷衍)해야 한다고 주장하는 자도 있다. 영국학자 로울리(H. H. Rowley)는 그의 저서인 『다니엘서의 세계 4대 제국과 메대의 다리오 왕(*Darius The Mede And The Four World Empires In Daniel*)』에서, 역사적인 관점에서 볼 때 다니엘서 연구가 복잡성을 지니고 있는 것을 지적하고 다니엘서의 메시야 예언에 관한 주석가들의 견해를 단순히 두 학파로만 분류하는 것을 반대하고 있다. 그의 말을 여기에 인용해 보자.

4대 제국에 관해서는 비판적인 정통파와 반(反)비판적인 정통파 사이에 아무런 논쟁이 없다. 왜냐하면 비판적인 학파와 반(反)비판적인 학파가 제안하는 해결책은 거의 대부분이 비판적인 학파가 주장하는 비판 근거를 초월하는 근원에 돌아가기 때문이다. 4대 제국에 관해서는 중요한 세 가지 견해가 1,500년 동안 주장되어 내려왔다.

첫째 견해는, 고대 에프램 시러스(Ephraem Syrus)가 주장한 것으로, 4대 제국을 (1) 바벨론(Babylonian), (2) 메대(Median), (3) 바사(Persian), (4) 헬라(Greek)라고 보는 견해이다.

둘째 견해는, 포르피리(Porphyry)와 폴리크로니어스(Polychronius)가 주장한 것으로서, 4대 제국을 (1) 바벨론(Babylonian), (2) 메대-바사(Medo - Persian), (3) 알렉산더 대왕이 다스리던 헬라 제국(The Greek Kingdom of Alexander),

(4) 알렉산더 대왕의 후계자들이 다스리던 나라(Alexander's Succssers) 등으로 본다.

셋째 견해는, 제롬(Jerome)과 많은 교부들이 주장한 것으로 (1) 바벨론(Babylonian), (2) 메대-바사(Medo-Persian), (3) 헬라(Greek), (4) 로마(Rome) 등으로 보는 견해이다.

수 세기에 걸친 이러한 논쟁은 아무런 일치점에 도달하지 못했으나 이 세 가지 견해는 모두 다니엘서의 기원에 관하여 전통적인 견해를 옹호하는 자들에 의해서 주장되어 왔다. 오늘날에 와서는 **첫째** 견해가 이런 옹호자들의 지지를 받지 못하고 오히려 한 세대 전의 비판적인 정통으로 되어 버리고 말았다. **둘째** 견해는 저술가들의 오랜 계승으로 인하여 지지되어 왔는데 비판학파에서는 베르돌트(Bertholdt)와 모러(Maurer) 등만이 그 계열에 속하여 왔으며 이 견해는 라그랑즈(Lagrange)와 부지(Buzy)에 의해 오늘날까지 전해져 왔다. **셋째** 견해는 가장 널리 보급된 전통적 견해로 되어 왔으며 이 견해는 지금도 반비판학파의 일반적인 지지를 받고 있다.(p. 6-7).

위에서 언급한 로울리의 연구는 그가 참고한 참고 도서 목록이나 그의 해석 내용을 볼 때 그 중요성을 과대 평가하기가 곤란하다. 전통적 메시야적인 해석을 지지하는 자들의 경향은 다니엘서의 전통적인 연대와 저자 문제를 수납하는 자는 누구나 과거에 제 4 제국을 반드시 로마라고 해석하였다는 것이다. 그러나 로울리는 그러한 착각(錯覺)을 깨뜨림으로 오히려 기뻐한다.

그는 이 착각을 해석사(解釋史)로 밝혀 내면서 "제 4 제국을 헬라라고 보는 것은 꺾을 수 없는 정통파의 학설이라고 말한다. 얀(J. Jahn)과 로슨 뮬러(Rosen Muller)와 죄클러(Zöckler)와 웨스트코트(Westcott) 등이 이 견해를 주장하여 왔으며 그들은 모두 다니엘서의 전통적인 연대와 다니엘의 저작권을 인정하면서 제 4 제국을 헬라라고 했다. …"(p. 71-72)

로울리는 웨스트민스터 총회에서 출판한 주석들(Annotations)까지도 인용하면서 "이것을 로마로 생각한다는 것은 다니엘서뿐만 아니라 기독교 전체를 해치는 그릇된 해석이며 이런 해석은 다니엘서에서 나온 진리라 할 수 없다. …"(P. 72)고 말했다.

다니엘서를 연구해 가는 동안에 로울리가 쓴 다니엘서 주석을 자주 인용하게 될 것이다. 영문(英文)으로 된 참고 서적 가운데서 로울리의 저서를 능가할 만한 책이 없을 것이다. 그 책의 마지막 두 페이지는 특별한 가치가 있다. 거기에서 그는 4대 제국에 관한 저자들의 해석을 모두 도표로써 표시하면서 아주 필요한 참고서들을 보여 주고 있다.

비록 로울리가 말하는 것의 대부분이 타당성을 가진 것이라고 인정하고 과거의 주석가들의 여러 가지 모순들을 거리낌 없이 인정한다고 할지라도 우리는 아직도 오늘날의 연구를 두 학파로 구분하는 방식이 유익하다고 본다.

이 분류는 특히 다니엘이 본 환상에 관한 현대적인 연구에 있어서 각 학파들의 학설을 서론적으로 더욱 깊이 훑어보는 데 적절한 방식이다. 전통적인 메시야 해석파와 자유주의적인 메시야 해석파로 나눈 과거의 분류가 정확하지 못할지도 모르지만 이 분류는 현대적인 연구에서 유용한 목적에 사용된다. 이와 같은 단순한 분류에서도 서로 다른 의견들이 많이 있음을 인정한다.

로울리의 저서는 다니엘서 해석에 관하여 자유주의 비판 해석파 내에서 지난 세대에 일어났던 변동들을 강조하고 있다. 자유주의 비판에서 일어난 가장 큰 변동은 다니엘서의 단일성에 관한 것이었다. 19세기 초에는 자유주의적인 비평가들은 본서의 전권(全卷)을 마카비 시대의 한 저자가 쓴 것으로 보았다. 그러나 현대 자유주의 학파 중에는 본서의 단일성을 부인하고 본서의 저자를 둘로 생각하는 학자들이 있다. 로울리 자신은 다니엘이 바로 그 저자라고 하는 사상은 부인하지만 본서를 한 저자가 썼다는 단일성만은 인정한다.[1)]

한 학파 안에서 여러 가지 다른 의견들을 가지고 있는 것은 자유주의 학파에만 국한된 것이 아니다. 다니엘서를 역사적으로 무오한 책으로 인정하며 4대 제국을 근본적으로 바벨론, 메대-바사, 헬라, 로마의 순서로 생각하는 학파에서도 역시 여러 가지 견해의 차이들을 가지고 있다. 이 학파에 속하는 학설들 중에서 가장 뚜렷한 학설은 세대주의(世代主義) 학설이라고 할 수 있다. 세대주의(Dispensationalism)는 전통적 메시야 해석파들 가운데 널리 퍼졌으므로 앞으로 별도로 취급하고자 한다.

전통적 메시야 해석파의 자유주의 비평학파에 속하는 대표적인 주석가들의 가장 뚜렷한 견해를 비교해 보면 이 두 학파의 견해를 잘 알 수 있을 것이다.

우리는 다니엘서의 해석사(解釋史) 전체를 취급하지 않고 20세기의 해석사만 고찰하려고 하며 특히 여러 가지 해석들을 개괄적으로 고찰하려고 한다. 그리고 자세한 것은 로울리의 저서를 참고하는 것이 좋다고 생각한다.

---

1) H.H. Rowley, *The Servant of the Lord* (London : Lutterworth Press, 1952), p. 237-268.

1. 다니엘서의 저자 문제

(1) 자유주의적인 비평가들의 견해

20세기에 와서 자유주의 비평학파 안에서는 다니엘서의 단일성에 관한 견해의 풍토가 달라졌다는 것을 앞에서 살펴보았다. 어떤 사람은 계속적으로 본서의 단일성을 인정하고, 다른 사람은 그것을 부인하고 있다. 본서의 단일성에 관한 그들의 이와 같은 태도는 제쳐 놓고라도 다니엘이라는 이름을 가지고 있는 본서가 다니엘의 저술임을 부정하는 데 그들의 의견이 일치하고 있으며 심지어는 다니엘서의 어느 일부분까지도 다니엘이 쓴 것이 아니라고 한다.

20세기 초기의 자유주의 비평가들은 비록 본서의 단일성은 부인하였지만 본서의 후반부는 다니엘의 순수한 저술이고 전반부만이 후대작이라고 하였다. 그러나 현대 자유주의자들은 그 후반부까지도 다니엘의 저서로 인정하지 않는다. 다니엘서의 후반부는 마카비 시대의 저술이고, 그 전반부는 그보다 약간 오래된 것이라고 한다. 달만(Dalman)이 쓴『예수의 말씀』[2)]이라는 최근의 저서와 토리(Torrey)가 쓴『다니엘서의 아람어 부분에 관한 고찰』[3)]이라는 저서,『국제 비평 주석 총서(*International Critical Commentary Series*)』에 수록된 몬트고메리(J. A. Montgomery)의 저서 등은 모두 이러한 결론을 내린다. 특히 본서의 단일성을

---

2) G. Dalman, *The Words of Jesus* (D.M. Kay, 1902)
3) C. C. Torrey, "Notes on the Aramaic Part of Daniel," *Transactions of the Connecticut Academy of Arts and Sciences* (1909), pp. 241-282.

부정하는 대표적인 책이 몬트고메리의 저서이다. 이 책은 1927년에 처음으로 나왔는데 당시에 그는 펜실바니아 대학 교수로 있었다. 이 책에서 특별히 가치 있는 부분은 그가 취급한 언어학적인 문제이다.

우리가 연구하고 있는 본서의 저자가 다니엘인 것을 반대한 최초의 인물은 두로 사람 포르피리(Porphyry of Tyre)였다. 그는 제3세기에 살았던 신(新)플라톤주의 철학자로서 시실리(Sicily) 섬을 방문했을 때 『기독교 신자들을 공격함(*Against The Christians*)』이라는 제목으로 15권으로 된 저서를 썼다. 그의 저서는 완전히 없어졌으나 그중 제12권에서 다니엘서를 공격하여 말하기를 "본서가 주전 제5세기에 살았던 다니엘의 저술이 아니라 안티오커스 에피파네스(Antiochus Ephiphanes)의 시대-즉, 주전 2세기경에 유대에 살고 있었던 어떤 사람이 쓴 것이라."고 하였다.

포르피리가 본서 저술의 연대를 안디오커스 에피파네스의 시대까지 늦추어 생각하는 이유는 무엇인가? 그는 근본적인 이유를 다니엘서 11장에 안티오커스의 통치와 시대상이 자세하게 기록된 까닭이라고 한다. 그는 이렇게 분명하고 정확한 기록은 당시에 살았던 사람만이 할 수 있다고 주장했다.

오늘날의 자유주의자들도 다니엘서에 묘사된 안티오커스 에피파네스의 시대상에 관한 정확성에 대하여 이상하게 생각하며 문제를 삼는다. 그들의 주장이 포르피리의 주장과 일치하기 때문에 여기에서 포르피리를 먼저 언급한 것이다.

로울리는 그의 저서 『*Darius The Mede and The Four World Empires In Daniel*』의 결론에서 다음과 같은 논조로 이것을 문

제로 삼는다. 그가 본서를 주전 2세기의 저서로 받아들이는 두 개의 강력한 동기 중의 하나로 이것을 들고 있다.

> 만일 본서에서 주전 6세기의 시대상에 대한 묘사가 정확하지 못하기 때문에 주전 6세기의 산물이 아니라면 본서가 주전 2세기의 시대상 묘사는 아주 정확하게 하고 있는 것으로 보아 주전 2세기에 기록한 것으로 볼 수 있다(p. 175-176).

(2) 전통적인 메시야적 해석

어거스틴 시대로부터 보수주의 학자들은 다니엘을 본서의 저자로 인정하는 데 견해를 같이해 왔다. 로울리는 지나간 두 세대 동안 본서의 저작자 문제에 대한 자유주의 학파의 견해에는 어떤 변동이 있었다고 주장하지만 같은 기간 동안에 이 문제에 대한 보수주의 학자들의 의견에도 이런 변동이 있었다고 말하지는 않는다(p. 1-2).

현재 이 전통적인 견해를 옹호하고 있는 가장 훌륭한 영문 주석은 필라델피아에 있는 웨스트민스터 신학교의 구약 교수였던 영 박사(Dr. Edward J. Young)의 저서일 것이다. 영 박사는 그의 다니엘서 전권(全卷)에 관한 주석과 『다니엘서의 메시야 예언(*The Messianic Prophecies of Daniel*)』(Eerdmans, 1954)이란 책에서 **다니엘서의 저자 문제에 대한 보수주의적인 태도**를 강력하게 옹호하고 있다. 그는 특별히 아래와 같은 점들을 고찰한다.

① 다니엘서 자체가 다니엘이 그 계시를 받은 사람으로 말한다

본서의 둘째 부분에서 다니엘은 계시를 받은 사람으로 이름이 기록되었고, 그는 또한 제일 인칭으로 말하고 있다(7 : 2, 4, 5 이하,

8:15 이하, 9:2 이하, 10:2 이하, 12:5-8 참조). 다니엘은 또 그 말씀이 기록된 본서를 간수하라는 명령까지 받았다(12:4).

② 다니엘서 저자의 확실한 단일성

본서의 전권(全卷)은 확실히 한 저자가 쓴 것임에 틀림이 없다. 만일 다니엘이 계시의 어떤 부분을 받은 자로 이름이 기록되었다면, 자연히 그가 본서 전권의 저자임에 틀림이 없다는 결론이 나오게 되는 것이다. 이런 논조로써 영 박사는 본서의 단일성도 변호하고 있는데 이 문제에 관해서는 생략한다.

③ 예수님의 입증

예수님께서는 선지자 다니엘을 "멸망의 가증한 것"(마 24:15)에 대하여 예언하는 자로 명백하게 말씀하신다. 또한 다른 구절들 가운데서도 그는 다니엘의 예언에 대하여 간접적으로 언급하신다(마 10:23, 16:27, 19:28, 24:30, 25:31, 26:64 참조).

④ 기타 문헌들의 입증 가능성

모세 오경의 희랍역(譯)(주전 3세기)은 아마도 다니엘서의 영향을 받은 것으로 보이며 마카비서(Book of Maccabees)에서도 다니엘의 사적에 관한 이야기와 풀무불 가운데 던짐이 된 세 청년에 관해서 언급하고 있다. 그리고 시라의 아들이 저술한 『지혜문(*The Book of Ecclesiasticus*)』도 직접 다니엘의 이름을 기록하고 있지는 않지만 그의 행적을 알고 있었던 것 같다.

영 박사는 1954년에 출간된 그의 작은 책자 가운데서 이 『지혜문』이 후대에 편집되었을 가능성은 있을 수 있다고 한다. 그는 이렇게 말했다.

> 특히 본서의 철자법이 후에 새로 고쳐졌을 가능성이 있다. 본서의 아람어가 후대의 아람어(Reish-Aramaic) 곧 바사 시대의 언어로 된 이유가 이 때문일지도 모른다. 그러나 필자의 의견으로는 본서의 언어가 주전 제6세기에 나왔을 수 없다고 할 이유는 전연 없다(p. 8-9).

2. 다니엘서의 역사성에 관한 문제

(1) 자유주의적인 비평적 견해

이 학파는 다니엘서에도 역사적 오류가 있다고 주장한다. 그들은 본서에 오류가 있다고 하는 이유로서 종종 본서의 단일성을 그 증거로 사용하기도 한다. 로울리는 그의 저서의 결론에서 이렇게 말하였다. "하나의 공통된 오류가 본서의 전권(全卷)에 산재(散在)해 있다는 사실은 본서의 저자의 단일성을 논증해 준다."(p.176)라고 하였다. 그러나 자유주의적 비평 견해를 가진 모든 사람들은 본서의 단일성을 인정하든지 않든지 간에 본서에 역사적 오류가 있다는 것은 본서가 후대 작품임을 논증해 준다는 것이다. 이러한 오류는 결코 일찍이 주전 6세기에 느부갓네살왕의 궁전에서 살았던 사람에 의해서는 범해질 수가 없었을 것이라는 것이다.

『학교와 대학들을 위한 케임브리지 성경(*The Cambridge Bible for Schools and Colleges*)』(1900년 초판, 1922년 재판)이라고 알려진 주석 총서에서 다니엘서 주석을 담당한 드라이버(S. R. Driver)는 자유주의적인 견해를 취하는 자들의 대표자다. 드라이버는 말하기를, 다니엘서에 나오는 넷째 나라가 로마라고 하는 주장의 치명적인 난관은 실제로 있었던 역사를 우롱하는 예언의 실수이이며, 예언이 장차 일어날 사건들을 초자연적으로 그 윤곽을 나타내 준다는 가정에 근거하여 제 4 제국을 로마로 보는 학설은 실제로 있었던 역사적 사실과 그 예언이 일치하지 않은 모순된 일이라고 주장했다.

다니엘서의 역사성을 반대하는 주장 중 더욱 현대적인 비평은 파이퍼(R. H. Pfeiffer)가 쓴 『구약 총론(*Introduction to the Old Testament*』(1941)에서 찾아볼 수가 있다. 파이퍼는 본서의 역사적인 배경에 관해서만 5 페이지나 길게 말하고 있다. 그는 거기에서 비평하기를 "모호한 말"이 있으며, "해석할 가치 없는 몇 개의 구절들"과 "모호하고 애매한 말로 어떤 사건들을 되풀이한 부분"도 있고, "그릇된 보고"도 있으며, "최초의 역사적 언급(다니엘 1:1)도 정확하지 못하며", "저자의 말이 혼동되어 있고", "사실과의 모순", "연대의 착오" 등이 있으며, "저자의 혼잡한 정신 상태"에서, "저자의 오해로 나온 말"도 있으며, "이 비역사적인 이야기는 자기의 기억상 혼동인 듯하다.", "저자의 지식은 극히 막연하다."는 등의 말들을 하고 있다.

(2) 전통적인 메시야적 견해

다니엘서의 역사성에 관하여 전통주의 학자들은 무엇보다도 다니엘서 본문을 신적 유래(神的由來)에 근거하고 있다고 생각한다.

이 전통주의 학자들이 본서 기록의 정확성을 변증하는 태도는 그들이 가지고 있는 성경 전체에 대한 태도와 마찬가지다. 그 태도는 다니엘서의 원본을 정확 무오한 하나님의 영감으로 된 것이라고 확신하며 본서는 신앙과 본분에 대해서뿐만 아니라 역사적인 요소에 대해서도 영감되었다고 확신하는 것이다. 물론 그들도 본서의 어떤 난제들에 대해서는 명백한 대답을 못하지만 우리의 무지를 인정하고 장차 하나님께서 지혜를 주시면 그것들도 깨달을 수 있을 것이라고 생각한다. 이와 반대로 성경을 정확 무오한 하나님의 말씀으로 인정하지 않는 자들은 본서에서 오류를 찾기에 급급하다. 성경 전체에 대한 그들의 이와 같은 태도는 결국 본서에 대하여서도 그대로 나타나고 있다.

다니엘서의 역사성을 변호한 최초의 학자는 자유주의자들과 반대되는 태도를 잘 나타내어 주었다. 그는 바로 헹스텐베르크(E. W. Hengstenberg, 1802-1869)였다. 그는 강력한 신앙의 변증가였고 구약에 대한 박학한 주석을 많이 저술했다. 워필드(B. B. Warfield)는 그를 가리켜서 말하기를 “그는 하나님께서 지금까지 교회에 주신 성경 해석자 가운데서 가장 위대한 사람 중에 한 사람이다.”라고 했다.

헹스텐베르크는 특히 다니엘서의 예언에 관하여 두 가지 책을 저술했다. 그는 1848년에 『다니엘서의 순수성에 관한 논문(*Dissertations on The Genuineness of Daniel*)』을 출판했는데, 이 논문은 그 당시에 처음으로 과학적인 방법을 제시하던 자유주의의 비평 해석을 반박했다. 백림(伯林) 대학교의 교수였던 그는 『구약의 그리스도론(*Christology of the Old Testament*)』이라는 제목으로 네 권의 큰 책들을 저술했다.

이 책은 구약의 중요한 메시야 예언들 전반에 걸친 주석이다. 특히 제3권은 다니엘서 7:13-14과 9:24-27을 대단히 상세하게 설명하고 있다.

이와 거의 같은 시대에 자유주의적 비평 신학의 공격에 대항하여 구약을 변증하던 또 다른 하나의 위대한 다니엘서 주석가는 칼 프리드리히 카일(Karl Friedrich Keil, 1807-1888)이라는 학자이다. 그는 델리취(Franz Delitzsch)와 함께 구약 전권(全卷)의 주석을 저술했는데, 이 주석은 성경이 성령의 감동으로 된 정확 무오한 책이라는 성경의 권위를 변증하고 있다. 델리취가 카일과 함께 구약에 관한 25권의 주석을 저술할 때까지의 입장은 전통적인 메시야 학파의 견해였으나, 그 후의 저작에는 이 입장을 포기하였다.

그러나 비록 이들이 19세기에 저술 활동을 하였고 자유주의의 비평 사상이 일어나는 시작만을 보았지만 그들의 저서는 20세기에 살고 있는 오늘의 주석가들에게 큰 영향을 끼치고 있다. 예를 들면, 루폴드(Leupold)와 영(E. J. Young)은 카일이 쓴 이 총서에 있는 다니엘서 주석을 많이 인용하고 있다. 영 자신은 이 주석을 가리켜서 "가장 훌륭한 다니엘서 주석"이라고 말했다.

아마도 20세기에 있어서 다니엘서의 역사성에 관한 가장 위대한 옹호자는 프린스턴 신학교에서 수년 간 셈족어를 가르쳤던 윌슨(R. D. Wilson) 교수일 것이다. 윌슨은 다니엘서를 전공했는데 특히 본서와 관련이 있는 언어학적 역사적인 문제들을 전공하였다. 그는 1930년에 별세했는데, 별세 전에 윌슨은 본서의 역사적인 신빙성을 옹호하는 두 권의 책을 저술했다. 이 두 저작들은 아직까지 가장 손꼽히는 저서이다.

로울리는 그의 저서의 결론에서 위에서 언급한 학자들의 견해 가운데 어떤 것은 인정하고 본서에 오류가 없다고 그들이 애써서 변증한 것은 공연한 염려라고 말하였다. 그는 또 본서에는 역사적인 오류가 부단히 나타나는데 "이 오류는 결단코 신앙을 파괴시키지 않고 도리어 강화시키며 신앙의 합리적 근거를 제공한다."고 말했다(p. 179/16쪽의 그의 저서 참조). 또 그는 같은 저서에서 다음과 같이 말했다.

> 다니엘서에 역사적 오류가 있다는 것과 과거 역사에 대한 저자의 지식이 불완전했다는 것과 미래에 대한 과장된 소망을 이런 환상들 가운데서 찾는다고 인정하는 것은 계시의 실체가 아니라 그 성격을 다르게 만드는 것이다. 이것은 하나님은 결코 오류가 없는 분이시기 때문에 본서가 전적으로 하나님께 속했다고 할 수 없다는 것이다. 본서에는 어떤 인간적인 것이 있으며 이 사실로 보아서 본서가 전체적인 면에서 사람의 것이요, 그 안에 하나님의 것은 전연 없다는 것은 아니다(p. 179-180).

우리는 로울리의 솔직한 듯한 태도에 대해서 생각할 점이 있다. 본서에 오류가 있다고 하면서 그 책임을 하나님께 돌리지 않고 저자에게 그 잘못을 돌리는 것도 주목할 만한 일이다. 그러나 로울리가 본서에 있는 역사적 오류가 본서의 종교적 가치를 약화(弱化)시키지 않고 도리어 강화시킨다(p. 178)고 한 것은 완전한 근거를 갖지 못한다.

영 박사는 그의 다니엘서 주석에서 자유주의 비평학파의 이런 반동을 잘 공격했다.

> 다니엘서는 엄격한 역사적 문헌임을 의미한다. 본서는 사람과 국가의 장래 행복에 대한 하늘의 하나님께로부터 온 계시임을 주장하고 있다. 만일 본서가

마카비 시대에 살고 있던 사람들의 신앙을 강화하기 위하여 마카비 시대에 저술되었고, 그 작자는 주전 6세기에 살았던 다니엘인 것처럼 인상을 준다면 본서는 위작이다. 이러한 결론은 불가피한 것이다(p. 25).

영 박사의 이와 같은 견해는 지극히 타당하다. 이것은 로울리가 엄격하게 살펴보지 못한 문제이다. 만일 다니엘서가 역사적인 오류로 가득 찬 종교적 위작이라면 본서 본질이 거짓과 오류로 된 것인데, 어떻게 실제적으로 종교적인 가치를 강화한다고 할 수 있겠는가? 도리어 그것은 그 주고자 하는 종교적 유익을 약화시킬 것이다. 이러한 이유로 메시야 학파의 전통적 옹호자들은 자유주의적 비평학파를 강력히 반대해 왔다.

3. 4대 제국

(1) 자유주의 비평학파의 해석

다니엘서의 메시야 예언 구조는 4대 제국에 관련되어 뒤따라 나온다. 이 근본적인 구조는 특히 다니엘 2장과 7장에 기록되어 있다. 이 4대 제국을 어떻게 취급하는가에 따라 본서 전권을 해석하고 이해하는 데 그대로 영향을 미치게 된다.

자유주의 비평학파와 전통적 메시야 학파는 여기에서 가장 근본적인 견해의 차이를 나타낸다. 특히 제4왕국이 어느 나라인가 하는 해석은 수 세기에 걸쳐서 논쟁의 중심이 되어 왔다. 전통주의의 견해는 제4왕국이 로마라고 보아 왔고, 자유주의자들은 그것이 헬라라고 보아 왔으며, 느부갓네살 왕이 본 꿈과 다니엘이 본 환상은 헬라 왕 안티오커스 에피파네스 시대에 정점을 이루었다고 주장한다. 제4왕국을 헬라로 보는 이 견해는 제 2 왕국이 메대라고 하는 견해를 꼭 주장하지는 않으나 그 견해를 주장할 만한 길을 열어 놓고 있다. 그 이유는 만일에 제4왕국이 헬라라는 견해가 잘못인 것으로 판명될 때는 제2왕국을 메대로 모는 견해도 그것과 함께 잘못된 것으로 판명되기 때문이다.

다시 말해서 자유주의 비평 학설은 지금도 매우 강력하게 지지를 받고 있으며 또한 언제나 자유주의 학파를 옹호하는 자들에게 매우 강력한 지지를 받아 왔다. 그들은 4대 제국을 다음과 같이 배열시킨다.

첫째 제국 - 바벨론	셋째 제국 - 바 사
둘째 제국 - 메 대	넷째 제국 - 헬 라

그러면 이 해석은 무엇을 의미하는 것인가? 이런 해석은 보수주의적인 기독교인이 받아들일 수 있는 견해인가?

이러한 사상을 받아들임으로 오는 결과는 어떤 것인가?

① 예언대로 믿는 이들에게 방해

이러한 견해는 본서의 예언을 그대로 믿는 사람에게 큰 방해가 될 것이다. 라이트(Wright)는 말하기를 "제4왕국이 고대 로마라는 것을 반대하는 현대주의 학파는 결국 예언에서 예언적 요소를 제거시키고 신구약 성경의 예언을 단지 옛 사람들의 추측적인 언사로 그 가치를 축소시켜 버린다."[4]라고 했다. 우리는

4) C.H. Wright, *Daniel and His Critics* (London : Williams and Norgate, 1906), p. 128.

라이트의 이 말이 4대 제국에 관한 자유주의적인 해석을 받아들이는 데 존재하는 가장 근본적인 난제 중의 하나를 지적해 주었다고 생각한다.

자유주의 학자들은 다니엘서의 메시야 예언에 나타난 인물이 어떤 개인이라는 사실을 부인하는 데 의견을 같이하고 있다. 그 실례로서, 다니엘 7:13-14에 있는 인자(人子)란 말은 메시야 개인을 언급하는 것이 아니고 가장 높으신 이의 성도들인 하나님의 백성 - 즉, 이스라엘을 언급하는 집합적 명사(集合的名詞)라고 해석한다.

찰스(R. H. Charles)는 그의 다니엘서 주석(1929)에서 이런 견해를 옳다고 주장하고 있으며, 프린스(J. D. Prince)도 1899년도에 출판한 그의 다니엘서 비평 주석에서 이 견해를 지지하고 있다. 그러나 전통주의 견해는 그 인자의 모습을 예수 그리스도라고 해석한다.

다니엘 9:24-27도 이와 같은 방식으로 해석한다. 보수주의 학자들은 이 구절을 로마 통치 시대에 오실 그리스도를 언급하였다고 하나 비평학자들은 넷째 나라를 로마로 보지 않고 헬라로 보기 때문에 본서 9:25에 언급된 "기름 부음 받은 자"가 예수 그리스도가 아니라고 한다. 드라이버와 몬트고메리는 이 기름 부음 받은 자를 마카비 시대인 주전 171년에 살해된 대제사장 오니아 3세(Onias III)였을 것이라고 한다.

② 자유주의 학파의 오류

만일 자유주의 비평학파가 주장하는 것과 같이 제2왕국이 메대이며 제3왕국이 바사였다고 주장한다면 다니엘서에 큰 오류가 있다고 인정하지 않을 수 없게 된다. 그 이유는 실제적인 역사적 사실에 비추어 볼 때 바벨론 멸망 전에 이 환상에 있는 것과 같은 분열된 메대가 없었기 때문이다.

(2) 전통적 메시야 학파의 해석

보수주의 학자들의 현대적 연구는 4대 제국들을 다음과 같은 순서로 인정한다(오른편에 자유주의 견해를 비교해 놓았다).

보수주의적 견해	자유주의적 견해
첫째 제국 - 바벨론	바벨론
둘째 제국 - 메대-바사	메 대
셋째 제국 - 헬라	바 사
넷째 제국 - 로마	헬 라

로울리는 과거에 보수주의자들이 널리 지지해 온 또 다른 제3의 견해를 제시한다. 이것은 4대 제국을 ① 바벨론 ② 메대-바사 ③ 알렉산더 대왕이 다스리던 헬라 ④ 알렉산더 대왕의 후계자들이 다스리던 나라라는 것이다.

이 견해는 19세기에 안도버(Andover) 신학교의 스튜아트(Moses Stuart)가 주장하였고(1850), 또한 죄클러의 보수적인 저서에도 나타나는데 죄클러의 주석은 랑게(J. P. Lange)의 이름으로 간행된 총서의 한 부분을 차지하고 있다(1870년 출판, 1876년에 영역됨).

그러나 오늘날에는 이 견해가 본서의 현대적인 연구에서 완전히 도외시되고 있다. 영 박사는 말하기를 "오늘날의 저술가들은 제4왕국을 알렉산더 대왕의 후계자들이 다스리던 나라를 언급하는 것으로 보는 견해를 학적으로 옹호하는 사람은 없는 줄 안다."(p. 17-18/앞의 22쪽 저서 참조)라고 하였다. 그러므로 우리는 그것을 역사적인 가능성을 표시하는 것 이외에는 무시해 버리는 것이다.

일반적으로 말하자면 다니엘서의 역사적 신빙성을 지지하는 사람들은 다니엘서 2장과 7장에서 보여 주는 4대 제국에 관한 그들의 해석과 옹호에서 완전히 일치되어 있다. 즉, 어거스틴, 루터(Martin Luther), 칼빈(John Calvin), 헹스텐베르크, 퓨지, 카일, 영 등의 옹호자들은 동일한 입장을 취한다. 이 입장을 지지하는 사람들은 제4왕국을 로마로 해석하며 일반적으로 처음의 세 왕국들의 순서를 바벨론, 메대-바사, 헬라 등의 순서로 해석한다.

다니엘서에 관한 루폴드의 최근 저서는 여러 가지 점으로 보아 보수주의 학파의 최근 주장 가운데서 전형적인 것이다. 루폴드는 카일이나 클리포드(Kliefoth)와 같은 학자들의 풍부한 보수주의적인 전통을 많이 인용함으로써 본서의 예언이 메시야 개인을 말한다는 해석을 강력하게 옹호하고 있다.

다니엘서 7장에 있는 '인자'란 말은 예수 그리스도를 가리키는 말이며, 다니엘서 9장 24-27절의 예언은 그리스도의 임하심에 대한 메시야적인 예언이지 자유주의 학파가 주장하는 바와 같이 마카비 시대에 관한 예언은 결코 아니다.

이러한 예언에 관한 메시야적 해석을 열렬히 옹호하는 것 때문에 보수주의 학파는 다른 견해들에 대해 공평치 못하고, 그 언사가 과격하다는 비난을 종종 받아 왔던 것이다. 우리는 로울리가 "정확한 예언을 선천적으로 믿지 않는 불신앙"5)이란 비난을 받고 그 비평적인 견해를 변명할 때에 이러한 공격을 그의 심중에 품었으리라고 생각한다. 그러나 이 반격들이 여러 면에서 사실이라 할지라도, 비평학파에 속하는 학자들이 이와 같은 비난들의 배후에 있는 이유를 분명하게 알지 못했다고 생각하지 않을 수 없다.

다니엘서의 메시야 예언이 메시야이신 예수 그리스도를 가리킨다고 해석하는 우리들은 다니엘서가 신약의 구조를 이루었다고 보는 것이다. 그러므로 신약이 구약의 상징적인 표현을 미래를 말하는 예언의 형태로 해석할 때 그것은 바로 구약을 해석하는 하나님의 음성인 것이다. 신약이 확증하여 주고 있는 다니엘서 해석을 반대하는 자는 신약의 권위에 대한 반대도 내포하고 있다.

예를 들면, 영과 루폴드는 다니엘서 7장에 있는 '인자'란 말을 신약 성경이 해석하여 준다고 주장하였다. 예수 그리스도께서는 자기 자신이 다니엘서 7장의 '인자' 곧 하늘에서 온 인자임을 여러 번 말씀하셨다(마 24:30, 막 13:26, 눅 21:27, 22:69). 바꾸어 말하면 그리스도께서 이 용어를 사용하신 것은 분명히 자신이 메시야임을 말하는 것이다. 예수님은 이 용어를 자기 자신에게 적용시키므로 다니엘이 어떤 집합적인 말을 하지 않았다는 것을 말씀해 주신다. 그것은 메시야를 가리켜 말씀하신 것이다. 그러므로 메시야 개인을 가리킨다는 전통적인 학파의 해석을 반대하는 것은 곧 우리 주님께서 친히 하신 해석을 반대하는 것이며, 진리 자체가 되시는 예수님을 반대하는 것이다.

---

5) H.H. Rowley, *op. cit.*, p. 179.

또 하나의 실례를 들면 계시록은 그 당시와 그 이후에 있을 권세들을 보여 주기 위하여 다니엘서 2장과 7장의 상징을 사용하고 있다. 구약 성경의 예언에 관한 신약 성경의 이러한 해석을 반대하는 것은 다니엘서에 관한 어떤 하나의 견해만 반대하는 것이 아니다. 이 반대 자체는 곧 신적 영감(神的靈感)을 주장하는 문서를 반대하는 것이다.

다니엘서 9장에 관해서도 우리는 같은 설명을 할 수 있다. 마태복음 24:15에서 우리 주 예수 그리스도 자신이 다니엘서 9:27과 12:11에 있는 구절을 인용하면서 "멸망의 가증한 것"이란 말은 선지자 다니엘이 말한 용어라고 분명하게 말씀하신다. 이 언급은 극히 관심을 끄는 말이다. 자유주의 비평학자들의 해석은 단 9:27과 12:11이 마카비 시대에 일어난 일이며 장래에 일어날 예언이 아니라고 주장한다. 그러나 그리스도께서는 이 말들이 예수님이 살고 계시던 시대에도 아직 지상에서 일어나지 않은 사건이라고 언급하고 있다. 다시 말하자면, 그리스도께서는 이 말들은 순전히 미래를 보여 주는 예언이라고 하신다. 만일 우리가 예수님의 편에 선다면 우리는 다니엘서에 나온 이 구절들이 확실히 장래를 말하는 예언임을 부인할 수 없다.

다니엘의 예언에 대한 신약의 해석은 전통적 메시야 견해를 지지하는 자들이 "비신앙적인 공격에 대항하여 기독교의 신앙을 옹호하는 자들이라는 역할을 담당하고 있다."[6] 는 확증이 된다. 전통적 지지자들은 다니엘서와 그 책에 대한 신학 해석과의 사이에 긴밀하고도 정확한 관계가 있음을 명백히 알고 있다. 그들

6) *Ibid.*, pp. 178-179.

은 성경의 권위에 대한 사람의 태도 여하에 따라 다니엘서의 난제 해석이 크게 좌우된다는 것을 분명히 알고 있다.

4. 세대주의적인 해석

(1) 세대주의 단체 및 저서들

19세기에 와서 영국 사람 넬슨 다비(John Nelson Darby)는 "형제회(Brethren)" 혹은 "플리머드 형제회(Plymouth Brethren)"라는 기독교인들의 단체를 창설하였다. 이 단체는 교회의 성질과 예언의 성질을 특히 강조하였다. 이 운동은 영국 국교와 영국에 있는 많은 국교 반대파 교회들의 세속주의를 배격하고 일어났다. 이 단체는 또한 주님의 강림이 현재의 소망임을 매우 강력하게 강조한다.

오늘날에 와서는 그들의 견해가 미국이나 서양 여러 나라에서 널리 지지를 받고 있다. 한국에 나온 초대 선교사들 중에는 성경 해석관에서 볼 때 세대주의자들이 많이 있었다. 그러므로 오늘의 한국 교회가 세대주의의 영향을 많이 받고 있는 것을 보게 된다. 북장로교 선교사였던 소안론(Swallen)이 쓴 『다니엘서 요해』는 세대주의적인 강조를 많이 하고 있다. 김응조 목사도 그의 다니엘서 강해에서 세대주의를 강조하고 있다.

이 운동은 그들의 성경 연구로 종종 다니엘서를 택한다. 1911년에 게이블라인(Gabelein)은 『예언자 다니엘(*The Prophet Daniel*)』이란 책을 저술하였는데 이 책은 다니엘서에 대한 세대주의 주석으로서는 가장 대표적인 책이다.

그 밖에 아이론사이드(Harry Ironside)와 디한(M. R. DeHaan) 두 사람도 역시 다니엘서에 관한 세대주의적 견해를 밝히 말하고 있다. 아이론사이드의 책은 『*Daniel*』이라는 간단한 표제로 되어 있으며, 1911년에 Loizeaux Bros에 의해 출판되었는데 지금은 15판까지 나오게 되었다. 디한은 미국의 방송 목사로서 1948년에 『예언자로서의 다니엘(*Daniel The Prophet*)』이란 책을 출판하였다.

특히 최근에 나온 책으로서는 1962년에 출판한 뉴웰(Philip R. Newell)의 『*Daniel*』이라는 책이 있다. 뉴웰은 다년간 무디 성경학교에서 가르쳤는데 그 학교는 미국 세대주의 교리의 중심지 가운데 하나다. 그리고 러크(G. Coleman Luck)라는 사람이 쓴 조그마한 주석이 출판되었는데 이 책도 역시 세대주의 교리를 가르치는 대표적인 저서이다.

우리는 다니엘서에 대한 세대주의자들의 견해는 다니엘서 해석에 있어서 복음주의에 속한다고 생각해야 할 것이다. 이 입장을 지지하는 복음주의자들은 진실하고 열심 있는 신자들이다. 그들은 메시야 예언에 대한 전통적 해석을 여러 면에서 확고하게 주장하고 있으며 또한 성경을 하나님의 무오한 말씀으로 믿는다. 그들은 다니엘서의 저술자는 다니엘이라고 믿는다. 다니엘서에는 오류가 있어 그것은 믿을 만한 것이 못 된다고 하는 비평주의 견해를 반대하며, 성경의 예언을 그대로 믿는다. 그리고 그들은 또한 다니엘서에 있는 4대 왕국을 바벨론, 메대-바사, 헬라, 로마라고 생각한다. 다시 말해서 다니엘에 대한 이 견해는 전통적 메시야 견해를 수정한 것임을 알아야 한다.

세대주의는 다니엘서의 예언을 매우 잘못된 방법으로 해석한다. 세대주의는 우리 주님의 재림에 수반된다는 7년 기간에 예언의 많은 것이 성취될 것이라고 한다. 그들의 해석이 성경 본문에 비추어 볼 때 타당한 것이라고는 생각하지 않지만, 성경을 옹호하고자 하는 그들의 복음주의적인 열심에 대해서는 기뻐할 만한 일이다.

(2) 세대주의 연구를 위한 우량 도서

우리는 세대주의 교리를 전면적으로 생각해 볼 시간이 없다. 세대주의는 확실히 하나의 온전한 신학 체계를 이루고 있다. 그러나 이 교리를 응용하는 것은 은혜 교리에 배치된다. 우리는 다만 다니엘의 예언에 관련된 것만 생각해 보고자 한다. 세대주의를 자세히 연구하는 데는 프린스턴 신학교와 웨스트민스터 신학교의 구약학 교수였던 앨리스(Oswald T. Allis) 교수가 쓴 『예언과 교회(*Prophecy and The Church*)』라는 책이 가장 좋을 것이다. 그가 쓴 다니엘서의 메시야 예언에 관한 **세대주의적 해석에 대하여** 다음과 같은 몇 가지를 소개하고자 한다.

① 일곱 시대로 구분

하나님께서는 역사의 과정 안에서 여러 가지 언약(covenant)에 근거하여 인류를 취급하시고 각기 상이(相異)한 7시대(dispensation)라는 원리에 의하여 인류를 취급하신다. 각 시대는 각기 구분되어 있으며, 이 각 시대에 속한 인류를 각각 달리 시험해 보신다. 그들이 그 시험에 실패할 때에 각 시대는 심판을 받음으로 끝이 난다. 이 7시대는 일반적으로 다음과 같이 구분된다.

첫째, 무죄 시대(인류가 타락하기까지 계속된 에덴 동산 시대),
둘째, 양심 시대(인류 타락에서 홍수까지),
셋째, 인류 통치 시대(홍수로부터 아브라함을 부르심까지),
넷째, 약속 시대(아브라함을 부를 때부터 시내 산에서 율법을 주실 때까지),
다섯째, 율법 시대(시내 산에서 율법을 주실 때부터 그리스도의 공중 성역(聖役)까지),
여섯째, 은혜 시대(그리스도의 공중 성역의 완성으로부터 재림까지),
일곱째, 왕국 시대(천 년 왕국) 등이다.

② 상기 구분은 서로 무관하다

위에서 말한 이 시대들은 서로 아무런 연관성도 없다. 세대주의자들은 율법 시대에 있어서는 하나님의 은혜의 계시가 없다고 주장한다. 다시 말하면 구약의 거의 전체를 차지하고 있는 율법 시대에 속한 사람들은 의롭게 행하는 공로로 의로워진다는 것이다. 스코필드(Schofield)는, 유대인들은 하나님의 율법을 순종한 그들의 공로로 구원을 받았다고 분명히 잘라서는 말하지 않지만, 이 견해는 그가 율법의 언약과 은혜 언약과를 엄격히 대조하는 데서 암시되고 있다.

은혜 시대에 속한 신약 시대에 하나님의 백성을 구속할 율법의 계시가 없다는 것은 사실이다. 은혜 시대에 속한 우리가 쉽게

명을 신앙과 생활의 법칙으로서 복종해야 할 의무는 없는 것이다.

③ 시내 산의 신정국 : 율법 시대

시내 산에서 세운 이스라엘의 신정국(神政國)은 하나님의 계획에서 특별한 자리를 차지하고 있다. 신약의 일부가 그런 것과 같이 구약은 전적으로 왕국에 관한 책이다. 어떤 세대주의 주석가는 말하기를 "구약에는 기독 신자에 적용되는 신앙과 행위의 법칙은 한 구절도 없다.… 거기엔 기독교인에게 직접적으로 주어진 약속이라고는 하나도 없기 때문에 기독교인을 구속할 아무런 계명도 없는 것이다."라고 하였다.

이스라엘 나라는 율법 시대에 속해 있었다. 이스라엘 백성은 시내 산에서 하나님과 한 나라가 됨을 언약하였고, 그들은 또한 하나님의 율법을 순종하는 것이 그들의 구원의 법이 된다는 것을 약속했다. 아이론사이드의 주석은 다음과 같이 말하고 있다. "그들이 하나님께 신실하였고 하나님께 순종하였더라면 왕권은 결코 유다로부터 떠나지 않았을 것이다."(p. 26).

④ 이방인의 때

하나님의 선민인 이 나라는 이 계약에 불충성하였다. 그리하여 그들이 하나님의 계명을 불순종한 결과로 이스라엘 나라는 멸망을 받고 포로로 잡혀가고 말았다. 아이론사이드는 이것을 다음과 같이 말한다. "그들의 불순종과 여러 가지 죄악 때문에 하나님께서는 그들의 영광을 이방인들의 손에 넘어가게 하였고 그들의 통치권은 느부갓네살 때에 이방인의 손에 넘어갔다. 이것은 누가

복음 21:24에서 예수님이 지적하신 이방인의 때라는 구별된 시기의 시작이었으며, 이 시대는 모든 권세들이 망하고 예수님께서 통치하실 때까지 계속될 것이다. …."(p. 26)라고 하였다.

그러므로 다니엘서는 "이방인의 때"에 대한 예언적 묘사라고 할 수 있다. 이 기간은 이스라엘의 포로와 바벨론의 지배로 시작되었다. 그리고 이 기간은 대환난이 지난 끝에 메시야가 재림하실 때까지 계속하리라는 것이다. 다니엘서 2장과 7장에 있는 4대 제국에 관한 예언과 9:24-27에 있는 칠십 이레에 관한 예언 등은 모두 이 "이방인의 때"가 가지고 있는 성격에 관한 하나님의 계시들이라는 것이다.

⑤다윗 왕국 건설을 위해 오신 그리스도

그리스도께서 지상에 오셔서 하실 일은 지상에 다윗 왕국을 건설하는 것이었다고 세대주의자들은 말하고 있다. 그리스도께서 지상에 오셔서 그 나라를 건설하려고 하셨지만 유대인들은 회개하지도 않고 오히려 그를 배척하였다. 그 결과로 왕이신 그는 다윗 왕국을 건설하지 않고 이스라엘로부터 물러나셨으며, 그 나라 건설을 그가 재림하실 때까지 연기하셨다.

아이론사이드는 그의 주석에서 다니엘서 2장에 있는 사람의 손으로 뜨지 아니한 돌을 해석하면서 분명히 이것을 주장하고 있다. "그(그리스도)가 지상에 오셨을 때 그는 확실히 건축자들-즉, 유대인의 지도자들의 손에 의해 뜨인 돌이 아니었다. 그렇지만 우리가 주목해야 할 것은, 그들은 그가 하늘로부터 온 돌이 아니라는 것이다. (유대인들은) 세상적인 위대한 임금을 바라고 있었다. 그런데 그가 낮고 천한 모습으로 오셨기 때문에 이스라엘 전체는 그로 인해 실족하고 말았다. 그리하여 그들은 파멸되었으며 오늘날까지 파멸된 채 그대로 내려오고 있다. …"(p. 40)고 주장한다.

⑥ 교회 시대

유대인들이 그들의 왕을 배척하였으므로 그리스도께서는 그의 재림 시까지 그 나라 건설을 연기하셨다. 그리고 그 나라를 세우는 대신에 그것과는 전적으로 다른 것 - 즉, 그는 이 세상을 떠나시기 전에 교회의 기초를 세우셨다. 그런데 이 교회는 그 나라와는 아무런 관계가 없으며 구약에서 교회에 관해 예언한 것이 전연 없다고 세대주의자들은 주장한다.

교회 시대는 하나님께서 그의 언약의 백성들을 취급하는 어떤 특별한 대삽입기(大插入期)와 같은 것으로 이는 곧 하나님이 만드신 어떤 중단기(中斷期)와 같은 것이라고 한다.

교회 시대에 와서 율법 시대는 은혜 시대로 대치되었다. 이 은혜 시대는 구약 예언의 어떤 주제도 아니다. 교회를 불러내는 하나님의 경륜은 옛 선지자들에게 계시하지 않았다고 한다. 게이블라인은 그의 다니엘서 주석에서 말하기를 "이 뜻하지 않았던 시기에 하나님께서 계시를 통해 영원의 비밀을 나타내셨다. 그것은 다른 시대에는 나타내신 일이 없었던 교회에 관한 비밀이다. …"라고 했다.

⑦칠십 번째 이레 : 천년 왕국 시대

세대주의자들은 다니엘 9 : 24-27에 있는 칠십 이레의 메시야 예언에 근거하여 교회가 특별히 삽입된 기간이라고 특별한 취급을 한다. 그들은 말하기를, 69 이레는 그리스도의 초림으로 끝나고 70 번째인 마지막 한 이레는 69 이레가 끝난 후에 뒤따라 계속되는 것이 아니고 그 사이에는 교회 시대라는 장구한 삽입 기간이 개입되어 있으며 70 이레의 마지막 한 이레는 이 장구한 삽입 기간이 있은 후에 거기에 뒤따라온다는 것이다. 아이론사이드는 말하기를 "69 이레와 70 이레 사이에는 현재까지 1900 년 동안이나 계속하여 내려오는 대삽입 기간이 있는 것이다. 이 70 번째 이레는 하나님께서 뒤로 연기하여 버렸는데 그 이유는 백성들의 범죄 때문에 하나님께서 그 시간과 시기를 변경하신 것이다.… 메시야가 십자가 위에서 죽으시던 그 순간 예언의 시계 바늘은 정지하고 말았다. 그리하여 19세기 동안 예언의 시계 바늘은 정지되어 오고 있다. 현 세대가 완전히 끝이 나고 하나님께서 이스라엘을 다시 세우시기까지는 이 예언의 시계 바늘은 움직이지 않을 것이다."라고 하였다.

70 번째 이레가 시작될 때 그리스도께서 오신다. 그런데 그의 임하심은 다니엘서 9장에 있는 70 번째 이레의 기간인 70 년이란 기간에 의해 서로 구별된 두 개의 사건으로 성립된다. 이 두 사건 중에서 처음 사건이 그리스도께서 성도들을 만나기 위해서 공중에 나타나실 때 있을 현현(顯現)인 것이다. 그때 모든 죽은 의인들이 다시 살아날 것이며 살아 있는 성도들은 변화될 것이다. 그리고 그들은 다 함께 신비스럽게도 공중에 들려 올라가게

될 것이다. 이것이 곧 공중 혼인잔치(The secret rapture=신비로운 황홀경)라는 것이다. 세대주의자들은 말하기를 이것이 곧 그의 성도들을 위한 그리스도의 임하심이라고 한다. 다시 말하자면 이 70번째의 마지막 이레 기간에는 그리스도와 그의 교회가 이 땅 위에 있지 않고 성령의 내주하시는 역사까지도 교회와 함께 이 땅 위에서 찾아볼 수 없을 것이다.

70번째 이레가 시작할 때 구약의 많은 예언들이 성취된다. 곧 유대인들이 팔레스타인으로 돌아오며 주님은 이스라엘과 다시 관계를 가지게 될 것이며 많은 유대인들이 회개하고 돌아올 것이라고 한다. 이 시대에 관해서 아이론사이드는 다음과 같이 말한다. "전에 로마 제국에 점령을 당한 적이 있는 유럽의 10개국이 한데 뭉쳐 하나의 동맹국을 만들어 그들 가운데서 그들의 최고 주권자를 선출할 것이다." 이 사람이 바로 다니엘서 7장에 있는 작은 뿔인데 곧 다시 일어난 로마의 왕이다. 이 10개국의 왕들이 서로 동맹한다는 사상은 다니엘서 2장에 있는 신상과 느부갓네살이 본 신상의 열 발가락과 다니엘서 7:7에 있는 짐승의 열 뿔에서 나온 것이다.

이 10개국 동맹의 패권을 잡은 자가 처음에는 유대인들에게 상당히 우호적으로 대하여 유대인들은 그와 더불어 어떤 언약까지 맺을 것이며 그는 유대인들이 성전에서 희생을 드리도록 허락할 것이다. 이에 대한 보답으로 그는 유대인들에게 정치적은 충성을 요구할 것이다. 그러나 70이레 중간－즉, 후 3년 반에 이르러서는 그는 과거의 우호적인 언약을 파기하고 유대인들이 예배를 드리지 못하도록 할 것이다. 이 이레의 나머지 기간에는 대환난이 일어날 것이다.

이 극심한 환난 기간은 후 3년 반 동안 계속할 것이다. 그때 그리스도께서 예루살렘에 도읍을 정하고 전 세계를 통치하기 위하여 그의 성도들을 데리고 지상에 임하실 것이다.

이때에 천년 왕국이 건설된다. 그리고 여기에 뒤이어 아마겟돈 전쟁이 일어나고, 그 후에 대심판이 있고 그 다음에 영원 세계가 온다고 주장한다.

우리는 여기서 세대주의를 비판하는 것으로 시간을 허비할 필요는 없다. 다만 세대주의가 다니엘서의 메시야 예언에 관하여 해석하는 바를 취급하는 것뿐이다. 세대주의에 관한 신학적인 연구를 위하여 많은 저서들이 나와 있다.

그런데 우리는 매우 중요한 것을 알아야 할 것이다. 그리스도 재림에 관한 세대주의적인 학설과 소위 전천년설과의 사이에는 대단히 큰 차이점이 있다. 사람들은 종종 세대주의와 전천년설을 오해하여 이들이 같은 것이라고 혼동하는 수가 많다. 물론 양자가 서로 공통적인 면이 많은 것은 사실이다. 이 두 학설은 다 같이 어떤 인격적인 적그리스도를 말하고 있으며 세상 끝에 있을 무서운 환난의 기간이 짧은 것으로 본다. 이 두 학설은 똑같이 그리스도께서 영광 가운데 재림하사 그가 다스릴 천년 왕국을 세우시리라고 본다. 그러나 세대주의는 전천년설의 중요한 교리의 본질에 없는 다른 요소들을 첨가하는 것이다. 다시 말하자면 전천년설과 세대주의는 꼭 같은 것이 아니다. 모든 세대주의자들이 전천년주의자로 될 수는 있어도 모든 전천년주의자들이 결코 세대주의자가 될 수는 없다.

이러한 차이점을 지적하여 세대주의적인 성경 해석을 반대하는 책이 최근에 나왔다. Fuller 신학교 교수인 래드(G. E. Ladd) 박사는 『복된 소망(*The Blessed Hope*)』[7]이란 책을 저술하였다. 래드는 전천년주의자이다. 그러나 그는 세대주의를 반대하는 입장에서 그 책을 썼다. 그는 그의 저서 가운데서 말하기를 세대주의는 역사적으로 잘 알려진 대로의 전천년설에서 아주 이탈하고 있다고 하였다.

래드는 그의 저서 가운데서 전천년설과 세대주의가 서로 의견을 달리하는 점들을 열거하였다. 여기에서 그 몇 가지 점들을 지적해 보고자 한다.

많은 전천년주의자들이 믿는 것은 율법과 은혜의 사이에 세대주의가 말하는 것 같은 그러한 심각한 차이가 성경에는 없다는 것이다. 성경에 이러한 차이가 있다는 이론은 성경의 단일성을 파괴하는 것이다. 많은 전천년주의자들은 교회 시대가 특별한 삽입 기간이란 말이 성경에 없다고 믿는다. 이들은 세대주의자들이 구약에는 교회에 관한 예언이 전혀 없다고 하는 주장을 반대한다. 그들은 세대주의자가 주장하는 교회와 그 나라가 서로 별개의 것이라고 하는 사상도 배척한다. 많은 전천년주의자들은 성경이 그리스도께서 대환난 전에 교회를 공중 혼인 잔치에 참석시키기 위하여 공중 재림한다는 것을 가르치지 않는다고 믿는다. 래드 자신은 교회가 대환난을 견디어야 한다고 믿는다.

요약해서 말한다면 우리는 세대주의와 전천년설 사이에 적절

---

7) George E. Ladd, *The Blessed Hope*(Grand Rapids : Eerdmans Publ. Comp., 1956).

하고도 매우 긴요한 차이점을 분간해야 한다. 필자의 생각으로는 세대주의는 그 신학에 있어서 성경과 모순되는 것이 많고 또한 확실히 장로교회적이 아니다. 그러나 전천년주의에 대해서는 그것이 장로교적이 아니라거나 성경대로 가지 않는다고 말하고 싶지 않다. 우리가 세대주의를 반대하는 것은 그들이 말하는 천년왕국에 관한 사상을 반대하는 것이 아니다. 우리가 반대하는 것은 성경의 단일성, 교회의 단일성, 은혜로 되는 하나님의 구원의 단일성에 막대한 손상을 주는 점들인 것이다.

우리는 또한 세대주의가 기독교적인 사랑의 태도를 취하지 않는 것을 반대하지 않을 수 없다. 이러한 문제에 대하여 의견을 달리하는 사람들에게 관용과 우호적인 태도로 대해야 한다. 미국의 방송 목사이며 유명한 부흥사인 풀러(Charles E. Fuller) 박사는 다음과 같은 말을 한 적이 있다.

> 크리스천들 사이에 서로 다른 점을 가지고 정통의 시금석(試金石)을 만들지 말자. 이러한 일에서 서로 관용을 베풀자. 거듭난 신자에게 당신과 다른 점이 있다고 할지라도 이러한 의견의 차이로 성도의 교제를 끊어서는 안 된다.
>
> 그것은 정통의 시금석이 아니다.… 정통의 시금석은 주님의 동정녀 탄생, 하나님이 인간의 몸을 입고 이 세상에 오신 성육신, 그의 속죄의 죽으심, 죽은 자 가운데서 살아나신 그의 육체 부활, 그의 승천, 하나님 우편에서 그가 우리를 위하여 기도하심, 그의 재림 등이다. 만일 위에 말한 이 교리들과 다른 교훈을 가진 자가 네게 오거든 그를 네 집에 영접하지도 말라.

제 2 부

다니엘서에 나타난 메시야 예언들의 성격

다니엘서에 나타난 메시야 예언들은 성격상 특수하고 그 성격을 이해하기 위해서 우리는 먼저 이 예언들이 나오게 된 본서의 배경과 사건들, 저자의 느낀 바 등을 알아야 할 것이다.

선지자 다니엘이 본서를 기록할 때에 유대 나라는 패망하였으며, 다니엘은 본서를 이방 나라에서 포로 생활을 하면서 기록하였다. 우리는 이 포로 생활의 의미를 충분히 알지 못하고는 거기에서 나온 저자의 예언의 필요성을 깨달을 수 없을 것이다.

1. 포로 생활의 의미

(1) 신정국(神政國)의 종지부

유대 민족이 패망하여 포로가 되었다는 것은 신정국인 이스라엘이 독립 국가로 내려오던 것이 끝난 것을 의미한다. 국가의 체제는 자취를 감추고 다시는 회복하지 못했다. 비록 그 백성이 바벨론에서 돌아와 성전을 다시 건축하였다 하더라도 그것은 구약 시대의 신정국과는 다른 것이었다. 고레스 왕이 유대인들을 본토에 돌아오게 한 때도 포로 생활을 하고 있던 사람들 가운데서 소수의 무리가 돌아온 것뿐이며 대다수의 유대인들이 이방 열국 가운데 흩어져 있었다.

카일은 다음과 같이 말하였다.

> 황폐된 예루살렘 성벽과 유대 성읍들이 재건되었고, 성전도 수축되어 새로운 제물이 봉헌되었지만 하나님의 영광은 이스라엘 백성 가운데서 그의 거룩한 임재의 장소인 성전에 임하지를 않았다. 그 성전에는 언약궤와 시은소가 없었던 것이다. 포로 이후에 유대인들이 성전에서 드린 예배는 그 예배의 가장 중요한 요소인 성소에 임해야 할 하나님의 임재가 없었던 것이다. 대제사장이 언약궤를 향하여 속죄의 피를 뿌리기 위하여 지성소에 계신 하나님이 은혜의 보좌 앞에 더 이상 나아갈 수가 없었다(p.8-9/참고문헌 18)번 도서 참조).

다시 말하면 유대의 포로는 신정 국가의 가장 중요한 요소가 끝난 것을 말한다. 신정 국가의 역사를 잠깐 회고해 보면 하나님께서 일찍이 시내 산에서 신정국의 요점(要點)을 분명히 지적하여 주셨다.

거기서 이스라엘은 헌법을 가진 한 나라로 건설되었다. 이 나라의 헌법은 하나님의 율법이었다. 이 나라의 장래 소망은 그 율법을 준수함에 달려 있었다. 그 나라는 "열국 중에서 내(하나님) 소유가 되겠고", "제사장 나라가 되며 거룩한 백성이" 되어야 했었다. 이 나라의 참다운 통치자는 하나님 이외에는 아무도 될 수 없었다. 이 나라의 유일한 최고 의사(最高意思)는 바로 하나님의 의지(意志)였고, 그 참다운 자유란 하나님의 뜻에 순종하는 범위

안에 국한된 자유였다.

그러나 이스라엘 자손들은 그들이 하나님과 맺은 언약을 지키지 못했다. 그들은 범죄하였고, 배교하였으며, 하나님을 버리고 다른 신들을 따랐다. 그들은 범죄로 인하여 이스라엘 백성들을 신정국의 중심 요소를 파괴하는-즉, 하나님과의 언약을 지키지 않았다. 그리하여 하나님께서는 심판과 진노로써 신정국의 외부적 제도를 폐지시켜 버렸다. 그래서 한 국가로서의 이스라엘은 정복을 당하고 말았다.

(2) 이방을 위한 새로운 시대의 시작

유대 민족이 포로가 되었다는 것은 이 밖에도 다른 의미를 가지고 있다. 그것은 위에서 말한 신정국의 종지부만을 뜻하는 것이 아니라 새로운 시대의 시작을 의미하기도 한다. 그것은 주님이 오시기 전에 이스라엘이 최후로 회개할 기회를 준 것이며, 이방을 위한 새로운 축복의 길을 열어 준 것이다. 하나님의 구원을 증거하는 증거자들인 유대 민족이 여러 족속들 가운데 흩어져 있었던 것이다. 이는 만백성들에게 하나님의 구원 계획의 계시를 보여 주는 길이 열리게 된 것이다.

그리하여 이 이방들은 참되신 하나님의 뜻하시는 바를 더욱 밀접하게 접촉하게 된 것이다. 좀 더 구체적으로 말하자면, 다니엘서의 메시야 예언들을 통하여 모든 나라들은 지상에 있는 인간의 나라가 영원하거나 우주적인 것이 못 되고, 오직 하나님의 나라만이 영원하고 우주적인 것임을 배워야 한다는 것이다. 그뿐 아니라 이스라엘의 하나님만이 주재자이시며 지존자이시고 모든 이방 신들은 다 헛되다는 것이다.

2. 본서의 메시야 예언의 목적과 주제

우리는 위에서 말한 이러한 형편들을 염두에 두고 다니엘서를 읽고 깨달아야 하며 특히 메시야 예언들을 깨달아야 할 것이다. 다니엘서는 다니엘 개인의 생애를 말하려는 것이 아니고 그의 혈통이나 연령을 말하는 것도 아니다. 그의 파란만장한 긴 생애 가운데 단 몇 가지의 사건만을 말하고 있다. 또한 본서는 포로 기간 동안의 이스라엘의 역사를 기록하려는 것도 아니며 바벨론에서 겪은 포로 생활의 형편을 기록하려는 것도 아니다.

본서의 예언들을 기록한 목적은 하늘과 땅을 주관하시며 모든 거짓된 신들을 멸하시는 이스라엘의 하나님의 영광을 이 세상 군왕들 앞에 드러내려는 것이다. 본서의 메시야 예언을 기록한 목적은 역사 안에서 하나님의 주권을 높이 드러내어 보이려는 것이다. 그 예언들은 이 세상 나라들이 하나님의 영원하신 나라에 의해 정복을 당한다는 것을 선언하고 있다.

천지를 주관하시는 하나님은 섭리하시고 전지전능하사 자연의 세력과 열국의 역사를 주관하시고 인도하신다. 지상의 가장 강한 임금도 다니엘서에 나타난 대주재 하나님의 통치와 지배에 굴복하게 될 것이다.

다니엘서는 이방 모든 나라들이 섬기는 우상에 비할 수 없는 이스라엘 하나님의 절대 지존하심을 보이고자 하는 것이다. 비록 이방 모든 나라들이 하나님의 선민을 징계하는 데에는 하나님의 도구로 사용되었으나 하나님께서는 그들도 멸망시켜 버리고 마지막 날에 하늘의 하나님께서 다시는 망하지 아니할 한 나라를 세우실 것이다.

이때에 하나님께서 이 세상 모든 나라들을 주관하시는 그의 주권을 최종적으로 선포할 것이다. "그 권세는 영원한 권세요, 그 나라는 대대에 이르리로다. 땅의 모든 사람들을 없는 것같이 여기시며 하늘의 군대에게든지 땅의 사람에게든지 그는 자기 뜻대로 행하시나니 그의 손을 금하든지 혹시 이르기를 네가 무엇을 하느냐 할 자가 아무도 없도다."(단 4：34-35)라고 했다.

(1) 두 신학자들의 주석 고찰

다니엘서에 나타난 예언의 주제인 하나님의 주권을 본서의 목적으로 강조하는 이 강조는 본서 전체에 걸쳐서 찾아볼 수 있다. 19세기에 독일의 신학자였던 카일과 클리포드는 그들의 다니엘서 주석에서 하나님의 주권에 대한 내용에 대단히 관심을 기울이고 있다. 그들은 본서를 두 부분으로 나누었다.

첫째 부분(1-7장)은 그 주제가 하나님 나라에 대한 세상 권력과 그 발전과의 관계이고, 둘째 부분(8-12장)은 그 주제가 세상 권력에 대한 하나님 나라와 그 발전과의 관계이다.

첫째 부분에서 두 개의 메시야 예언, 다니엘과 그의 친구들의 생애에서 많은 역사적인 사건들이 기록되어 있다. 이 예언과 역사는 모두 하나님의 주권과 세상 권력의 관계라는 이 주제를 강조하고 있다. 2장과 7장은 이 세상 역사에 대한 예언으로서 이 세상 나라들이 장차 주 그리스도의 나라에 정복될 것을 보여 주고 있다.

그런데 이러한 강조는 역시 역사 부분에서도 나타나 있다. 이 역사 부분에는 주로 4가지의 큰 사건들이 기록되어 있다. 바벨론 나라의 권력을 확립한 느부갓네살 왕에게는 그의 높은 지위에서 떨어져 빈들에서 짐승과 같이 지내기를 지극히 높으신 이가 인간 나라를 다스리신다는 것을 그가 깨달을 때 까지 그러하리라는 것을 꿈으로 보여 주었다(4장).

이교적인 연회가 무르익어 흥에 도취한 벨사살 왕에게는 하나님께서 벽에 사람의 손가락을 나타내어 글을 쓰심으로 벨사살이 죽을 것과 그 나라가 멸망할 것을 보여 주셨다(5장). 그리고 3장과 6장에 나타난 두 사건은 세상 통치자들이 주의 종들에게 그들이 만든 신상에 엎드려 절하고 기도하라는 핍박을 하지만 결국 하나님은 놀라운 역사를 통하여 주의 종들을 구원하신다는 것이다.

이상의 4가지 역사적 사건들은 2장과 7장에 기록된 하나님의 주권을 보여 주는 예언들과 매우 잘 부합한다. 이 사건들은 대주재 하나님과 그의 종들을 거역하던 세상 통치자들을 하나님께서 어떻게 낮추시며 멸하시는 가를 보여 줄 뿐만 아니라(4장, 5장), 하나님께서 하나님의 참된 종들을 놀라운 역사로 이렇게 보호하시고 붙들어 주시는지를 잘 보여 주고 있다(3장과 6장).

둘째 부분(8-12장)은 하나님의 나라에 대한 특별한 강조를 하고 있는데, 이것은 첫째 부분의 세상 나라들보다도 더욱 중점을 두고 있다. 2장에 있는 거대한 세상 나라의 운명에 대한 메시야 예언이 본서 첫째 부분의 가장 중요한 장을 이루고 있는 것과 같이, 9:24-27은 둘째 부분의 중요한 구절로 되어 있다. 2장은 다니엘 당시부터 세상 끝 날까지에 이르는 세상 나라들의 모든 역사 과정을 나타내고 있으며, 9장은 다니엘이 살고 있는 시대에서부터 세상 끝 날까지 있을 하나님 나라의 모든 역사 과정을 보여 주고 있다.

그러나 이 하나님 나라에 대한 강조는 9장에만 국한되어 있는 것이 아니고 8장 10장 11장 12장에서도 다니엘서 2장에서 예언한 셋째 나라인 헬라가 일어나 하나님의 백성을 백해하리라는 예언들이 있다.

위에서 말한 것과 같이 본서를 두 부분으로 나누는 것은 다음과 같은 이론으로도 표현할 수 있다. 첫째 부분에서는 세상 나라들을 주제로 하여 논하고 있느니만큼 하나님의 계시를 받은 자들이 세상 나라 왕들이 되었다. 느부갓네살에게는 그 자신의 개인적인 문제에 관한 예언(제 4 장)과 2장의 위대한 세상 권세에 관한 예언이 주어졌다. 벨사살도 역시 세상 권력을 가진 자로서 하나님의 계시를 받은 자이다(제 5 장).

둘째 부분에서는 그 강조점이 하나님 나라에 관한 것인 만큼 계시를 받은 자가 계시의 본질-즉, 하나님 나라에 합당한 자로 되어 있다. 하나님 나라의 백성 가운데 한 사람인 다니엘만이 이 계시를 받을 수 있는 유일한 인물이다.

뿐만 아니라 본서에는 이러한 구분과 본서의 목적을 나타내어 주는 다른 요소들이 있다. 다니엘서는 히브리 어와 아람 어의 두 가지 방언으로 기록되었다. 1:1-2:4 상반절과 8:1-12:13은 히브리 어로 기록되었고, 2:4 하반절-7:28은 아람 어로 기록되었다.

왜 이 두 가지 방언이 본서에 사용되었으며, 또한 특별한 부분에서 그렇게 되었는가에 대해서는 여러 가지 견해가 있다.

비평주의자들은 대체로 이 두 방언이 본서에 사용된 것은 어떤 목적이 있다는 것을 인정하지 않으려고 한다. 로울리는 그의 저서 『구약 성경의 생성(*The Growth of the Old Testament*)』에서 말하기를, 다니엘서의 설화들은 그 하나하나가 다 원래는 아람 어로 창작되어 처음에 대단히 인기를 끌었다고 한다.[8)]

그런데 그 후에 인기를 계속 끌기에 부적당한 환상들은 연구가들을 위하여 히브리 어로 기록하여 버렸다는 것이다. 로울리는 계속해서 말하기를 이런 일이 있은 후 설화들과 이상들은 두 나라 방언으로 된 저작으로 합치기 위하여 수집되고 인정되었다는 것이다. 그 당시에는 첫 장을 본서 전체의 서론으로 하기 위하여 히브리 어로 다시 기록하였다는 것이다. 찰스도 이와 비슷한 견해를 나타낸다. 처음에는 본서 전체가 아람 어로 기록되었던 것인데 그 후 처음과 마지막 부분이 히브리 어로 번역된 것은 히브리 정경에 포함시키기 위한 것이었다고 주장한다.

(2) 매우 적합한 견해

영, 카일, 클리포드나 루폴드 등의 학자들이 지지하는 견해가 가장 자연스러우며 본서를 두 가지로 구분하는 것이 매우 적합한 것 같다.

첫째 부분이 세상 나라와 그 성장을 다루고 있으므로 그 당시

---

8) H.H. Rowley, *The Growth of the Old Testament* (London : Hutchinson Univ. Press, 1961). pp. 160-161.

의 세계 공통어였던 아람어가 이 부분에서 사용된 것이 자연스럽고, 둘째 부분에서는 하나님의 백성을 취급하고 있으므로 하나님의 백성이 사용하던 방언인 히브리어로 기록된 것은 매우 자연스러운 것이다.

본서의 주제가 되는 세상 나라들을 주장하시는 하나님의 주권은 특별히 성경 중 본서에서 환상을 통해 강조하고 있다. 포로 시대에 다니엘에게 나타난 이상은 구속사의 4대 이적 시대 중 하나가 된다. 이 4대 이적 시대 중에서 둘이 출애굽 시대와 사도 시대로서 그 기초를 확립한 시대이다. 그리고 또 다른 두 시대는 엘리야와 엘리사 시대와 포로 시대로서 이방 나라들과 충돌하는 시대이다.

특히 포로 기간 동안에는 유대인들이 이방에 흩어져 있었기 때문에 이교(異教)와 밀접한 관계에 놓이게 되었다. 여기서 그들이 해야 할 일은 이스라엘의 하나님이 다른 신과 같지 않다고 하는 것을 나타내어 주는 것이었다. 세상 나라들이 성장하는 이 기간에 유대인들은 그들이 흩어져 사는 그 지역의 이방인들에게 오로지 한 가지의 메시지를 전해 주어야 했다. 그 메시지가 바로 여호와 하나님의 주권이다. 이방 신들은 모두 헛되고 신앙의 아무런 객관적인 실제가 되지 못하며 이스라엘의 하나님만이 참되시고 살아 계신 신이시라는 것이다. 다니엘서의 계시와 이상들은 만왕의 왕이시며 만주의 주를 지적하고 있다. 열방들이 이스라엘의 하나님께서 인간의 모든 일들을 주권적으로 주장하시는 신이시라는 것을 깨닫게 하기 위하여 이 예언들을 예언하였다. 다니엘서에 기록된 풀무불, 벽서, 사자 굴에 던지는 이야기 등은 이

적임에 틀림없다. 그러나 다니엘서에서 강조하고 있는 것은 이적보다 예언과 이상인 것이다.

이 예언들의 주제를 간략하게 말한다면 그것은 본서 전체의 주제가 되는 "세상 나라는 망하고 메시야 왕국은 모든 나라 위에 서서 영원히 계속할 것"이라는 것이다. 이 주제는 2장에 있는 큰 신상에서 나타나 있다. 이 신상의 여러 부분은 각기 다른 나라들을 상징하고 있다. 마지막에 사람의 손으로 뜨지 아니한 돌 하나가 이 신상을 쳐서 부서뜨리고 그 돌이 태산을 이루어 온 세상에 충만하게 된다. 이는 이 세상 나라들이 우리 주 예수 그리스도의 나라 권세에 의해 멸망을 받을 때가 오며 그리스도께서 영원히 다스리시게 됨을 상징한다.

이와 같은 진리는 다니엘서 7장에 있는 둘째 번의 메시야 예언에서도 나타나 있다. 이것은 바다에서 나오는 짐승의 이상이다. 이 짐승들은 2장에 나타난 신상의 각 부분과 연결되고 있다.

마지막에 인자 같은 이가 나타나는데 그에게 영원한 나라가 주어진다(7:13-14). 영 박사는 말하기를 이 이상은 "메시야 예언의 왕적 광경"이라고 하였다. 세워져야 할 나라요, 결국 승리를 해야 할 나라는 하나님의 나라이다. 이 두 장(2장, 7장)의 이상들에서 강조하고 있는 것은 메시야 사역의 결과인 영원한 나라이다. 비록 메시야의 모습이 7장에 나타나 있기는 하지만, 이 나라를 건설하는 메시야의 실제적인 사역은 이 이상에 강조되지 않았다.

메시야의 실제적인 사역에 관한 이 강조는 9장의 70이레에 관한 이상에서 강조되어 있다. 이것은 2장과 7장의 거대함과 위엄을 이해할 수 있는 기초가 되는 것이다.

그러므로 다니엘서의 신학은 생명 없는 것이 아니다. 다니엘서의 메시야 예언은 하나님의 백성에게 위로를 주려는 것이다. 그 당시 이 예언의 독자들은 이방 땅에서 포로 생활을 하면서 이방 임금들을 섬겼으며 그들의 나라는 빼앗겼고 유대 나라는 여지없이 짓밟혔다. 이러한 하나님의 백성의 장래가 어떻게 될 것인가? 하나님께서 그들을 완전히 흩어 버리고자 하셨던가? 하나님께서 이방 세계에 흩어진 그들을 그대로 내어 버리려고 하셨던가? 하나님의 모든 은혜로우신 약속들은 조그마한 나라인 이스라엘과 관계를 맺어 왔었는데 이 모든 약속들이 다 무효화되었던가? 그렇지 않으면 하나님께서 자신이 일찍이 언약하셨던 그 약속들을 이루시기 위하여 그들에게 구세주를 보내시고자 하셨던가? 그렇다면 이것이 어떻게 이루어질 것인가? 하나님의 백성들은 그 당시 부흥하고 있던 이방의 강국들과 어떤 관계를 맺고 있었던가? 이때는 세상 권력과 세상 제국들의 시대였는데 하나님의 백성들은 이러한 권력과 세력들 사이에서 어떠한 위치에 놓여 있었던가?

다니엘서에 나타난 예언들은 이상의 문제들에 대한 해답을 제시한다. 하나님은 자기의 백성을 버리지 않으셨다. 나라들이 일어나 그 세력을 확장할 것이지만 그들은 언제나 하나님의 주권에 복종해야 하며 그들이 언젠가는 모두 망하고 메시야 왕국이 영원히 설립된다는 것이다. 하나님의 백성이 아직도 핍박을 받으나 하나님이 정하신 때가 올 것인데 그날에는 하나님께서 그의 영원한 나라를 세우신다는 것이다. 이방과 이방에 관계된 하나님의 백성에 대해서 다니엘서처럼 충분히 말하여 주는 책은 구약 예언서들 중에 없다.

제 3 부

큰 신상(神像)에 관한 환상(幻像)

(단 2 : 31-45)

1. 다니엘서의 이해의 기초와 열쇠인 제 2 장의 메시야 예언(환상)

다니엘서의 첫째 부분을 깨닫는데 열쇠가 될 만한 요절은 다니엘 2 : 31-45의 메시야 예언이다. 이 처음 이상은 본서의 첫째 부분인 7장까지의 기초를 이루고 있다. 이 부분을 좀 더 해설한 것이 그 다음 나오는 나머지 7장까지의 내용이다. 제 2 장을 알지 못하고는 제 7 장을 온전히 이해할 수 없을 뿐만 아니라 이 이상은 8장부터 12장까지에 나오는 계시에 대한 전주곡이 된다. 이 모든 장(章)들은 제 2장에 처음 나타난 계시에 근거해 있다.

(1) 제 2 장의 환상 : 그 주제와 이스라엘의 의문의 해답

느부갓네살의 꿈은 이 세상 나라들의 종국적인 운명을 보여 주고 있다. 이것은 사람의 힘으로 건설된 세상 권력들은 결국 완전히 멸망 받을 것이라는 것을 보여 준다. 세상 제국들이 멸망을 받는다는 것이 제 2 장에 나타난 환상의 주제이다.

다니엘서의 메시야 예언은 세상 나라의 역사적인 형편과 밀접한 관계를 맺고 있다. 다니엘 2:1은 하나님께서 느부갓네살 왕이 다스린 지 2년 되는 해에 이 큰 환상을 보여 주셨다고 하고 있다. 이는 이 계시를 받은 때가 다니엘과 다른 유대 인들이 포로로 잡혀 온 직후였다는 것을 말한다. 그 당시는 이와 같은 계시가 절실히 요구되던 때였다.

이스라엘 자손은 사로잡혀 가서 큰 절망 가운데 빠져 있었기 때문에 이렇게 다시금 확신을 주는 이상이 필요하였다. 그들은 포로로 잡혀 오기 이전에 여러 해 동안 하나님의 은혜로우신 특별한 섭리 아래서 은혜를 누려 왔다. 하나님의 특별한 선민으로 선택 받은 그들은 일찍이 애굽의 노예 생활에서 구출을 받고 하나님의 약속하신 땅에 이르러 나라를 건설하고 왕을 선출하였다.

그러나 이제는 이 모든 영광스럽던 날들은 다 지나가 버리고 본국에서 먼 타국으로 추방되어 뿔뿔이 흩어져서 쓰라린 포로 생활로 나날을 보내고 있는 것이다. 이러한 형편 가운데 처해 있는 그들의 마음속에는 아마도 다음과 같은 의문이 일어났을 것이다. "이스라엘을 향한 하나님의 모든 약속들이 다 무효화되었는가? 하나님께서 이런 형편에서도 그 모든 약속을 성취하실 것인가? 도대체 우리의 장래는 어떻게 될 것인가?" 하는 의문이었다.

이러한 문제들에 대한 해답이 바로 2장의 환상이다. 즉, 장차 이 세상 나라들이 우리 주 그리스도의 나라가 되어 영원히 지배를 받으리라는 것이다. 다시 말하면 메시야 왕권이 이 세상 나라들을 완전히 최종적으로 멸망시킬 것이며 그 메시야 왕국은 돌이 태산을 이루는 것같이 온 지면에 충만하여진다는 것이다.

이러한 역사관으로 고찰해 볼 때 이스라엘 자손들은 세상 권력이 점점 확대되어 가는 것을 보았다. 세상 권력은 웅장한 군사력으로 이 세상을 통치하였다. 그러나 하나님의 백성들은 이러한 웅장함과 힘과 비교하여 볼 때 너무나 작고 약하게 보였으며 메시야 왕국에 관한 장래도 거의 희망이 없어 보였다. 때에 느부갓네살은 어떤 전쟁에서든지 승리를 거두는 것이 그 특징이었으며 그렇게 하여 바벨론은 일찍이 볼 수 없었던 대제국이 되었다. 이 대제국 바벨론의 장래가 어떻게 될 것인가 하는 문제에 대한 해답은 2장의 환상에 나타나 있다. 세상 나라들의 권력은 결코 하나님 나라의 권세에 대적할 수 없다. 이 세상 사람들이 자기들의 장래는 영광스러운 승리라고 생각하고 있지만 하나님께서는 느부갓네살에게 세상 나라들의 장래는 완전한 패망뿐이라고 말씀하신다. 제아무리 강국이라도 메시야 왕국을 대항할 나라는 없는 것이다.

(2) 느브갓네살의 꿈과 그 꿈의 해석

이 세상 나라들의 종국적인 멸망은 이미 세상에 관한 역사적 내용에서 묘사되어 있다. 느브갓네살은 전국의 영민하다는 박수, 술객 등 자문 대상을 불러들여 자신이 꾼 꿈은 물론, 그 해몽까지 알려 주기를 막무가내로 요청하였으나 이방의 궁중 박수들은 아무도 이 꿈을 해석할 수 없었으며 심지어 그 꿈이 무엇이었는지도 말할 수 없는 궁지에 빠졌다. 박수들은 그 꿈을 말해 달라고 하였다. 그들은 왕이 그 꿈을 알려 주면 그것을 해몽하겠노라고 하였다.

그러나 느부갓네살은 그들의 해몽 능력을 알아보기 위하여 그들을 시험하였다. 그는 만일 그들이 이 꿈을 알게 하지 못한다면 엄한 처벌을 받게 되리라고 호통을 쳤다. 느부갓네살은 이방에 있는 박수들의 지혜와 권위를 시험한 것이다. 이 광경은 마치 이 세상의 지혜에 도전을 하고 있는 것과 같다. 세상 권력들이 느부갓네살의 꿈을 해몽할 수 있겠는가? 그들에게 이러한 요구를 충족시킬 권세가 있는가?

이에 대한 다니엘서의 해답은 그들은 결코 이 일을 할 수 없다는 것이다. 그 꿈 자체나 그 꿈의 해석에 있어서도 이 세상 권세가 하나님의 권세를 이길 수 없다는 것을 말하고 있다.

이 꿈을 해몽한 사람은 살아 계신 여호와의 선지자인 다니엘이었다. 이 꿈을 해몽하지 못하는 자는 정녕 죽으리라는 왕의 엄명을 들은 주재자 하나님의 종 다니엘이 그것을 해몽하였다. 다시 말하자면 다니엘의 인격과 사역을 통해 하나님의 나라는 심지어 꿈을 해몽하는 것까지도 이 세상 나라들을 이기신다는 것을 주장하고 있다. 뿐만 아니라 다니엘은 자기 자신의 지혜로써 그 꿈을 해몽하지 않는다. 성경 본문은 그가 이 일을 위하여 하나님께 기도하고 있음을 분명히 말하고 있다.

그리고 그가 그 계시를 알게 된 것은 분명히 그의 기도의 응답으로 된 것이다. 그가 왕의 명령을 처음 듣자마자 그가 왕께 그 꿈을 해석할 수 있었던 것은 여호와께 기도한 후였다. 다니엘은 이 꿈에 관한 하나님의 주권적인 섭리를 알려고 전적으로 하나님께 매달렸다. 꿈을 해석하는 다니엘도 이 지혜의 근원을 찾기 위해서 무릎을 꿇어야 했다. 다니엘은 이 지혜의 근원을 느부갓네살에게 분명히 말하여 주었다. 다니엘 2장 27-30절을 보면 그는 자신의 지혜나 능력으로 이 꿈의 뜻을 왕께 설명하는 것이 아닌 것을 말하고 있다. "오직 은밀한 것을 나타내실 이는 하늘에 계신 하나님이시라 그가 느부갓네살 왕에게 후일에 될 일을 알게 하셨나이다."(28절)라고 한다.

다시 말하자면 31-45절까지에 나타난 이상으로 이끌어가는 제2장의 역사적인 부분은 이미 이상의 목적과 내용을 지적하여 주고 있는 것이다. 그 꿈을 이해하고 해석하는 것까지도 이방들의 제일 지혜 있는 박수들이라도 하나님의 지혜를 당하지 못했다. 이 꿈은 마침내 천지의 주재자이신 하나님만 전적으로 의지하는 사람에 의해 알게 되었고 해석되었다. 다니엘은 주권을 가지신 계시자를 전적으로 의지하는 일인 기도로써 그것을 해석하였다. 이 모든 사실들은 이 세상에 가장 지혜 있는 사람들을 다 합쳐도 당할 수 없는 하나님의 모든 주권적인 지혜와 은혜를 지적하여 준다.

이 꿈이 후일에 이루어질 일들을 말하고 있음을 주목해야 한다. 2:28을 보면 은밀한 것을 나타내시는 하나님께서 "후일에 될 일을" 느부갓네살에게 알게 하셨다. 여기에 사용한 "후일"이란 말은 아람어 아하리트 요마야(אַחֲרִית יוֹמַיָּא)라는 말인데, 이 말은 구약에서 성격상 종말론적인 뜻을 가지고 있다. 그것은 날들의 마지막 부분-즉, 날들의 맨 마지막 부분이란 뜻이다. 준비 시대가 다 지나가고 성취의 시대가 온다는 것이다.

전통적 학파에서는 일률적으로 이 구절을 위에서 말한 바와 같이 메시야와 관련시킨다. 그들은 이 구절이 의미하는 시대는 하나님께서 땅 위에 나타날 때-즉, 메시야 시대가 시작되는 시기를 말한다고 한다(영, 루폴드, 칼빈).

자유주의 비평가들은 이 해석을 지지하지 않는다. 그들은 다니엘 2 : 28에 있는 이 구절이 메시야와 관련되지 않는다고 한다. 그들 중에도 특별히 드라이버는 이 구절이 단순히 일반적인 의미의 미래를 뜻하는 것이지, 메시야적인 어떤 의미도 뜻하지 않는다고 한다.

우리는 이 구절에 대한 비평주의자들의 이러한 견해를 지지하지 않는다. 위에서 이미 말한 전통주의 견해에 대해서는 무엇보다도 신약 성경이 힘 있게 지지해 주고 있다. 이 히브리 어 구절은 희랍어 성경에 잘 표현되어 있다. 이 구절은 70인역에서 신약 성경에 옮겨졌다. 이 히브리 원어를 "ἔσχατος"라고 번역하였다. 이 말은 70인역에서 가끔 "ἔσχατον τών ἡμέρων"(그 날들의 마지막 부분 혹은 "ἔσχαται αί ἡμέραι"(마지막 날들) 등으로 되어 있다. 이 구절들은 신약 성경에서 그리스도의 메시야 통치에 관하여 부단히 작용되어 왔다. 그리스도께서 지상에 오심으로 시작되는 이 시대를 신약에서는 "말세"라 부르고 있다(히 1:1-2, 행 2:17, 딤후 3:1, 요일 2:18).

본서의 이 구절에 관한 전통주의 해석은 무엇보다도 신약의 큰 지지를 받고 있다.

다시 말하자면 다니엘은 이 꿈이 메시야 예언이라고 언급하면서 이 환상을 해석하고 있다. 이 환상은 어떤 면에서 볼 때 어떤 전도(顚倒)나 변형의 때-즉, 어떤 특수한 방법으로 하나님의 자비와 심판을 나타내시는 때이다. 이것은 메시야 왕국에 관한 예언이며 메시야 왕국이 이 세상 나라들을 다스리신다는 예언이다. 이 꿈은 메시야 왕국과 관련되어 있다.[9]

2:31-35까지는 다니엘이 왕이 꾸었던 꿈을 자세하게 이야기하고 있으며, 36-45절에서는 그 꿈을 해석하여 왕에게 그 뜻을 말하여 주고 있다.

왕이 꿈에 본 큰 신상

2:31. 왕이여 왕이 한 큰 신상을 보셨나이다. 그 신상이 왕의 앞에 섰는데 크고 광채가 매우 찬란하며 그 모양이 심히 두려우니.

다니엘은 왕이 꿈에 크고 광채가 찬란한 한 신상을 보았는데 그것이 왕의 앞에 서 있었고 그 모양을 보고 왕은 마음속에 심히 두려워하였다고 말하고 있다.

그는 왕에게 그가 꿈 가운데서 그 신상을 어떻게 바라보고 있었는지를 상기시키고 있다. 여기에 사용되고 있는 "보셨나이다"라는 동사는 분사로서 독특한 뜻을 나타내고 있다. "있다"고 하는 동사가 분사와 함께 사용되는 것은 계속적인 행위를 묘사하는 아람어의 특수한 표현법이다. 이 말은 왕이 보고 있는 물체에 홀려서 정신을 잃고 바라보고 있었던 것을 의미한다. 느부갓네살은 보고 있는 것으로 인해 황홀경에 사로잡혀 있었다. 그는 그가 보고 있던 그것에서 자기의 눈을 다른 곳으로 옮길 수가

9) 이러한 말세론의 성격을 더 연구하고자 하는 분에게는 Geerhardus Vos, *Pauline Eschatology* (Grand Rapids: Eerdmans Publ. Comp., 1952), pp. 1-9를 참고하시오.

없었다.

"보셨나이다"라는 한역은 이 말이 강조하고 있는 바를 정확하고도 충분하게 나타내지 못하고 있는 것 같다. 차라리 이 말을 진행형인 "보고 있었나이다"로 하는 것이 본문의 뜻을 더욱 잘 나타내 주는 것 같다. 아람어 본문을 문자 그대로 번역하면 다음과 같다. "오 왕이여, 왕은 보고 있었나이다. 보시옵소서! 한 큰 신상을"(Thou, O King, wast seeing, and behold! a great image). 한역 성경에는 신상을 "보다"라는 동사의 직접 목적어로 하고 있다. 그러나 본문의 원뜻은 두 문장으로 되어 있으며 두 문장은 다 매우 짧고 간단하게 되어 있다. 그런데 한역 성경은 그것을 한 문장으로 번역하여 놓았다. 두 개의 짧은 문장을 사용한 목적은 신상을 바라본다는 것을 강조하기 위한 것으로 보인다. 그 신상이 홀연히 왕 앞에 우뚝 선 것과 같이, 그 문장의 표현에 있어서도 그 신상이 갑작스럽고도 교묘하게 불쑥 나타난다. 아람어 알루(אֲלוּ : 보시옵소서)라는 말은 그 신상을 지적한다. 그런데 둘째 번 문장에는 동사가 없다. 저자는 그 신상에다 우리의 주의를 환기시키고자 하는 것으로 보인다. 동사가 없고 "보시옵소서"라는 말이 있는 것은 이러한 강조를 해 주는 것이다.

꿈에 나타난 상(像)은 어떤 우상의 형상이 아니다. 첼렘(צְלֵם)이란 원어는 어떤 우상의 형상을 말하는 것이 아니고 사람의 형상으로 된 신상(身像) 또는 조상(彫像) 같은 것을 말한다. 한역의 신상(神像)이란 말은 올바른 번역이라고 할 수 없다. 이 신상은 이상한 물질로 배합된 사람의 형상으로 그 모양이 심히 크고 위엄 있는 것이었다. 이 신상이 의미하는 중요한 점은 이 신상의 근원이 인간적이라는 것이다. 그 신상이 인간적인 발명의 산물이었음과 같이 그 신상이 나타내어 주고 있는 세상 나라들도 인간적인 노력의 산물들이었음을 말하고 있다. 이러한 인간적인 강조는 그 후에 이 세상 나라들을 멸망시킬 나라가 일어날 것인데 그 나라는 신적 근원을 가졌다는 것과 대조를 시키고 있는 것이다. 영국의 대설교가 매클라렌(Alexander Maclaren)은 "이것이 인간의 열정적인 활동과 정복의 욕망과 군대와 같은 인간적인 수단을 강조하고 있다."고 말했다.

31절에서는 이 신상의 모양에 대하여 적어도 두 가지 강조점을 나타내 준다. 그 하나는 그 신상을 바라보는 자를 황홀하게 만든 것은 그 신상의 크기였다는 것이다. 여기에서는 한 구절 안에 **"크다"**는 말이 두 번이나 나와 있다. 그 둘째 강조점은 **"크고 광채가 매우 찬란하며"**라는 말이다.

루폴드는 이 말을 "매우 찬란하게 빛나는 광채"라고 하였다. 그 신상은 금속으로 만들어졌기 때문에 매우 빛난 금속의 광채를 냈던 것이다. 신상의 이 찬란한 모양은 그 뜻을 잘 나타내 준다. 세상 나라들은 그들의 찬란한 번영을 자랑하였다. 이 자랑은 느부갓네살과 같은 정복자들이 심중에 품고 있던 욕망이다. 그가 꿈꾸던 가장 높은 영광은 이 세상을 다스리는 것이었다. 그는 자기가 왕위를 얻기 위해서 수많은 사람이 수난과 고통을 당하고 있다는 사실을 생각하지 않는다. 7장에서는 주의 선지자 다니엘이 본 이 세상 나라들이 짐승으로 나타났다. 선지자의 눈에는 이방들의 잔인성과 인간의 생명을 짓밟는 것이 무엇보다도 중대한 문제로 보였지만 이방 왕의 눈에는 이 큰 나라들이 찬란한 광채를 나타내는 것만 보았다. 세상적인 꿈을 꾸는 사람들에게는 세상적인 많은 영광이나 그 목적들이 매우 귀한 것으로 보이지만 하나님의 계시를 받은 자에게는 이것이 야수적(野獸的)이요 파괴적인 것으로 보였다.

그 신상의 모양이 심히 두렵다고 말했다. 느부갓네살은 자기가 꿈 가운데서 그것을 바라보고 얼마나 놀랬던가를 아마 기억하고 있었을 것이다.

2:1에서는 "꿈을 꾸고 그로 말미암아 마음이 번민하여 잠을 이루지 못한지라."고 말했다. 왕이 그 신상의 모양을 보고 마음 속에 심히 두려워한 것은 아마도 그 크기와 찬란한 광채로 인함이었을 것이다. 다니엘서의 훌륭한 복음주의 해석가인 클리포드는 주장하기를 이 신상의 모양이 심히 두려웠던 것은 그 크기나 금속의 광채 때문만이 아니라 그 신상이 대표하는 세상 권세가 하나님의 백성을 두렵게 하는 까닭이라고 하였다. 그러나 우리는 이 해석이 보문의 문맥과 완전히 부합되지 못한다고 본다. 본문이 보여 주고 있는 요점은 이 신상이 다니엘이나 포로 중에 있는 이스라엘 자손을 놀라게 하고 있는 것이 아니다. 그 요점은 그것이 왜 느부갓네살을 두려워 떨게 하는가 하는 것이다. 다니엘은 여기에서 그 꿈을 해석하는 데 주목하고 있는 것이 아니다. 단순히 그 꿈이 어떤 꿈이었는가, 왕이 꿈 가운데서 본 것이 무엇이었는가를 말하고 있을 뿐이고, 그 꿈에 대한 해석은 36절부터 시작된다. 만일 다니엘이 본절에서 그 꿈을 해석하거나 그 꿈을 이스라엘 자손에게 적용시키고 있는 것으로 본다면 클리포드의 견해가 합당할는지 모르지만 다니엘은 그렇게 하지 않는다.

다니엘은 그 꿈을 이스라엘 자손이 아닌 느부갓네살에게 이야기하고 있으며 왕이 꿈에 보았던 것을 왕에게 이야기하고 있는 것이다.

그리고 우리가 여기에서 또 한 가지 주목할 점은 왕이 이상 중에서 본 신상이 4대 제국을 나타내고 있는데 그것들이 각기 한 나라를 대표하는 네 개의 신상이 아니라 "한 큰 신상을" 보았다고 하는 것이다. 모든 세상 나라들의 권력이 한 신상에 집결되어 있다는 것이다. 이는 곧 이 세상 나라들은 모두 하나의 공통된 성격을 가지고 있다는 것이며, 그 근원과 성격도 공통적인 인간적 근원과 성격을 가지고 있다는 점이다. 하나님께서는 이 모든 세상 나라들을 하나로 뭉치시므로 다니엘에게 하나님의 역사 철학을 보여 주신다. 칼빈은 말하기를 "하나님께서는 이 신상으로서 그리스도의 재림 때까지 있을 세상 나라들의 장래 형편을 보이신 것이다. 이것이 바로 하나님께서 이 네 나라들이 서로 다름에도 불구하고 하나의 신상에다 그것들을 접합(接合)시켜 놓은 이유이다."라고 하였다. 그러므로 하나님께서 네 개의 각기 다른 신상들을 보여 주시지 않고 하나의 신상을 보여 주시는 것을 보고 세상의 정복자들이나 그 나라들의 흥망성쇠를 따라서 나라를 계승하고 통일하는 일을 하나님께서 주관하신다는 사상을 알 수가 있다. 이 한 신상을 조성하고 있는 네 나라들은 각기 다른 성격을 가지고 있음에도 불구하고 그 전체의 부분들이 되어 있으며 또한 각기 그 뒤를 계승하고 있다. 인류 역사는 전체적으로 볼 때 하나의 유기체로서 하나님의 절대 주권에 의해 운행되며 조종된다는 것이다.

그 신상(우상)의 각 부분

2:32-33. 그 우상의 머리는 정금이요 가슴과 두 팔은 은이요 배와 넓적다리는 놋이요 그 종아리는 철이요 그 발은 얼마는 철이요 얼마는 진흙이었나이다.

이 구절에서 다니엘은 신상의 각 부분을 묘사하고 있다. 머리는 정금이요, 가슴과 팔은 은이며, 배와 넓적다리는 놋이요, 그 다리는 철이며, 그 발은 얼마는 철이고 얼마는 진흙이었다는 것이다. 한역 성경에는 "종아리"라는 말로 번역되어 있으나 아람어의 본뜻은 "다리"라는 말이다.

이와 같이 묘사하고 있는 것은 그 신상이 점점 약체화(弱體化)하고 더욱 못하여 가는 것을 강조하는 것이다. 금 아래는 은이고, 은 아래는 놋이, 놋 아래는 철과 진흙이 하부로 이어진다. 즉, 각 나라가 그 나라 앞에 있던 나라보다 점점 못하여지고 있다는 것이다. 이 사실은 39절에서 다니엘이 그 꿈을 해석할 때 바벨론을 뒤따를 나라는 바벨론보다 못하리라고 하는 말로도 나타나 있다.

뿐만 아니라 이 신상의 다른 형편으로도 그 열등해 감을 강조하고 있다. 정금의 나라는 그 신상의 머리라고 한다. 그 나라는 사람의 가장 중요한 부분인 머리로 나타나 있고 그 다음에는 점차적으로 내려가면서 인체의 나머지 부분들이 묘사되고 있다. 다시 말하면 하나님께서는 정금의 나라를 발로 나타내지 않으시고 인체의 상부(上部)로 묘사하신다. 꿈 가운데서 묘사된 인체의 각 부분들도 위에서부터 아래로 내려가면서 점점 약화되고 저하됨을 나타내고 있다.

여기에 대해서 클리포드와 카일은 또 다른 이유를 지적했는데 그것은 곧 점차적으로 열등하게 되어 가는 세상 역사가 묘사되어 있는 것이라고 했다. 클리포드는 말하기를 처음 부분인 머리만 전체적인 통일을 가지고 있고 은의 나라는 가슴과 팔로 나누어졌고, 셋째 나라인 놋은 넓적다리들로 나누어졌고, 넷째 나라는 네 가지 요소로 가장 많은 분열을 하고 있다. 이 나라는 다른 나라들과 달리 얼마는 진흙이요 얼마는 철로 나누인다.

몬트고메리는 발에 진흙이 섞여 있는 것에 관해서 매우 흥미있는 고고학적 견해를 들어 설명함으로써 관심을 끌고 있다. 이 견해는 그 나라들이 점점 저하되어감에 대한 것을 더욱 강조하고 있다. 그는 주장하기를 우리 한역의 "진흙"이란 말의 원어 하사프(חֲסַף)는 진흙으로 만들어진 어떤 생산품을 의미하고 진흙이라는 원료를 의미하지 않는다. 다시 말해서 본문에 나온 진흙이란 말은 진흙이라는 원료 그 자체를 말하는 것이 아니고 빚어 만든 질 그릇 같은 것을 말하는 것이다. 몬트고메리는 이런 점에서 41절에 사용된 아람 어는 원료를 말하고 33절에서는 만들어진 제품을 말한다고 하였다. 그는 말하기를 진흙으로 구워 만든 기와나 벽에 붙이는 타일(tile)은 고대 바벨론의 건축에 많이 사용되었다고 한다. 이것들은 고대 사회에서 장식품으로 많이 사용되었다. 바벨론에서 건축물의 지붕에는 기와를 얹었고, 바사에서는 탑들의 꼭대기를 기와로 덮었다. 헬라에서는 예술 작품에 진흙을 사용하였다. 그러나 그것은 매우 연약한 작품으로서 아주 부스러지기 쉬운 것들이었다는 것이다.

이 바벨론 왕이 꾼 꿈에는 매우 흥미있는 것이 있는데 그것은 진흙으로 된 이 부스러지기 쉬운 것은 그 신상의 아름다움을 강조할 뿐만 아니라 그 신상의 구성에 있어 가장 기초적인 요소를 담당하고 있다는 것이다.

이 부스러지기 쉬운 장식품이 그 신상의 기초에 있어 철근을 대신하여 있는 것이다. 그 신상은 가장 섬세하면서도 부스러지기 쉬운 장식품에만 사용되던 원료로써 혼합된 발을 그 기초로 하고 서 있는 것이다. 만일 이 고고학적 견해가 사실이라면, 이 해석은 멸망 받을 수밖에 없는 제 4 왕국이 얼마나 부스러지기 쉽고 연약한가 하는 것을 대단히 잘 보여 준다.

다니엘서의 이 이상에 관해 고고학이 보여 주는 또 다른 흥미있는 해석이 있다. 바웃플라워(Charles Boutflower)는 그의 저서[10]에서 말하기를, 이 구절들에 나타나 있는 여러 가지 금속들의 하나하나가 전통적으로 내려오던 메시야 해석이 말하는 4대 제국들과 부합한다는 것이다. 그가 말하는 이론으로는 정금은 어떤 특수한 의미로 볼 때 바벨론을 상징하는 금속이었다고 한다. 그 이유로는 다른 어떤 나라에서보다도 바벨론에서 금을 물 쓰듯이 사용하였기 때문이라고 한다. 그들은 신들을 섬기기 위한 우상이나 신전들은 모두 금으로 장식하였다. 신전 내부에는 황금으로 된 제상(祭床)곁에 제우스(Zeus) 산의 황금 좌상(黃金坐像)이 있었다. 헤로도투스(Herodotus)의 통계에 의하면 이 금들은 800 달란트 혹은 4,800 파운드나 되는 것으로 현 시가로는 2,400만 불에 해당하는 것이 된다.

---

10) Charles Boutflower, *In and Around the Book of Daniel* (London : SPCK., 1923), ch. 3.

그리고 바벨론의 신전 외부에는 바벨론 사람들이 섬기던 또 다른 신인 마르둑(Marduk) 신의 상(像)이 우뚝 서 있었다. 그것은 높이가 20 피트나 되었고 그 전체가 금으로 된 것이었다.

이렇게 볼 때 은(銀)은 메대-바사와 관련됨을 쉽게 연상하게 된다. 은을 사람들이 일찍이 돈으로 여겨 왔는데 메대-바사는 부(富)를 추구하고 또한 화폐나 은으로 가치를 표시하던 상업 정신이 투철한 나라로 알려졌다. 그리고 놋은 전쟁 도구로 사용되던 금속이었다. 헬라의 찬란한 영광을 떨친 위대한 지도자 알렉산더 대왕은 놋을 많이 사용하도록 권장하였고 헬라 인들은 다른 나라들보다 놋의 사용을 고조하여 많은 발전을 이룩하였다고 한다. 바웃플라워는 마지막 쇠는 특히 로마의 특징을 잘 보여 주는 금속이라고 주장했다. 쇠는 로마 인의 갑옷과 무기 제작에 사용되었다. 쇠는 얼마 안 가서 로마가 전쟁에서 적들을 취급하는 데 보여 주었던 그들의 잔인성과 가혹함을 나타내는 상징이 되었다.

이 두 구절이 우리에게 보여 주고 있는 것은 이 세상 나라들은 부스러지기 쉬운 것이요 앞선 나라보다 그 뒤를 따르는 나라가 점점 약화되어 가고 있다는 것이다. 한 나라가 자신도 모르는 사이에 부패하여 멸망하면 바로 다른 나라가 그 뒤를 계승한다. 이 이상은 우리에게 이렇게 망하고 망하는 이 세상 나라들과 하나님 나라를 대조시키기 위한 준비이다. 하나님 나라는 영원히 계속될 것이다. 그 나라는 이 세상 나라들과 같이 한때 있다가 없어지거나 점점 약화되어 가는 것도 아니다. 이 하늘나라의 권세는 확고부동한 것이요 영원 무궁한 것이다. 그것은 잠시 잠깐 있다가 쉬 멸망하는 그러한 권세가 아니다.

손대지 않은 돌이 신상의 발을 파괴함

2:34. 또 왕이 보신즉 손대지 아니한 돌이 나와서(산에서 나와서 : 45절) 신상의 쇠와 진흙의 발을 쳐서 부서뜨리매.

34절과 35절에서는 다니엘이 이 꿈의 두 번째의 상황을 이야기하고 있다. 지금까지는 꿈 가운데서 아무런 동작이 없었다. 지금까지의 꿈의 내용은 그 신상이 엄청나게 크고 움직이지 아니하는 것으로 찬란히 빛나는 광채와 크기에 놀랐다는 것이다. 그런데 이제 그 이상의 장면은 동적인 것으로 된다.

지금까지 느부갓네살이 바라보고 있던 것은 그 신상 자체이었으나 이제 그는 신상으로부터 그의 시선을 돌려서 움직이는 돌을 바라보게 되었다. 그런데 이 돌은 사람이 손대지 아니한 돌이라고 하고 있다. 이것은 신상의 근원과 돌의 근원과의 대조인 것이다. 그 신상은 인간의 고안품인 것이 분명하고, 이 돌은 인간의 고안품이 아니라는 것이 분명히 나타나 있다. “손대지 아니한”이란 말은 인간의 능력이나 도움이 없이 된 것이라는 뜻이다. 카일은 말하기를, 그것은 보다 높으신 하나님의 섭리를 지적하고 있다고 하였다. 이러한 표현은 단 8:25, 욥 34:20, 애가 4:6에서도 나타나 있는데 거기에서도 역시 인위적이 아닌 신적인 근원을 말하고 있다. 만일 그 신상이 사람의 손에 근거한 것이라면 이 돌은 사람의 손으로 하지 아니한 하나님의 손에 근원을 둔 것이다.

우상을 친 돌은 온 세계에 가득함

2:35. 그때에 쇠와 진흙과 놋과 은과 금이 다 부서져 여름 타작마당의 겨 같이 되어 바람에 불려 간 곳이 없었고 우상을 친 돌은 태산을 이루어 온 세계에 가득하였나이다.

신상을 파괴하는 이 돌은 사람의 손으로 채석(採石)하여 다듬어 만든 인위적 힘에 의한 돌이 아니므로 이것은 필시 천래(天來)의 돌이다(45절에는 산에서 나왔다고 상징적으로 말하지만). 이 돌은 그 신상이 안정성 없는 기초를 발판으로 하고 서 있는 발-즉, 쇠와 진흙으로 섞여 공격 받기 알맞은 그 약점을 때리는 것이다. 그리하여 그 신상은 요란한 소리를 내며 무너져서 산산조각이 되고 만다. 자고(自高)하던 인간의 작품은 산산조각으로 완전히 부서지며 머리로부터 발끝까지 그 모든 재료들은 가루가 되어 바람에 날리어 온데간데없이 되어 버린다. 바람은 느부갓네살이 놀라서 떨며 지켜보는 가운데 그 신상의 자취가 완전히 없어질 때까지 먼지 하나 남지 않도록 날려 버린다. 날려 버리는 것이 얼마나 완전했던지 그 신상이 섰던 자리에는 먼지 조차 찾아볼 수 없게 되었다.

그 신상의 멸망은 아주 완전함을 보여 주고 있다. 인간의 자랑거리로 삼았던 이 작품을 조성하고 있던 재료들은 그 흔적조차 찾아볼 수 없게 된다. 이 돌이 세상 권세를 나타내는 마지막 모습을 멸망시킬 때에 그 이전에 있었던 세상 권세들의 모습들까지도 멸망을 당한다. 즉, 세상 권세를 위한 모든 인간적인 노력의 결과는 다 멸망을 받는다는 것이다. 여기에서 대조시키고자 하는 점은 그 신상을 파괴한 돌로서 그 후에 얼마나 확대되어지느냐 하는 문제이다. 그 거대하던 신상은 태산을 이루는 돌로 말미암아 정복되고 말며, 그 신상은 완전히 자취를 감추어 찾아볼 수 없게 된다. 그 신상이 섰던 자리에는 그것을 파괴한 돌이 가득하게 된다. 즉, 그 신상이 점령하고자 하던 자리를 이 돌이 점령하게 된다.

영화처럼 움직이는 이 환상은 35절에서 그 절정에 달한다. **"우상을 친 돌은 태산을 이루어 온 세계에 가득하였나이다."** 그 신상을 쳐서 부서뜨린 돌이 우리 눈으로 볼 수 있을 정도로 무럭무럭 자라난다. 이 돌은 태산을 이루어 온 세상에 가득하리만큼 크게 자라난다. 이 이상은 하나의 큰 돌로 시작하여 온 세계에 충만할 만한 큰 태산으로 끝이 난다.

그 꿈의 해석을 선언

2:36. 그 꿈이 이러한즉 내가 이제 그 해석을 왕 앞에 아뢰리이다.

36절은 본문에서 어떤 전환점을 보여 주고 있다. 위의 31-35절까지는 느부갓네살이 꾼 꿈이 무엇이었는가를 다니엘이 말했다. 그런데 36절부터는 다니엘이 그 꿈의 해석을 시작한다. 그는 왕 앞에서 그 꿈의 해석에 대한 선언을 하고 있다. 36절의 관심을 모으게 하는 이 해석 문제가 원어에서는 복수형의 동사로 되어 있다. 한역 성경에는 "내가"라고 되어 있으나 히브리 어 본문에는 복수형이 사용되어 있다. 그러면 네마르(נֵאמַר)라는 동사를 받는 "우리"라는 주어의 복수형은 누구를 의미하는 것인가? 카일과 루폴드는 이 복수형이 다니엘과 그의 세 친구들을 언급한 것이라고 하였다. 그러나 영 박사는 몬트고메리의 주장과 견해를 같이하여 말하기를 마치 사도 바울이 고전 2:6에서 겸손을 나타내는 표현 방법으로 복수형을 사용하고 있는 것같이 다니엘도 그러한 뜻에서 복수형을 표현하고 있다고 하였다. 이 견해가 가장 타당한 것으로 본다. 다니엘은 여기에 무엇보다도 하나님의 주권과 인간의 종속성을 강조하고 있다. 다니엘은 이 꿈을 자기가 꾼 것이 아니라고 강조하였다면 그가 이 꿈을 해석하고자 하는 초두에 이렇게 하는 것이 매우 타당한 일이다. 다니엘은 이 꿈을 나타내시는 하나님께 전적으로 영광을 돌렸다. 다니엘이 이 꿈을 꾸지 아니하였다는 것은 자기의 개인적인 지혜가 다른 사람들보다 조금도 나을 것이 없다는 것이며, 다니엘의 친구들이 이때에 함께 있었다는 증거가 없다. 그러므로 이 복수형에 그의 친구들이 포함되어 있다는 해석은 올바른 견해가 못 된다.

금 머리에(신상의 첫째 부분) 대한 해석

2:37-38. 왕이여 왕은 여러 왕들 중의 왕이시라 하늘의 하나님이 나라와 권세와 능력과 영광을 왕에게 주셨고, 사람들과 들짐승과 공중의 새들, 어느 곳에 있는 것을 막론하고 그것들을 왕의 손에 넘기사 다 다스리게 하셨으니 왕은 곧 그 금 머리니이다.

37-38절에서는 그 꿈의 해석을 시작하여 금 머리의 뜻이 무엇인가를 말하고 있다. 이 두 구절의 대부분은 관계절(關係節)이다. 이 두 구절에 있는 여러 말들 중 대부분은 왕의 성격을 상세히 설명하고 있다. 왕의 성격-즉, 그가 왜 금 머리로 불려지는가를 설명하는 삽입구인 것이다. 이 두 구절의 많은 말들 중 중요한 말이나 사상은 **"왕이여 왕은 여러 왕들 중의 왕이시라… 왕은**

곧 그 금 머리니이다."라는 간단한 말이다. 두 구절의 많은 말 가운데서 이 말을 제외한 다른 말들을 모두 설명하는 삽입구로서 금 머리의 존귀와 영광을 설명하고 있다. 다시 말하면 "여러 왕들 중의 왕"이란 구절은 "왕이여"라는 호격(呼格)과 동격인 것이다. 이 사실은 원어의 용법을 설명하고 있는데 동사로 연결된 것이 아니다. 한역에는 "여러 왕들 중의 왕"이란 구절의 번역에 **"이시라"**는 동사를 첨가함으로 "여러 왕들 중의 왕"이란 구절의 동격어의 성격을 흐리게 하고 말았다. 37-38절이 원래는 한 문장으로 되어 있는데 그것을 한역에서는 세 문장으로 따로 구분을 지어 놓았다. 아람어 원문에서는 관계절(關係節)들을 사용하므로 그 말이 대단히 강조하는 뜻을 나타내고 있는데, 한역에서는 이 구분을 지어 놓은 것으로 인해 원문의 강조점을 흐리게 해 놓았다.

본문에 구(句)와 절(節)들을 사용함으로 느부갓네살 왕의 영도하에 바벨론이 지배하는 대통치권을 강조하는 것이다. 이런 이유로 다니엘은 이방 통치자에게 **"여러 왕들 중의 왕"**이란 존칭을 사용함으로 그의 해몽을 시작한다. 몬트고메리와 프린스에 의하면 이러한 존칭의 어투는 바사에서 사용하던 것이었으며 바벨론에서는 사용하지 않던 어투라고 한다. 이 말은 다니엘이 그 당시의 바벨론 궁중의 풍속을 잘 몰랐기 때문이라고 한다. 그렇다면 바벨론에 포로로 잡혀가서 바벨론 궁중에서 자라다시피 한 그가 바벨론식으로 부르는 왕의 존칭을 몰랐을까? 이것이 문제가 된다

. "여러 왕들 중의 왕"이란 존칭사를 다니엘이 사용했다는 주장

그러나 영(Young)과 루폴드는 다니엘이 이 어투를 사용함을

당연한 것으로 강력히 주장한다. 그 이유는,

(1) 성경 다른 곳에도 이런 어투가 사용됨: 에스겔 26:7과 에스라 7:12에 보면 바벨론과 후기 바사 나라의 군왕들에 대한 칭호도 바로 이런 어투로 사용되고 있다. 사실은 에스겔서에서 말하고 있는 것도 느부갓네살의 대통치를 묘사하고 있는 것이다.

(2) 당시 그런 존칭이 아닌 어떤 것을 사용했다는 증거가 없다: 바벨론 비문에 느부갓네살을 "여러 왕들 중의 왕"이라 하지 않고 "바벨론 왕 느부갓네살 높은 왕, 마르둑 신의 사랑을 받은 자"라고 쓰여져 있다는 프린스의 말은 사실이다. 그러나 이 비문의 내용은 그 왕이 자기 자신에 대하여 말하고 있는 것이지 타인이 부르는 왕의 칭호가 아닌 것을 지적하고 있다. 프린스의 고고학적 견해도 그 당시 백성이 왕을 부를 때 사용한 존칭이 어떤 것이었는지를 지적해 주는 데 충분한 증거를 제시해 주지 못하고 있다. 그러고 보면 단 2:37에 사용되어 있는 "여러 왕들 중의 왕"이란 이 구절은 왕의 칭호를 대면하여 부르는 데 사용한 말임이 틀림없다.

(3) 바사 왕의 비문을 보아 그 어투의 사용에 대한 타당성이 인정된다: 영은 말하기를 바사 왕 아리야람나(Ariyaramna, B.C. 610-580)의 비문에는 왕을 "여러 왕들 중의 왕"이라고 새겨 놓았다. 만일에 이것이 바사 왕을 부르는 어투였다면 다니엘도 바벨론에서 이런 어투를 사용하였을 것이라고 보는 것은 극히 타당성이 있는 것이다.

그러나 이런 비평주의적인 문제를 떠나서 생각해 볼 때 "여러 왕들 중의 왕"이란 어투는 아람어의 최상급을 표시하는 말이다. 이 말은 지대(至大)한 경의와 존경을 표시하는 어투이다. 신약에서 "여러 왕들 중의 왕" '만왕의 왕'이란 칭호를 오로지 예수님에게만 사용하고 있는 것으로 보아도 느부갓네살에게 이 칭호를 사용하는 것은 그를 극히 높이는 말이다.

다니엘은 이 칭호를 사용하는 구절에서 왕을 높이는 것을 확대시키고 있다. 그는 **"하늘의 하나님이 나라와 권세와 능력과 영광을 왕에게 주셨고"**(37절)라고 말함으로 그 구절의 뜻을 더욱 확대시키고 있다. 다니엘은 느부갓네살 왕이 많은 부귀영화를 누리고 있음을 인정하고 있다.

그러나 또 다른 한편으로 다니엘은 느부갓네살이 왕위에 오른 것이나 그가 이룩한 성공은 자기 자신의 힘으로 된 것이 아니라는 것을 강조하고 있다. 이 여러 왕들 중의 왕은 하늘의 하나님으로부터 이 모든 것을 받은 것이다. 다니엘은 이상의 중요한 요점인 이 세상 모든 왕들의 흥망성쇠는 전능하신 하나님의 손에 달려 있다는 것을 강조하고 있다. 이것은 하나님에 의해 마음대로 좌우된다.

느부갓네살이 다스리는 위대한 국가의 부흥이 순전히 하나님의 주권에 의한 것이라는 사상이 두 개의 짤막한 구절로 강조되어 있다. 그 하나가 여호와를 묘사하는 **"하늘의 하나님"**이란 말이며 또 다른 하나가 우리 한역 성경에 **"주셨고"**라고 번역된 말이다. 이 두 말은 하나님께서 지상의 모든 권세들을 그의 권세와 창조적인 역사로써 주장하신다는 것을 강조하고 있다.

"하늘의 하나님"이란 말은 포로 시대에 사용하던 하나님의 칭호였다. 이 칭호는 특별히 구약의 후기 책들에서 많이 나온다(스 1:2, 6:10, 7:12, 21, 느 1:5, 2:4, 시 136:26 등 참조). 이 칭호는 바벨론의 신들과 대조되는 탁월하신 하나님을 말하는 것이다. 바벨론 사람들은 해와 달과 별을 숭배하였으며 그것들이 인간의 운명에 어떤 영향을 주거나 결정을 짓는 것으로 알았다. 그리하여 그들은 점성술의 발전을 이룩하였다. 그러나 다니엘은 자기의 하나님을 **"하늘의 하나님"**이라고 하여 그 하나님은 바벨론 사람들이 섬기는 해와 달과 별들보다 탁월하실 뿐만 아니라 모든 것들의 주관자라는 것을 말하고 있다. 하늘의 해와 달과 별들을 주관하시는 하나님께서 인생의 생명과 운명을 주관하신다는 것이며, 하나님은 모든 만물 위에 뛰어나시는 분이시며, 바벨론 사람들이 섬기는 신들보다 위대하사 느부갓네살에게 바벨론 나라를 주셨다는 것을 말하고 있다.[11)]

느부갓네살의 권세를 하나님께서 주셨다는 강조는 **"주셨고"**라는 말을 사용함으로 강조되어 있다. 몬트고메리는 이 말이 성경의 기록이 아닌 고대의 파피루스에서 발견되었는데 이 말은 어떤 전문적인 법률상의 용어라고 말한다. 이것은 봉토(封土)와 같은 뜻을 포함하고 있다. 다시 말하면 이 말은 땅을 빌린 사람 곧 지주(地主)나 왕의 이름으로 땅을 경작하는 사람에게 사용되었다. 이 사실을 느부갓네살에게 적용시켜 보면 왕들 중의 왕인 그는 지주가 아니라 단순히 소작인에 불과하다는 것이다. 그는 하늘의 하나님이신 주로부터 그의 재산과 권세를 빌려 받은 것뿐

11) 바벨론 종교와 점성술에 대한 연구를 위해서는 Charles Pfeiffer, *Exile and Return*(Grand Rapids : Baker Book House, 1962), 제10-11장을 읽을 것.

이다. 이 말은 바벨론 왕이 하나님께 소작인과 같이 복종해야 한다는 것을 매우 힘 있게 강조하는 것이라고 한다.

그러나 본문의 근본적인 강조는 왕의 권세가 어디에서 근거되어 왔느냐 하는 데 있는 것이 아니다. 다니엘은 이것을 해명하면서 바벨론 통치의 위대함과 찬란한 영광을 강조하고 있다. 느부갓네살 왕은 많은 부귀와 영광을 받았다. 37절에서 말하기를, 하늘의 하나님께서 그에게 **"나라와 권세와 영광을"** 주셨다고 하고 있다. 그런데 이 말이 주기도문의 마지막 송영에서도 사용되어 있다. 마 6:13에 "나라와 권세와 영광이 아버지께 영원히 있사옵나이다. 아멘"이라고 기록되어 있다. 또한 이 말은 단 7:14에 영광의 구름을 타고 오시는 인자에 관하여 영광을 돌리는 송영으로 사용되어 있다. 이 용어들의 하나하나가 엄밀하게 무엇을 의미하고 있든지 간에 그것들은 느부갓네살의 나라에 대하여 지극히 찬사를 보내고 있는 것이다. 이런 용어들은 성경에서 종종 살아 계신 참 하나님에 관한 언급으로 생각되어 왔다. 그런데 여기에는 분명히 느부갓네살에게 적용되어 있다. 테오도시안의 사본은 이 구절에 있는 세 명사들을 그 나라의 성격을 설명하는 형용사로 취급한다. 몬트고메리와 루폴드는 이 용어들은 상승 일로나 그 절정에 이르는 어떤 배열-즉, 왕권-권세-능력-영광 등의 순서라고 한다. 그러면 이 용어의 뜻은 엄격하게 무엇을 말하고 있는가? "권세"와 "능력"에 대해서는 말하기가 극히 곤란하다. 이 말들은 단 4:30에 다시 사용되어 있다.

여기에서도 역시 이 말들은 느부갓네살이 이룩한 큰 자랑거리를 강조하고 있다. 자랑하는 말을 하자마자 하나님께서는 느부갓네살이 누리고 있던 자랑스런 생활에 대하여 당장 무서운 심판을 내리신다. 분명히 이 말들은 지극히 높이는 말들이다. 그래서 이 자랑하는 말들을 사람이 자기 나라에 해당하는 말로 사용할 때 하나님의 심판을 면치 못했던 것이다. 이 이상 더욱 무엇을 억측하여 말하는 것은 지나친 생각이 아닌가 생각된다.

38절은 **"사람들과 들짐승과 공중의 새들, 어느 곳에 있는 것을 막론하고 그것들을 왕의 손에 넘기사 다 다스리게 하셨으니 왕은 곧 그 금 머리니이다."**라는 말로써 바벨론 나라의 위대함에 관한 또 다른 면을 강조하고 있다. 그것은 느부갓네살의 나라가 세계적인 나라라는 것을 강조하고 있다. 왕의 권위가 미치는 모든 것들을 기록해 놓았다. 그 첫째가 어느 곳에 있는 사람이든지 모두 다 다스리신다는 것, 둘째로 모든 생물들을 다스린다는 것, 셋째로는 한마디로 요약하여 **"그것들을 왕의 손에 넘기사 다스리게 하셨다."**고 하는 것이다. 다니엘이 바벨론 나라의 세계적인 면을 강조하고 있는 것은 어떤 이유가 있다. 즉, 그는 오로지 참된 우주적인 하나님의 나라와 대조시키고 있다.

그러므로 다니엘이 인간을 다스리는 왕의 통치권을 말하는 것은 바벨론 통치만을 의미하는 것이 아니다. 그 왕이 인간을 다스리는 것은 **"어느 곳에 있는 것을 막론하고"** 모든 사람들을 다 다스린다는 것이다. 이것은 세상 권세로서는 가장 위대하다는 것을 적절하게 나타내 주는 표현이다. 이 표현을 처음에 언뜻 보면 과장된 말로 보일 것이다. 그 이유는 사실상 느부갓네살 왕의 나라가 온 세상에 확대되지를 못했기 때문이다. 그러나 바벨론 나라에 관해서 과장된 것처럼 보이는 다니엘의 이 말은 조금도 해석상 문제될 것이 없다. 느부갓네살 왕은 실제로 당시에 살던 모든 사람들을 다 다스렸던 것이다.

그의 통치권은 문명이 발달한 아시아의 많은 부분에까지 미쳤으므로 그의 통치가 세계적이라고 주장할 수 있다. 사실상 그는 그 당시에 알려졌던 모든 세계를 다 다스렸던 것이다. 이 말이 과장이 아닌 것은 느부갓네살 당시에 살던 모든 왕들이 자기에게 그런 말을 사용한 사실로 보아 알 수 있다. 그 말의 요점은 그가 모든 세상 권력의 우두머리며 대표라는 것이다.

이 점에 있어서는 고고학이 뒷받침하여 주는 흥미있는 강조가 있다. 영과 몬트고메리는 말하기를, 앗수르 왕 세나카립(Sennacherib)이 이러한 세계적인 주장을 하였다고 한다. 세나카립이 자기 자신을 가리켜 "사방을 다스리는 왕"이라고 하였다. 몬트고메리가 인용한 또 다른 구절이 있는데 그것은 앗수르 초기 왕들 중 한 사람이 한 말이다. 거기에는 "앗수르는 사람이 사는 모든 곳에서 앗수르의 군대들의 사기를 돋구었다."라고 하였다.

바꾸어 말하자면 다니엘은 여기에서 그 당시 왕들이 전형적으로 사용하던 말을 하고 있다. 바벨론의 통치를 가리켜서 세계적인 것이라고 말한 것은 역시 렘 27:6-7과 28:14에서도 찾아볼 수 있다. 또한 고레스 왕이 바벨론 나라와 그 왕위를 빼앗았을 때도 고레스 왕은 "하늘의 하나님 여호와께서 세상 모든 나라를 내게 주셨고"(에스라 1:2)라고 했다. 이 말에서도 역시 느부갓네살의 뒤를 이어 세상 만국을 다스린다는 고레스의 말로 미루어 보아도 그의 세계적인 통치권을 추측할 수 있다.

그러나 느부갓네살 왕의 통치권은 사람들과 나라들에 한정된 것이 아니고 그 이상 확장되었다고 한다. 본문에서 그가 **"들짐승과" "공중의 새들"**까지도 다스린다고 한다. 이 말의 요점은 그의 통치권이 당대의 금수들에게까지 미칠 정도로 절대적인 것으로 보였다는 것이다. 이 문구의 의미는 창 1:28과 시 8:6-8을 연상시켜 준다. 이 구절들은 인간이 모든 피조물을 다스리도록 세움을 받았다고 한다. 인간은 하나님의 이름으로 피조물을 다스리도록 세움을 받았다. 우리 본문은 느부갓네살 왕이 창조주의 이름으로 땅과 그 가운데 있는 모든 피조물을 다스리도록 권세와 권한을 부여 받은 인간의 한 표본인 것을 보여 준다. 이방 왕인 느부갓네살이 다스리는 통치권은 마치 하나님께서 아담에게 주신 땅을 정복하라는 왕적인 통치권과 같은 우주적이고 왕적인 것임을 말하여 준다. 카일은 말하기를, "여기 짐승에 대한 언급은 그의 통치가 이 세상에 속한 것이라는 것과 하나님께서 모든 것을 그에게 복종케 했다는 것을 강조하고 있다."고 하였다.

고고학은 이 점에 대하여 증거해 주고 있다. 옛날 왕들 중에 궁중 동물원을 소유한 일이 있으니 그것은 그들의 이 세상 통치권을 상징한 것으로 보여진다. 다니엘서 6장에 나타난 다리오 왕의 사자 굴은 아마 그 일례(一例)가 될 것이다. 몬트고메리는 인생이 들짐승을 다스린다는 것을 보여 주는 이런 궁중 동물원이 많이 있었다고 한다. 뿐만 아니라 바벨론 도성에는 이들 짐승들의 모습으로 건축의 장식을 하였다. 그 유명한 바벨론 성문이 들짐승으로 장식되어 있다. 벽돌을 쌓아 올림에 있어 벽돌을 두드러지게 한 부분들이 황소나 용의 모습을 교묘히 이루어지도록 벽돌을 만들었다. 신년 축제에는 왕과 백성들이 연중 행사로서 바벨론의 신(神) 마르둑의 신전으로 가기 위한 큰 행렬의 도로를 만들었는데 그 도로 연변의 좌우 벽에는 120 마리의 사자들을 아로새겨서 색칠까지 해 놓았다. 이것은 그 거리를 위엄차게 함과 동시에 바벨론 왕이 온 세상을 통치한다는 것을 나타내고 있음이 틀림없다. 그뿐만 아니라 그들이 도로변에 이런 모습을 나타내고 있는 것은 무엇보다도 어떤 종교적인 목적을 포함하고 있는데 그것은 실제적으로 바벨론 종교와 관련을 가지고 있다. 다시 말하면 다니엘은 여기에서 느부갓네살 왕이 동물계까지 통치한다는 것은 바벨론 사람들 자체가 인정하고 과장하였던 통치권이라는 것을 말해 준다. 그들은 이것을 그들의 종교의 어떤 일부분으로 삼고 있었던 것이다. 다니엘은 바로 그들이 행하고 있는 그것을 지적하고 있다.

"왕은 곧 그 금 머리니이다." 세상 나라의 우두머리가 되는 바벨론의 통치자 느부갓네살 왕을 금 머리라고 하고 있다. 이 통치자는 대단히 중요하기 때문에 금 머리라고 부른다. 하나님께서 그를 높이 들어 주셨다. 사람들과 짐승들, 새들까지도 그의 지배를 받았다.

그런데 느부갓네살 왕이 금 머리라고 하는 본문의 말씀을 어떻게 생각해야 하느냐 하는 문제가 있다. 이 말이 느부갓네살 왕 개인을 비유한 것인가? 그렇지 않으면 그것이 느부갓네살 왕을 바벨론 나라 전체를 대표하는 말인가? 즉, 왕 개인을 언급하는 말인가? 혹은 그가 세우고 또한 대표하고 있는 세상 나라를 비유하는가? 이 문제가 원문에서 어떤 개인을 가리키는 것으로 되어 있어 문자대로 번역한다면 "당신은 곧 금 머리니이다."라는 말로서 "왕"이란 말 대신 "당신"으로 되어 있다.

그러나 오늘날의 많은 보수주의 학자들은 이 말이 느부갓네살 개인을 언급하는 것이 아니고 그가 세우고 그가 대표한 세상 나라를 언급한다고 주장한다. 영, 클리포드, 카일, 루폴드, 칼빈 등과 같은 학자들도 이렇게 주장한다. 특히 이 문제에 대해서 칼빈은 말하기를, "이 말은 느부갓네살 개인을 언급한 것이 아니고 그의 온 나라와 그의 모든 후계자들을 가리켰다."고 하였다. 즉, 이 말은 그 왕 개인을 언급하고 있는 것이 아니고 왕을 그 나라 전체로 의인화(擬人化)하여 그 나라를 언급하고 있는 것이다. 이것은 문맥 전후 관계에서도 분명히 나타나 있다. 바로 다음 절인 39절에서 느부갓네살을 뒤이어 일어나는 것이, 다른 왕이 일어나는 것이 아니라 다른 나라가 그를 대신하여 일어날 것이라고 하고 있다. 그 강조를 어떤 왕과 대조시키고 있는 것이 아니고 어떤 나라를 세상 권세와 대조시키고 있다. 다니엘은 본서의 꿈 이야기 전체에서 이 세상 나라와 하나님의 나라를 대조시키고 있다. 그가 대조시키고 있는 것은 왕이 아니라 전체적인 면에서 나라들이다.

그런데 만일 이 해석을 올바른 것으로 받아들인다면 왜 다니엘이 다른 나라들을 언급할 때는 어떤 개인이 아닌 그 나라들을 그대로 언급하고 있으면서 바벨론에 있어서는 많은 나라가 아닌 느부갓네살 개인을 들고 있는가 하는 것이 문제가 된다. 이 문제에 대하여는 클리포드가 매우 적합한 해답을 주고 있는 줄로 안다. 다른 나라들의 경우와는 달리 느부갓네살은 바벨론을 대표하여 그때 다니엘 목전에 있었기 때문에 다니엘은 그를 향하여

“당신”이라고 할 수 있었다는 것이다. 뿐만 아니라 또 어떤 의미로 볼 때 느부갓네살 왕은 그 나라를 자신이 세웠기 때문에 왕이 바로 그 나라였다는 것이다.

그러므로 다니엘이 이야기하는 대상은 느부갓네살 왕의 이름으로 대표한 바벨론 나라인 것이다. 다니엘서 2장의 첫째 나라인 금 머리는 바벨론 나라를 비유한다고 모든 해석가들이 일치하게 생각한다. 바벨론은 그전에 있었던 어떤 나라들보다 창성하였고 그 영토를 넓혔던 것이다. 아시아의 문명화(文明化)한 많은 나라들이 그의 통치를 받고 있었다. 그러므로 바벨론 나라는 전 세계를 다스린다고 2장에서 묘사하고 있는 것이다.

느부갓네살 왕의 정복 기사나 통치한 영토들에 관한 상세한 기록이 아직 발굴되지 못했다. 그러나 왕의 일반적인 업적에 관한 매우 흥미있는 기록이 발굴되었는데 그것은 느부갓네살의 영화가 매우 컸다고 함을 보여 주고 있다. 그런데 이 말은 느부갓네살 자신이 기록한 것이다.

> 나는 그를 신뢰함으로(바벨론의 신 말둑) 머나먼 나라들 윗 바다(지중해)와 아래 바다(바사 만) 사이에 있는 험한 산들, 가파른 길들, 단절된 도로들, 사람이 발을 들여놓을 수 없던 곳, 사람의 발길이 닿지 않은 곳, 이런 험한 길과 광야 길을 횡단하면서 복종치 않는 자들은 멸망시켰고 원수들은 사로잡았고 나라들 가운데는 공의를 세웠고 그 백성을 높여 주었고 백성들로부터 악을 제거하였노라.[12]

12) J. B. Barton, *Archaeology and the Bible* (1927), p. 439.

신상의 둘째(은), 셋째(놋) 부분

2:39. 왕을 뒤이어 왕보다 못한 다른 나라가 일어날 것이요 셋째로 또 놋 같은 나라가 일어나서 온 세계를 다스릴 것이며.

이 구절에서는 그 신상의 둘째 부분과 셋째 부분이 매우 간단하게 설명되어 있다. 이 신상의 둘째와 셋째 부분들을 둘째와 셋째 나라들로 해석하고 있다. 단지 그것들은 어떤 세상 나라들이라는 것밖에 기록하고 있지 않다.

그러나 7장, 8장, 10장은 이 두 나라에 대하여 자세히 기록하고 있다. 바벨론이 지나간 후 다른 나라가 일어날 것인데 그 나라는 바벨론만 못하리라고 한다. 한역 성경에는 이 구절의 처음 문장의 동사가 "일어나리라"로 번역되어 있으나 더욱 정확한 번역을 한다면 "설 것이다"로 하는 것이 좋다. 44절에도 이 아람어 동사가 하나님이 세우실 메시야 나라에 대해서 사용되어 있다. 이 말은 거기에서도 그렇지만 일반적으로 그 동사는 "설 것이다"로 번역된다. 뿐만 아니라 그 말을 "일어나리라"로 번역하고 보면 그 뜻은 무엇인가 움직이고 변화하는 감을 준다. 그러나 몬트고메리나 영은 본문의 신상이 아무런 동적인 모습을 보이지 않고 있다고 하였다. "서다"라는 동사는 그 거대한 신앙이 움직일 줄 모르고 생명 없이 그저 가만히 서 있다는 것을 더욱 잘 묘사해 준다.

"왕보다 못한 나라" 둘째 나라는 왕보다 못하다고 한다. 여기 못하다는 말은 아람어 원어로 아라(אֲרַעָא)이니 그 뜻은 본래 "땅"이라는 말이다. 이 말은 본문에서와 마찬가지로 어떤 위치

표시의 토씨와 연결될 때는 "땅으로 향하여 보다 낮은, 열등한" 등의 뜻이 된다. 이 둘째 나라를 메대-바사로 본다면 메대-바사가 어떤 의미에서 바벨론나라보다 그 권위가 열등하였던가? 칼빈은 메대-바사가 도덕적인 면에서 바벨론보다 못하다고 한다. 그는 말하기를 "둘째 나라의 통치 하에서는 사람들의 죄악과 부패는 점점 더 늘어났으므로 세상의 일반적인 형편이 더욱 악화되었다."고 한다. 클리포드는 말하기를 둘째 나라가 바벨론에 비해 차지하였던 영토가 적었다는 것으로 바벨론보다 열등하였다고 한다. 카일과 영은 그 열등은 둘째 나라의 내부 통일이 바벨론보다 못하였다는 것이었다고 한다.

카일과 영의 해석이 옳은 것으로 본다. 그 이유는,

(1) **그 신상이 보여 주는 상징과 부합하기 때문이다.** 바벨론은 단 하나의 머리로 대표되어 완전한 통일을 보여 주는 반면에 그 뒤에 나오는 나라들은 신상의 나누어진 부분들로 비유되어 분파성을 띠고 있다. 둘째 나라는 가슴과 팔로 나뉘었고, 셋째 나라는 배와 넓적다리로 나뉘었고, 넷째 나라는 이들 중 가장 부스러지기 쉬운 혼합물로 된 다리(종아리)와 발로 나뉘어졌다. 이 상징은 뒤에 오는 나라일수록 점차적으로 내부적 통일이 부족하여 저열하여 가는 경향을 보여 준다.

(2) **이 신상은 뒤에 오는 나라일수록 점차로 퇴보하고 있음을 상징하고 있다.** 만일에 클리포드가 주장한 대로 그 열등하여 감이 그 나라의 영토의 크기 때문이었다고 한다면 헬라는 그 영토가 메대-바사보다 작아야 할 것이며, 로마는 헬라보다 작아야

할 것이다. 그러나 사실은 그렇지가 않다. 본문을 보면 바벨론이 딴 나라들보다 우월하다는 것은 지리적인 넓이를 두고 하는 말이 아니다. 39절에서 셋째 나라도 역시 온 세계를 다스리게 되리라고 하고 있다. 클리포드의 주장은 여기에서 본문이 강조하고 있는 신상의 점차적인 약화의 성격에 맞지가 않는다. 그러나 영과 카일의 주장이, 본문이 강조하고 있는 점차적인 약화와 매우 부합한다.

다니엘서가 말하는 **그 뒤를 이어 나오는 나라들이 점차적으로 더 약화된다는 것은 그 나라들의 내적 통일이 부족하였다는 것이 분명하다.** 카일은 말하기를 "바사 나라의 통치 하에서는 갈대아 나라의 왕이 다스릴 때와 같은 통일이나 연합을 보지 못하고 그 나라가 양단되었던 것이다. 동방 박사는(Magi) 고레스와는 다른 족속에 속하였고 메대는 바사 근처에 이르기까지 널리 다스리던 백성으로 알려지고 있다. 이 양단된 현상은 8장에 있는 수양의 두 뿔로도 분명히 보여 주고 있다."고 하였다. 셋째 나라인 헬라 역시 통일이 되지 못하였음을 볼 수 있다. 숫염소의 뿔(단 8:5)인 알렉산더 대제의 업적을 통하여 헬라는 세계적인 제국이 되었다. 이 세계적인 대정복자가 33세를 일기로 주전 323년에 죽을 때에 그는 세계적인 제국과 세계적인 문화를 이루어 놓았다. 그러나 그가 죽자마자 그가 이루어 놓았던 제국은 그의 네 부하들이 각각 나누어 차지하였다. 그러므로 헬라 제국도 통일이란 특징을 보여 주지 못하였다.

넷째 제국인 로마 역시 통일을 기하지 못하였다. 이 나라의 혼잡하고 잡다한 성격은 이상 가운데서 보여 준 신상의 다른 나라들보다 가장 심각하게 나타나 있다.

이 둘째 나라가 과연 메대-바사인가? 이 문제에 대하여 학자들 사이에 논쟁이 있어 왔다. 프린스. 드라이버, 몬트고메리, 찰스, 로울리 등과 같은 고등 비평가들은, 그것은 메대-바사가 아니고 메대 나라뿐이라고 한다. 그러나 보수주의 학자들은 둘째 나라가 메대-바사 나라라는 의견에 대체로 일치한다. 루터, 칼빈, 헹스텐베르크, 퓨지, 카일, 루폴드, 영 등과 같은 학자들은 모두 둘째 나라를 메대-바사라고 주장한다. 이것을 메대 나라뿐이라고 하는 비평가들의 학설에는 중대한 위험이 있다. 만일에 비평가들의 주장대로 둘째 나라는 메대요 셋째 나라를 바사라고 한다면, 다니엘서는 중대한 오류를 범하고 있다는 것이 된다. 그 이유는 실제 역사상으로 보아 바벨론 멸망 전에 메대와 바사가 각기 분리된 나라로 있은 일이 없다.[13)]

사실 다니엘서 2장에는 둘째 나라가 확실히 어느 나라라고 지적할 만한 자세한 것이 별로 없는 것을 인정해야 할 것이다. 그것이 가슴과 팔로 표시되었을 뿐이고 그 이상 더 아무런 언급을 하지 않고 있다. 그러나 단 7장과 8장에 나타난 유사한 이상에서 이 여러 나라들에 대한 충분한 묘사와 만족한 해답을 주고 있다.

'둘째 나라가 어느 나라인가?'라는 문제에 있어서 영(Young)은

---

13) 본문에서 메대-바사가 둘째 나라라고 철저하게 주장할 만한 해석상의 근거를 찾아볼 수 없는 것은 사실이다. 영은 다니엘서 주석에서 이 문제에 관하여 논하고 있다. 그는 부록에서 넷째 나라가 어느 나라인가에 관해 긴 논문을 썼다(p. 275-294). 그는 이 논문에서 이 문제에 대하여 매우 훌륭한 방법으로 보수주의 견해를 주장하고 있다. 특히 그는 279-286 페이지에서 메대-바사가 둘째 나라라는 것을 주장하고 있다.

주장하기를 그것은 다니엘서에서 메대-바사를 상징하고 있다고 한다. 단 8:3에서 "강가에 두 뿔 가진 숫양이 섰는데 그 두 뿔이 다 길었으며 그중 한 뿔은 다른 뿔보다 길었고 그 긴 것은 나중에 난 것이더라."고 하고 있다. 단 8:20에는 "네가 본 바 두 뿔 가진 숫양은 곧 메대와 바사 왕들이요"라고 하고 있다.

이 말씀들은 하나의 병합된 나라에 이중적(二重的)인 모습을 상징하고 있다. 그 나라의 통일은 그 짐승이 하나라는 것으로 나타내어 주고 있다. 우리가 주목해야 할 것은 그 숫양-즉, 나라의 병합을 먼저 지적하고 있다는 것이다. 그 다음에 그 나라의 다양성(多樣性)을 강조하고 있다. 두 뿔이 올라왔는데 그중 하나는 나중에 난 것이다. 이것은 역사에도 부합하는 것이다. 역사상으로는 사실상 바사가 주동적 역할을 하였다. 그러므로 단 10:13, 20 등에서 이 둘째 나라를 바사라는 명칭으로 대표하여 부르고 있는 것이다.

단 7장에 나타난 둘째 나라의 모습은 이러한 강조와 비슷한 데가 있다. 여기에서는 이 둘째 나라를 사납고 파괴적인 곰으로 비유하고 있다. 다니엘이 이상 가운데서 그 곰을 보았을 때 그 입의 이빨 사이에는 세 갈빗대가 물려 있었다고 한다. 단 7장에서 강조하는 중심은 이 둘째 나라가 많은 영토를 정복하리라는 것으로 보인다. 그런데 역사적으로 볼 때 메대 한 나라가 그렇게 넓은 영토를 정복하였다는 기록은 없고 메대-바사 나라가 많은 영토를 정복하였다는 사실은 있다.

보다 더 중요한 강조점은 단 7:5에서 그 곰이 몸 한쪽을 들고 서 있다는 것이다. 이것은 분명히 그 나라가 두 족속으로 구성되어 있는 것을 암시하는 것이다. 만일 본서 저자가 둘째 나라를 메대-바사의 상징으로 생각하고 있는 것이라면 매우 잘 조화가 되나 만일 그것을 메대 나라만으로 생각하는 것이라면 그것은 아무런 목적도 없는 잘못된 것이 된다.

뿐만 아니라 이 주장에 대하여는 보다 더 소극적이고 또한 그 당시의 형편에 부합되게 이미 언급한 바 있다. 즉, 비평가들이 말하는 독립적인 메대 나라는 사실상 역사에 존재한 일이 없다. 비평가들은 메대라는 나라가 바벨론이나 헬라와 동등한 위치에 있었던 것같이 말하고 있으나 사실은 역사상에 바벨론이나 헬라와 같이 왕을 가진 독립적인 국가로서의 체제를 갖춘 메대라는 나라가 존재한 일이 없으니 이 해석은 잘못된 해석이다.

그뿐만 아니라 만일 그 신상이 내려갈수록 점점 더 못하여 가는 것은 세상 나라들의 통일이 갈수록 더욱 결여하리라는 것을 상징한다고 본다면 메대라는 민족으로 연합된 조그마한 집단 보다는 메대-바사 나라가 더욱 통일을 이루지 못하리라는 것은 분명한 일이다. 메대-바사는 여러 족속들로 구성되었기 때문에 바벨론에 비해 내적 통일을 이루지 못했다. 그러므로 둘째 나라가 통일 면에서 바벨론보다 못하였다는 것이 한 민족으로 된 메대보다는 메대-바사로 보는 것이 자연스럽다.

우리는 이 둘째 나라를 역사상에 실제로 있었던 나라로서 바벨론을 무너뜨린 메대-바사로 생각한다(단 5:30-31, 6장 참조, 특히 6:8, 12, 15의 "메대와 바사의 고치지 못하는 규례"라는 말과 6:28을 참조하라).

바벨론은 주전 539년에 고레스 왕에게 함락되었다. 바벨론이 함락되기 20년 전에 고레스는 바사 나라의 백성들을 그의 통치하에 넣었고 또한 메대를 점령하였다. 주전 559년경 메대는 바사 나라에 병합되었으며 이 메대-바사가 바벨론을 멸망시켰던 것이다. 다니엘은 바벨론이 멸망할 것을 미리 내다보고 이 일이 일어난 것보다 50년 전(604 B.C.)에 예언하였다.

39절 하반절은 셋째 나라에 관해서 언급하고 있다. **"셋째로 또 놋 같은 나라가 일어나서 온 세계를 다스릴 것이며."** 이 셋째 나라는 놋으로 상징되었고 온 세계를 다스릴 것이라고 되어 있다. 이 셋째 나라를 구성하고 있는 금속이 놋이라는 것은 앞에 있던 나라들보다 점차적으로 못하여 감을 보여 주고 있다. 그렇지만 이 셋째 나라는 앞에 있던 두 나라에 비하여 그 통치권이 온 세계적으로 미칠 것을 말하고 있다. 이 나라의 통치권의 확장과 그 세력이 대단히 우세할 것에 중점을 두고 있다. 단 7장에 나타난 이상에서도 이 나라의 권세에 대하여 말하고 있다. 7:6에 말하기를 "또… 권세를 받았더라."고 하고 있다. 이 셋째 나라가 어느 나라를 가리키는가 하는 문제에 대해서 보수주의자들은 일반적으로 헬라를 가리킨다고 본다. 루터, 칼빈, 헹스텐베르크, 카일, 퓨지, 클리포드, 영, 루폴드 그리고 세대주의 학자들까지도 이 셋째 번의 놋 같은 나라를 헬라로 본다. 메대와 바사를 분리시키는 비평주의자들은 거의 일률적으로 이 셋째 나라를 바사로 본다.

셋째 나라를 헬라로 보는 이유에 대해서 길게 논하지 않더라도 본문 단 2:39이 묘사하고 있는 것, 특히 셋째 나라의 통치가 전 세계적으로 미친다는 것을 상고하여 볼 때 이러한 묘사는 알렉산더 대제의 정복과 통치에 적용시킬 수는 있어도, 비평주의자들이 말하는 바사에 대한 묘사라고 볼 수는 없다. 바벨론이나 메대 혹은 바사 혹은 메대-바사가 아니라는 의미에서 생각해 볼 때, 전 세계를 다스린 나라는 헬라인 것이다. 그리고 헬라가 전 세계를 통치했다고 하는 것은 바로 39절의 이 강조와 매우 잘 부합된다.

이제는 넷째 나라에 대해 생각하고자 한다. 왕의 꿈을 해몽하면서 바벨론을 제외한 다른 나라들 중에서도 이 넷째 나라에 대하여는 더욱 세심하고 광범위하게 해석을 하고 있다. 이러한 해석은 이 넷째 나라의 권세와 힘의 위대함을 말하는 것일 것이다. 이 해석은 무엇보다도 넷째 나라가 가지고 있는 무력의 특징에 관하여 관심을 기울이게 하고 있다. 그리고 이 넷째 나라에 대해서 세심하고 광범한 취급을 하고 있는 데는 또 다른 이유가 있는 것이다. 그렇게도 머나먼 미래에 있을 이 넷째 나라에 관한 일을 그렇게 자연스럽고도 상세하게 이야기하여 주는 것을 듣고 바벨론 왕은 큰 관심을 가졌을 것이다. 이 나라의 장래는 하늘나라의 임하심과 밀접하게 관계가 되어 있기 때문에 다른 나라들보다 더 철저하게 묘사하고 있다.

40-43절까지 기록된 이 나라의 성격에 관해서는 연구해 볼 만하다. 여기에서는 특히 이 넷째 나라의 성격에 관한 두 가지의 강조점을 들 수 있다. 하나는 그 나라의 파괴적인 힘이요, 또 다른 하나는 통일성의 결여와 부서지기 쉬운 것 등이다. 40절은 특히 파괴적인 힘을 강조하고 있고, 41-43절은 그 통일성의 결여와 부숴지기 쉬운 것을 강조하고 있다.

종아리 부분(쇠: 넷째 나라)

2:40. 넷째 나라는 강하기가 쇠 같으리니 쇠는 모든 물건을 부서뜨리고 이기는 것이라 쇠가 모든 것을 부수는 것같이 그 나라가 뭇 나라를 부서뜨리고 찧을 것이며(33절 참조).

이 40절에 대해서는 많은 학자들 간에 논란이 있다. 몬트고메리는 이렇게 짧은 이야기 가운데서 같은 말이 여러 번 되풀이되는 것은 아무래도 이상한 데가 있다고 의아해한다. 그는 본문상으로 보아 간단하게 묘사하여져야 한다고 주장하며 40절과 그 다음 절에서도 같은 말이 반복되는 중복체(重複體)로 되어 있는 것은 난해(難解)한 일이라고 생각한다. 그러나 이러한 중복체는 대단히 중요한 뜻이 있다. 다니엘은 이 넷째 나라의 힘을 강조하고 있다. 이 힘은 닥치는 대로 무서운 파괴를 한다는 것을 강조하기 위해서 중복체를 쓰고 있다. 그뿐만 아니라 다니엘은 이 강한 세상 나라의 권세와 대조를 시키는 것이다.

쇠가 모든 것을 부수는 것과 같이 뭇 나라를 부서뜨리는 힘을 가진 이 나라의 세력은 대단한 것이다. 그러나 이 굉장한 세력도 이보다 훨씬 더 강력하고 힘센 다른 권세에 의하여 산산조각이 난다는 것이다. 즉, 이 세상 권세가 천지의 대주재자이신 하나님의 권세에 의하여 파멸된다는 것이다. 이 넷째 나라의 세력이 굉장하다고 강조하는 것은 결국 이 강한 나라를 파별시키는 더 강한 나라인 천국의 권세를 강조하는 것이다. 다니엘은 넷째 나라의 세력이 굉장하다고 찬사하는 것으로 이 강한 나라를 진멸하는 세력-즉, 인위적으로 하지 아니한 하늘나라의 권세를 더욱 높이 찬양하고 있는 것이다.

넷째 나라는 강하기가 쇠와 같다고 하고 있다. 이 쇠는 모든 물건들을 부서뜨리고 망가뜨리는 것과 같이 이 나라도 뭇 나라들을 부서뜨리고 멸망시킬 것이라는 것이다. 한역 성경의 "찧다"라는 말은 후대 아람 어에서 대장장이의 망치를 의미한다. 이 말은 "망치로 부서뜨리는" 힘을 뜻하는 것이다. 바꾸어 말하자면 철이 모든 것들을 부서뜨리는 것과 같이 이 나라가 그렇게 강하리라는 것이다. 이 나라가 이런 엄청난 파괴력을 가졌다는 것은 이 나라가 "뭇 나라들"을 부서뜨린다는 말로써도 강조하고 있다. 이 넷째 나라가 그보다 앞에 있던 나라들을 상징한 모든 금속들을 부서뜨리고, 멸망시키리라고 하고 있다. 즉, 쇠와 같이 단단한 힘으로써 그 모든 나라들을 부서뜨린다는 것이다. 이 문제에 대하여 어떤 의문점을 가질 수 있다. 우리가 본문에서 본 바와 같이 '바벨론 나라는 이미 메대-바사에 의해 멸망을 당했는데, 이 넷째 나라가 어떻게 바벨론을 패망케 하는가? 이미 헬라 나라에 멸망을 당한 메대-바사를 어떻게 넷째 나라가 멸망시킬 수 있는가? 즉, 이 넷째 나라 시대에는 이미 멸망을 받고 존재하지도 않는 나라들을 어떻게 넷째 나라가 멸망시킨다는 말인가?' 라는 것이다.

클리포드와 카일의 해답

첫째 나라와 둘째 나라가 셋째 나라에 흡수당하였고 또 이 흡수당한 것이 넷째 나라로부터 멸망을 받는다는 것이다. 다시 말하면 그 이전에 있었던 나라의 흔적이 그 다음 나라에 잔존하여 있는 한 앞선 나라들은 그 뒤에 일어난 나라의 일부분이 되어 있는 것이다. 그 실례로서 바사는 그들의 종교에 바벨론의 신들을 받아들였고 헬라는 또한 바사가 섬기고 있던 그 신들을 그대로 이어받았다. 그뿐만 아니라 로마가 이 모든 나라들을 정복하였을 때에도 이전에 있던 나라들의 문무(文武)를 다시 그대로 받아들였다. 이런 뜻으로 생각해 볼 때 이 모든 나라들은 넷째 나라에 의해 멸망(흡수)을 받았다고 할 수 있다.

바꾸어 말해서 그 이전에 있던 나라들이 완전히 멸절되어 그 자취도 없어졌던 것이 아니다. 먼저 있던 나라들의 문명, 종교, 문화 등 그것들이 좋은 것이든 나쁜 것이든 간에 그대로 자존(自存)하여 후대의 나라에 계속적으로 흡수되어 왔던 것이다. 셋째 나라인 헬라가 넷째 나라인 로마에 멸망을 당한 것은 결과적으로 헬라 전에 있던 모든 나라들도 헬라와 함께 또는 헬라 안에서 멸망을 받은 것이 된다.

발과 발가락 : 쇠·진흙(넷째 나라 아랫부분)

2 : 41－43. 왕께서 그 발과 발가락이 얼마는 토기장이의 진흙이요 얼마는 쇠인 것을 보셨은즉 그 나라가 나누일 것이며 왕께서 쇠와 진흙이 섞인 것을 보셨은즉 그 나라가 쇠 같은 든든함이 있을 것이나 그 발가락이 얼마는 쇠요 얼마는 진흙인즉 그 나라가 얼마는 든든하고 얼마는 부서질 만할 것이며 왕께서 쇠와 진흙이 섞인 것을 보셨은즉 그들이 다른 민족과 서로 섞일 것이나 그들이 피차에 합하지 아니함이 쇠와 진흙이 합하지 않음과 같으리이다.

이 구절에서는 넷째 나라의 구조가 혼합적(混合的)인 성격을 강조하고 있으며 그 나라의 내적 통일의 결여와 거기에 따른 약점에 중점을 두고 있다. 43절은 이 통일성의 결여에 관한 원인을 자세히 설명하고 있다.

몬트고메리는 41절과 42절에서 난해점(難解點)을 말하고 있다. 그는 이 구절들을 "불필요한 반복된 구절들이며 40절보다 더 과장된 것"이라 하고 "어색한 반복"이라고 말했다. 그리하여 그는 본문을 수정해 보려는 쓸데없는 노력으로 빠져 들어갔다. 그러나 사실은 40절에서와 마찬가지로 41절과 42절도 아주 중요한 목적을 가지고 있다. 이 두 절은 넷째 나라의 성격이 매우 혼합적인 것을 강조한다. 그 혼합은 발가락 끝에 이르기까지 뻗쳐 있다. 이런 통일과 결합의 결여는 이 나라 전체의 혼합적인 성격을 잘 증거하여 주고 있다.

그 나라가 비록 쇠같이 강하기는 하지만 본래부터 타고난 약점을 지니고 있다. 발과 발가락이 얼마는 쇠요 얼마는 토기장이의 진흙으로 혼합되어 있다. 이것은 이 나라의 일부는 강성할 것이고 다른 일부는 무너지고 약화됨을 의미한다. 쇠와 진흙은 합해지지 않는다. 이와 같은 약점은 앞서 있었던 나라들의 경우에서보다도 분명하게 나타나 보인다. 지금까지 언급한 나라들이 통일성을 결여하고 있는 것에 관해서는 신상의 신체 부분과 금속들의 구분으로 보여 주고 있다. 금으로 비유된 바벨론은 머리로서 최대한 통일성을 나타내고 있으며, 은으로 된 메대-바사는 가슴과 팔로 대표되었고, 놋으로 된 헬라는 배와 넓적다리로 비유된 정도였다.

그런데 넷째 나라는 다리와 발, 그리고 발가락뿐만 아니라 그 체질(體質)도 하나가 아닌 쇠와 진흙으로 내적인 분열을 보여 주고 있다. 이 두 가지의 서로 다른 체질은 이 나라가 분열되고 분리될 것을 강조하고 있다. 이 쇠와 진흙이 이상하게도 서로 혼합되어 있기는 했지만 그것들이 융합되어 있지는 않다. 쇠는 언제나 강하겠고 진흙은 부서지고 깨어질 것이다.

한역 성경 41절의 "나누일 것이며"라는 동사는 영어 번역을 그대로 따른 것이다. 영과 몬트고메리는 이 말의 원뜻은 "다양한" 혹은 "혼합된" 등으로 해야 한다고 한다. 드라이버는 주장하기를 본 절의 페레그(פְּלַג)란 동사는 그 나라가 둘로 나누인 것과 같이 "나누다"로 번역할 것이라고 한다. 이 번역을 근거로 하여 그는 여기서 언급하고 있는 나라는 로마가 아니라 헬라라고 하고, 특히 알렉산더가 이룩한 나라가 톨레미(Ptolemies)와 셀류시드에 의해 분단되는 것을 말하고 있다고 주장한다. 그러나 원어 페레그(פְּלַג))는 히브리 어에서나 때로는 아람 어에서도 내적인 부조화나 불일치에서 일어나는 자연적인 분열을 뜻하는 것이다. 이렇게 보면 내적인 불일치나 다양성(多樣性)이 매우 적합하게 보인다. 창 10:25, 사 55:10, 욥 38:25 등에서도 이런 뜻으로 사용되고 있다. 본문에서 다양성과 혼합을 강조하고 있는 것으로 보아 여기에서도 분명히 이런 뜻으로 사용되어 있다.

43절은 쇠와 진흙 두 가지 재료가 혼합되어 있는 데 대한 상세한 이야기를 하고 있다. **"그들이 다른 민족과 서로 섞일 것이나"**라고 하고 있다.

아마도 본 절에서는 **"그들이"**란 '주어가 누구를 의미하는가?' 라는 문제가 생긴 것이다. 원어에서는 동사가 분사 구문으로 되어 있기 때문에 본문에서는 동사가 어떤 것을 직접적으로 언급하고 있지 않고 무엇을 넌지시 암시하고 있다. 몬트고메리는 말하기를, 이러한 분사 구문의 경우에서 암시되어지는 주어는 비인칭이라고 한다. 대부분의 주석가들이 44절의 첫머리에서 분사 동사의 주어격으로 있는 "여러 왕들"을 언급한다고 본다. 그러나 여기서 암시되어지는 주어는 비인칭적(非人稱的)인 성격으로서 여러 왕들을 가리키는 것이 아니고 쇠와 진흙이 섞임 같이 다른 인종과 서로 섞일 것을 가리킨다고 보는 것이 합당하다. 이 구절에 대한 비평가들의 일반적인 해석은 헬라 나라 당시 톨레미와 셀류시드 간의 왕족들의 국제 결혼을 가리킨다고 한다. 그러나 그 뜻은 이 비인칭적인 것을 "인종끼리 서로 혼합하리라."고 번역하는 편이 더욱 일반적이고 적합한 것이다.

다른 인종과 서로 섞인다는 것은 국제 결혼으로 보는 것이 매우 타당하다. 고등 비평가들은 특히 이 구절을 헬라 시대의 톨레미와 셀류시드 사이에 있었던 국제 결혼을 암시한다고 한다. 루폴드 역시 이 구절은 결혼을 가리키고 있다고 한다. 루폴드는 신상의 발과 발가락을 언급하고 있는 것은 시대의 순서로 보아 마지막 발전상을 말하는 것이 분명하니 이는 넷째 나라인 로마 제국의 말기를 가리킨다고 한다. 즉, 쇠는 본래의 로마족이고, 진흙은 게르만족과 또 다른 종족들로서, 과거에 성공을 거두지 못한 융화책의 국제 결혼을 하였다고 주장한다.

루폴드의 이러한 견해는 여러 가지 이유로 자연스럽지 못하다. 그 이유는 발가락에 대해 너무 강조하는 나머지 발가락이 다리와 발에서 완전히 관계를 끊어 버렸다. 서로 섞인다는 말의 뜻을 국제 결혼에만 부당하게 제한시키고 있다. 그리고 "민족"이란 말을, 이 말이 지니고 있는 근본적 의미인 광범한 도덕적 의미보다 어떤 육체적인 면에 치중하고 있는 것도 부당하다.

카일, 몬트고메리, 영과 같은 학자들은 이 구절의 뜻은 단순히 여러 왕들의 국제 결혼을 의미하는 것보다 오히려 일반적인 면을 뜻한다고 한다. 이 말은 결혼 문제에만 국한시켜서는 안 된다는 것이다. 보다 더 일반적인 의미에서 생각해 볼 때 그 뜻은 그 나라에 여러 다른 족속들을 한데 모아 놓은 외부적인 혼합을 가리킨다. 이렇게 여러 다른 민족들을 서로 혼합하는 일은 가끔 결혼이라는 수단으로 성취하기도 하였다. 그렇다고 결혼이 이런 혼합의 유일한 수단은 아니었다.

다른 민족과 서로 섞인다는 것에 관한 견해들

본 절에서 다른 민족과 서로 섞인다는 것에 관한 이 일반적인 견해를 지지하여 주는 해석상의 근거는 다음과 같이 들 수 있다.

(1) **종족 혼합으로 보는 견해**: 본 절의 구조상 분사 동사의 주어는 비인칭인 것이다. 44절의 첫머리에 있는 "여러 왕들"을 미리 앞당기어 주어로 볼 수는 없는 것이다. 만일 동사의 주어가 여러 왕들이라면 그 왕들이 누구였든지 간에 그 왕의 국제 결혼에 대한 더욱 강력한 주장이 나타났어야 할 것이다. 그러나 본문의 주어는 오히려 비인칭임을 나타내고 있다. 즉, 문법상으로 볼 때, 비인칭인 쇠와 진흙으로 보는 것이 매우 타당하다. 그렇다면 본 절의 쇠와 진흙을 종족 혼합의 상징으로 보는 것이 특수한 국제 결혼으로 보는 것보다 합당하다고 본다.

(2) **여러 백성들과 그들의 문화의 혼합**: 앞에 있던 세 나라에서 금과 은, 놋 등은 이 나라들의 요소-즉, 그 백성들의 문화를 나타낸다. 마찬가지로 넷째 나라에서도 이 나라의 백성과 문화를

나타내고 있다. 그렇다면 다른 민족과 서로 섞인다는 것은 여러 왕들이 아니라 쇠와 진흙을 가리킨다. 즉, 여러 왕들의 국제 결혼이 아니라 여러 백성들과 그들의 문화가 섞일 것을 말하고 있다.

(3) 종족 결합의 노력과 수단의 헛됨: "민족"이란 말은 아람어 "제라(זְרַע)"인데 씨, 종자, 자손, 종족, 민족 등의 의미를 포함하고 있다. 이와 같은 표현법을 예레미야 31:27에서도 찾아볼 수 있다. 여기에서는 혼혈 결혼을 강조하지 않고 다른 종족들을 결합시키기 위한 인간의 노력과 수단을 중점으로 강조하고 있다. 이러한 인간적인 수단은 헛되고 실없는 짓이라는 것을 본문에서 밝히고 있다. 본문이 보여 주고자 하는 사상은 인간의 수단으로 지상에 영원한 나라를 이룩하고자 하는 것은 헛되다는 것이다. 그것은 44절과 45절의 하늘나라와 현저한 대조를 이루고 있다. 인간의 노력은 실패할 것이나 하늘에 계신 하나님이 하시는 일은 결코 실패할 수 없다는 것이다.

요약해서 말한다면, 이 구절(2:41-43)은 인간의 수단과 그 수단의 실패를 강조하고 있다. 그것은 단순히 하나의 국제 결혼에 국한한다기보다는 더욱 광범위한 뜻을 말한다. 그러므로 "민족"이란 말이 특수한 것이 아닌 일반적인 말을 의미하기 때문에 서로 섞인다는 말의 뜻을, 여러 다른 민족들을 그 나라에다 혼합시키고자 하는 모든 수단들을 의미한다는 일반적인 언급으로 보는 것이 타당하다. 결혼이 이러한 계획을 성취하는 데 가장 성공적이고 중요한 수단이 될 수도 있는 것이 사실이지만, 그것이 유일한 수단이 될 수는 없다.

그러나 서로 섞인다는 것은 성공을 기하지 못할 것이다. 쇠와 진흙이 서로 합해지지 않음과 같이 세상 나라를 이룩하여 보고자 하는 인간의 악한 노력들도 역시 수포로 돌아갈 것이다. 세상 나라들은 모두 자체 안에 본래부터 지니고 있는 약점으로 인해 멸망하도록 되어 있다. 마치 무르익은 곡식은 멸망 받기 위해(낫으로 베는 것) 무르익은 것과 같다.

넷째 나라는 역사상 '로마'로 보는 것이 유력하다

다니엘서의 역사성을 신빙하지 않는 학자들의 대부분이 넷째 나라를 **헬라**로 본다. 프린스, 드라이버, 몬트고메리, 찰스, 로울리 등과 같은 학자들이 이런 견해를 가진다. 그러나 전통주의 학자들은 이 넷째 나라를 **로마**로 본다. 이 견해는 역사적으로 어거스틴, 루터, 칼빈, 헹스텐베르크, 카일, 퓨지, 클리포드, 바웃플라워, 루폴드, 영 등의 학자들이 지지하여 왔다. 우리도 이 견해를 취해야 할 것이다.

영은 넷째 나라가 로마라는 해석을 지지하는 다음과 같은 논거를 들었다. 할 수 있는 대로 간략하게 논해 보고자 한다.

(1) 단 7장과 8장에 나타난 두 짐승의 차이점을 보아서: 7장의 넷째 짐승과 8장의 숫염소를 비교해 볼 때, 두 짐승 사이에는 분명히 차이점들이 있다. 8장의 숫염소가 헬라를 가리킨다는 데는 비평가들이나 보수주의자나 의견을 같이한다. 그러므로 7장의 넷째 짐승과 2장의 넷째 나라는 같은 것으로서 헬라를 가리키지 않는다는 결론이 나온다.

7장의 짐승과 8장의 숫염소의 차이점은 다음 도표에서 보는 바와 같이 두 짐승은 서로 다른 차이점을 나타내고 있다. 그러므로 다니엘서 저자가 의도하는 것은 온전히 다른 두 나라를 묘사하고 있다는 결론을 내리지 않을 수 없다. 모든 주석가들이 일반적으로 일치한 견해를 가지는 것과 같이 만일 8장의 숫염소가 헬라를 가리키는 것이라면 7장의 이름 없는 짐승과 같은 성격을 나타내고 있는 2장의 쇠와 진흙 나라는 헬라를 뒤이은 나라 - 즉, 로마인 것이다.

(2) 역사상에 나타난 나라의 서열로 보아서: 둘째 나라는 메대가 아니고 메대-바사이기 때문에 그 서열로 보아 바벨론, 메대-바사, 헬라, 로마의 순서로 되어야 한다.

차 이 점	7장의 짐승	8장의 숫양
기 원	바다에서 나옴	땅의 서편에서 옴
성 격	이름 없는 짐승	숫염소
	열 뿔이 있음	눈 사이에 **큰 뿔**이 있음
	그중 다른 **작은 뿔**이 나옴	큰 뿔이 **숫양**과 싸운 후 꺾어짐
	이 **작은 뿔**로 인해 그중 셋이 뽑힘	그 자리에 다른 뿔 넷이 있음
운 명	짐승이 죽임을 당해서 불에 던져짐	**숫양**과 전쟁 후에 심히 강대하여짐

(3) 8장의 뿔이 헬라 왕이므로(21절) 7장의 뿔은 로마이다: 8장의 큰 뿔과 7장의 작은 뿔은 서로 다른 차이점들을 나타내고

있다. 8장의 뿔을 보편적으로 헬라 시대나 안티오커스 에피파네스로 보기 때문에 7장의 작은 뿔은 다른 시대를 가리키는 것으로 본다. 그 작은 뿔이 이름 없는 짐승과 연합함은 로마 시대의 모습을 나타내고 있다.

이것을 좀 더 자세히 대조해 보면 아래와 같다.

아래 도표에서 보는 바와 같이 짐승과 작은 뿔의 유일성을 강조하는 것이 7장의 목적인 것으로 보인다. 그러나 8장의 숫염소의 뿔에 관해서는 아무런 특수한 유일성이 보이지 않는다. 그것들은 각기 차이점들을 나타내고 있다. 그러므로 많은 학자들은 8장의 숫염소 뿔을 헬라 나라의 안티오커스 에피파네스로 보고, 7장의 뿔은 단 2장에 있는 넷째 나라인 로마 나라로 본다. 필자의 견해로는 이 작은 뿔이 적그리스도를 상징하는 것으로 본다.

(4) 메시야 나라 건설 시점과의 일치성 : 단 2 : 44에, 하나님께서 "이 여러 왕들의 시대에" 메시야 나라를 세우시리라고 분명히 말하고 있다. 만일 여러 왕들이라는 말을 네 나라들의 왕들을 언급한 것으로 본다면 다니엘은 메시야 나라가 네 나라들의 기간에 세워지리라고 말한 것으로 보아야만 할 것이다. 그런데 자유주의 비평학파의 4대 제국 순서 배열에 의하면 마지막 넷째 나라가 헬라인데(30, 32쪽 참조) 역사적으로 헬라 시대까지는 그리스도께서 지상에 임하시지 않았다. 다니엘서의 말씀들을 잘 고찰해 보면 메시야 나라가 헬라 시대에 세워진 것이 아니고 로마 시대에 세워진다는 것을 알게 된다. 그러므로 네 나라 중 마지막이 로마인 것이 틀림없다(32쪽 참조).

7장의 뿔	8장의 작은 뿔
1. 작은 뿔이라 함	1. 작은 데서 나는 뿔
2. 먼저 있던 뿔과 다름	2. 이 뿔에 관해서는 그런 말이 없음
3. 뿔이 "나오고"	3. 뿔이 "커지다"
4. 작은 뿔이 나더니 있던 뿔 중에서 셋을 뿌리까지 뽑아 버린다.	4. 숫염소의 머리 위에 있던 큰 뿔을 대신하여 나왔던 네 뿔 중 하나에서부터 나와 크게 된 이 뿔은 그보다 먼저 있던 뿔을 조금도 다치지 않는다.
5. 이 뿔은 사람의 눈과 입과 같은 것이 주어졌다.	5. 이 뿔에는 그런 것들이 없다.
6. 이 뿔의 크기는 성장한다는 말이 없고 본래의 크기 그대로 활동하고 있다.	6. 이 뿔은 갑자기 큰 뿔로 성장한다는 것을 강조하고 있다.
7. 작은 뿔이 최종적인 심판을 받을 때까지 계속 싸운다. 그것은 하나님의 심판으로 멸망 받는다. 이 뿔의 멸망을 소개하기 위하여 대심판 광경이 나타난다. 이 대심판 광경에 책들이 펴지고 짐승이 죽임을 당하여 불에 던지우는 것이 보인다.	7. 이 뿔에 관하여서는 "그가 사람의 손으로 말미암지 아니하고 깨지리라."(25절)는 말뿐이다. 겨우 그의 죽음에 관한 강조가 있을 뿐이다.
8. 작은 뿔에 박해를 받은 성도들이 그 나라를 얻는다.	8. 이 뿔에 박해를 받은 사람들에게 아무런 상급도 주어지지 않는다.

이것을 지지해 줄 만한 다른 논거가 있다. 이 예언들을 해석하고 있는 신약의 방법도 역시 결정적인 것이다. 이 문제에 대해서는 이미 논한 바 있기 때문에 여기서는 생략한다. 넷째 나라를 로마로 보는 견해에 대한 많은 이의를 논하고 있다. 이에 대해서는 기회가 있을 때 고찰해 보고자 한다. 다니엘 2장의 넷째 나라와 7장의 넷째 짐승은 로마 나라를 가리키는 것으로 보는 것이 다니엘 자체의 관점과 신약 성경의 관점에서 볼 때 가장 합당한 것으로 보인다.

세대주의 학파의 견해

근년에 이르러 다른 해석학파가 일어났다. 그들은 본문에 있는 넷째 나라와 하늘나라에 관해 해석한다. 이 해석학파를 일반적으로 '세대주의'라고 부른다. 그들은 다니엘 2장을 성경의 열쇠라고 한다. 세대주의의 강력한 주창자인 게이블라인은 그의 다니엘서 주석에서 말하기를, 다니엘 2장은 "성경의 가장 중추되는 장(章)들"이라고 하였고, 세대주의 학파의 또 다른 주석가인 아이론사이드는 2장을 "예언의 첫걸음(The ABC of Prophecy)"이라고 하였으며, 디한은 다니엘 2장과 계시록을 연결시켜 연구하는 것은 "성경의 모든 예언들을 가장 명백하게 요약하여 주며 또한 깨닫게 해 줄 것이다."라고 말했다. 이들은 모두 넷째 나라를 로마로 보는 데 의견이 일치한다.

그들은 다니엘서의 말씀들이 성령의 영감으로 되었고, 정확무오하다는 데는 조금도 의심을 하지 않는다. 그러나 그들은 넷째 나라를 역사상의 로마 나라와 관련시키는 것으로 멈추지 않고 신상의 열 발가락으로 상징된 것은 재생(再生)된 로마를 상징한다고 본다. 이 열 발가락은 이방인의 마지막 때를 가리킨다고 한다. 그런데 이때가 아직 오지 않았기 때문에 우리는 그 재생 로마를 기다려야 하며 이 나라가 세워질 때 비로소 그 나라 안에 열 나라가 있고 그 열 나라 안에 진흙이 현저하게 나타나리라고 한다. 그러나 게이블라인은 이러한 현상이 어떻게 이루어진다는 것은 확실하게 말을 하지 않고 있고, 아이론사이드와 디한이 이것을 더욱 세밀하게 말하고 있다. 아이론사이드는 말하기를 "신상의 열 발가락"은 한 대를 다스리게 될 열 왕(十王)을 말하며(7장의 짐승의 열 뿔과 비교하여 보면 명백하다고 함) 이들은 "옛날의 로마를 근거로 하고 서로 동맹할 것이다. 이는 전에 이 세상에서 찾아볼 수 없던 일이다."라고 한다(그의 주석, p.37). 또한 디한은 이렇게 말했다.

> 양 발에 각기 다섯 개씩 붙어 있는 열 발가락을 볼 수 있는데 이것은 장차 열 왕 혹은 열 나라가 일어날 것을 가리킨다. 이 모든 것은 다음과 같은 것을 말한다. 즉, 마지막 때에 가서 예수 그리스도의 재림 직전에 각기 5개 국가로 된 양대 세력이 하나의 연합 국가를 이룰 것이다. 그것은 최후의 세계 대연합국이 될 것이며, 상호의 공동 위험과 공포로 인해 맺어진 것으로 마지못해 된 것이다. 열 발가락이 쇠 진흙으로 섞여 있다는 것은, 쇠는 전체주의 국가들을 가리키고, 진흙은 사회주의적 민주주의 국가들을 가리킨다. 그러나 그들이 융화될 수는 없을 것이다.

김응조 목사도 이와 매우 비슷한 말을 하고 있다. 소안론(Swallen) 목사도 그의 주석 『다니엘서 요해』에서 열 발가락 나라들을 말하며 예수님의 재림 시에 그것들이 멸망 받는다는 것을 말하고 있기는 하나 다소 신중을 기하고 있다.

이 재생된 로마 나라가 갑작스러운 심판으로 인해서 종말을 고하고, 그 다음에 천 년 왕국이 건설된다는 것이다. 세대주의에 의하면 이방인의 권세가 그리스도의 초림 시가 아니고 재림 시에 망한다고 한다. '손대지 아니한 돌'은 그리스도이시며, 그리스도께서 신상의 발가락을 치실 것이다. 그런데 이 치시는 것을 결코 그리스도의 초림으로 볼 수 없는 것이다. 그 당시 로마 제국 내에는 그 돌이 칠 만한 열 나라가 없었던 것이며, 또한 나라들이 동서로 양단되지도 않았다. 그뿐만 아니라 열 발가락을 부서뜨리는 것은 갑작스러운 일인데 그것을 평화적이요 영적인 나라를 세운다는 것으로는 볼 수 없다고 한다. 게이블라인과 아이론사이드는 이 돌에 대한 올바른 해석은 이것을 그리스도의 재림으로 보아야 한다고 주장한다.

이방 세계 조직은 무너지고 말 것이지만, 이 일은 개종이나 동화의 역사로 될 수 있는 것이 아니고, 갑작스럽고 다시 돌이킬 수 없는 치심으로 무너질 것이라고 한다. 그리고는 팔레스타인을 중심하여 예수 그리스도가 다스리는 천 년 왕국이 세워질 것이라고 한다. 김응조 목사는 이방 세계의 멸망에 대해 다소 특이한 해석을 한다. 그는 그것을 아마겟돈 전쟁과 결부시키고 있다.

세대주의 학파의 견해 요약

위에서 말한 세대주의자들이 다니엘서 2장에 대해 가지는 견해를 요약해 보면 다음과 같다.

①단 2장에 있는 열 발가락을 특별히 강조하고 있다.

②이 열 발가락은 재생된 로마의 열 왕 혹은 열 나라로서 그

리스도가 다스리실 천 년 왕국 실현 직전에 잠깐 동안 권세를 잡을 것이다.

③이 재생된 로마 제국은 그리스도의 재림으로 인해 갑자기 망할 것이다.

④사람이 손대지 아니한 돌은 그리스도의 초림이 아니라 재림으로 본다.

⑤단 2:44-45에 묘사된 천국은 그리스도가 다스리실 천 년 왕국을 가리킨다는 것 등이다.

세대주의 학파의 견해에 대한 비판

위의 주장들을 성경 본문의 뒷받침을 받을 만한 건전한 해석으로 볼 수 없다. 이러한 해석들은 다니엘서 본문에 근본적으로 배치된다고 강력한 반대를 받게 될 것이다.

(1) 단 2장의 특별한 강조점은 발가락의 혼합된 성격이다: 단 2장에 대한 세대주의자의 견해는 열 발가락을 중점으로 설명하고 있다. 아이론사이드는 그의 다니엘서 주석에서 사람이 손대지 아니한 돌에 대한 연대들을 반대하고 있다. 그는 열 나라들인 열 발가락의 동맹이 없다는 이유로 그 연대를 반대하고 있다. 이러한 강조는 신상을 너무나 지나치게 상징적으로 해석하는 데서 온 것이다. 사실은 본문에서 신상의 "그 발과 발가락이 얼마는 …"이라고만 말했지 열 발가락을 가졌다고 분명하게 말하지는 않았다. 열이란 숫자는 단 7:24-27에 있는 열 뿔에 나온 것으로 보인다. 사람의 형체를 나타내고 있는 한 신상이 열 발가락을 가졌다고 추측할 수는 있다. 그러나 성경 본문에 그것을 분명하게

들어서 말하고 있지 않다는 것이다. 그러므로 본문에 이런 강조를 하고 있지 않음에도 불구하고 열 발가락에 대해 중점적인 강조를 하는 것은 성경을 너무 지나치게 상징주의적으로 해석하는 것이다. 여기에서 본문이 강조하고 있는 것은 열 발가락이 아니다.

본문이 강조하고 있는 것은 발가락의 혼합된 성격-즉, 쇠와 진흙으로 혼합되어 부서지기 쉽고 불균형적인 것을 강조하고 있다. 41-43절에서 무엇보다도 중점적으로 강조하고 있는 것이 바로 이것이다. 이 혼합을 거듭거듭 강조하고 있는 세 구절 중 두 구절에서는 발가락에 대해서 전혀 강조를 하지 않고 있다. 이 발가락은 언제나 발과 연결해서 언급되고 있다. 발가락이 발과 관계없이 따로 떨어져서 언급되어 있는 것은 한 구절(43절)밖에 없다. 더욱이 이 한 구절에서도 쇠와 진흙을 혼합하는 헛된 수고라는 것을 강조하고 있다.

더욱이 다니엘은 왕에게 그 꿈을 해석할 때에 사람이 손대지 아니한 돌이 신상의 발가락을 친 것이 아니라 "발을 쳐서 부서뜨리매"(단 2:34)라고 하였다. 바꾸어 말하면 왕의 꿈을 해몽함에 있어서 돌이 치는 부분을 강조하는 것이라면, 그 강조점은 발가락이 아니라 발이다. 그뿐만 아니라 다니엘 2장 전체가 강조하고 있는 것은 어떤 숫자나 특수성이 아니라 7장과 9장에서 전개될 것의 서론을 형성하고 있다. 이러한 이유로 나라들에 대해서 일반적인 묘사만 하고, 세밀하게 분석하지는 않는다. 2장에 있어서 일반적인 묘사는 7장과 9장에서 자세하게 설명된다. 이런 일반적인 형편에서 세대주의자들이 열 발가락에 대해 그렇게 특수하고 세밀하게 적용을 시키는 것은 무리가 아닐 수 없다. 이는 실로 2장 전체가 강조하고 있는 더욱 일반적인 강조와 조화되지 않는 것이다.

(2) 신상 네 부분을 네 나라로 보는 것이 가장 자연스럽다: 세대주의자들은 단 2장의 열 발가락을, 재생된 로마 제국의 열 왕 혹은 열 나라들이라고 한다. 게이블라인은 말하기를 "열 발가락 - 즉, 로마 제국의 열 나라가 나타날 때에 돌이 신상을 쳐서 부서뜨릴 것이다."라고 한다. 이러한 입장을 지지해 줄 만한 중요한 구절은 단 2:44의 첫머리이다.

"이 여러 왕들의 시대에" 하늘의 하나님이 한 나라를 세우시리니 이것은 영원히 망하지 아니하리라고 한다. 세대주의 학자들은 44절에 있는 "이 여러 왕들"이란 말을 41절의 열 발가락과 7:24-27의 열 왕(十王)으로 보고, 44절의 "여러 왕들의 시대"란 구절을 42-43절의 발가락에 적용시킨다.

44절에 대해서는 지금 여기에서 상세하게 논하고자 하지 않는다. 앞으로 나가면서 세대주의에 대해 철저하게 논할 것이므로 미룬다. 다만 여기서 말하고 싶은 것은, 44절의 "여러 왕들"이란 신상의 각 부분이 대표한 왕들이나 네 나라로 보는 것이 가장 자연스럽다는 것이다. 세대주의 입장에 반대하여 이러한 견해점을 간단하게 고찰해 보자.

a) 열 발가락보다 신상을 형성한 4대 요소에 강조점이 있다. 단 2장에 분명하게 언급하고 있는 것은 신상을 형성한 4대 요소는 네 왕 혹은 네 나라인 것이다. 본문에서는 발가락을 다른 왕

들과 동등한 것으로 가리키지 않고 있다. 본문에서 발가락은 단지 발이 신상의 약점을 지니고 있다는 것을 설명하여 주기 위하여 언급되고 있다. 이런 이유에서 본문은 신상의 발가락이 열 개라는 것을 말하지 않고 있다. 그러므로 2장의 왕이나 나라란 용어를 네 나라들을 가리키는 것으로 보여진 것이 우세하였던 점으로 보아 그 용어가 다시 사용되는 경우 그것은 발가락이 아니라 세상 나라들을 가리키는 것이다.

b) 상호 보충절이 4대 요소를 입증한다. 이 구절(41-43절)은 이 세상 나라를 하늘나라와 대조하여 더욱 분명하게 밝혀 주고 있는 부분이다. 그 문맥은 44-45절로써 가장 밀접하게 보충되어 있다. 그러므로 그것을 해석하는 데는 이 두 절이 무엇보다도 잘 보충하여 주고 있다.

또한 45절은 44절을 보충하여 주고 있다. 특히 45절은 돌이 "쇠와 놋과 진흙과 은과 금을" 부서뜨린 것을 말하고 있다. 44절에서 언급하고 있는 "여러 왕들"을 45절에서는 금, 은, 놋, 쇠와 진흙으로 언급하고 있다고 해석한다. 이것이 우리가 말하는 구절의 가장 밀접한 선행사(先行詞)로 보인다.

(3) 본문은 왕들에 대한 언급이며, 갑자기 망한다는 말은 없다: 44절이 나라들에 관해서가 아니고 왕들에 관해 언급하고 있다는 말을 주목해야 할 일이다. 2장과 7장에서 통치자가 그 나라를 대표하고 있는 것이 눈에 띈다. 그 실례로서 2:38 끝에 느부갓네살을 직접 '금 머리'(금 나라)로 부르고 있다. 여기에 의인법(擬人法)이 사용된 이유는 아마 그때에 그 나라를 대표한 통치자

가 다니엘 앞에 서 있었기 때문이었거나, 바벨론의 창설자가 되는 느부갓네살은 진정한 의미에서 그 나라 자체가 되기 때문이기도 한 것이다. 44절에서도 역시 나라를 강조하지 않고 왕들을 강조하고 있다. 의심할 여지없이 저자는 이 세상 임금들과 44-45절에 걸쳐 언급되어 있는 하늘나라의 왕을 비교하고 있는 것이다. 다시 말하자면 문제의 구절은 그 나라들을 대표하고 있는 왕들을 중요시하는 것만큼 그 나라들에 대해서는 중요시하고 있지 않다. 이 말들 가운데는 어떤 인격을 중요시하고 있다. 그리고 이 인격의 강조는 세상 나라들이나 권세들을 강조하고 있는 세대주의의 견해와는 다른 것이다.

세대주의자들은 갑자기 멸망을 받는다는 것을 그들의 해석에서 하나의 본질적인 것으로 삼고 있다. 스코필드는 다니엘 2장(Schofield Reference Bible의)에서 이것에 대해 강력하게 강조하고 있다.

> 손대지 아니한 돌이, 다시는 일어날 수 없게 갑자기 치는 것으로 인해 이방세계의 권력이(최후적으로) 멸망을 받는 것이지, 개종이나 동화(同化)라는 점진적인 과정을 통해 없어지는 것이 아니다.… 예수님의 초림 시에 이방 군왕이 멸망 받은 일은 일어나지 않았었다.… 이방 세계의 권세는 아직도 존속하고 있으며, 그것을 쳐부술 일은 아직도 보류되어 있다.

그의 말은 그 신상을 부서뜨리기 위하여 치는 것은 파괴시키는 것만이 아니라 돌연할 것이라고 한다. 그러나 본문에는 돌연한 멸망에 관한 이러한 강조가 없다. 본문의 강조점은 그 멸망이 철저하고 완전하며 온전한 결과를 가져온다는 점에만 국한하고 있다. 다니엘이 왕의 꿈을 해석하는 데 있어서 특히 35절에서 신상이 멸망을 받는 사실에서 문제가 되는 강조점은 그 신상이 파괴된다는 점에 있다. 신상의 전신이 다 부서져서 여름 타작마당의 겨와 같이 되어 버린다. 그 다음에 바람이 나타나 신상이 섰던 자리에서 간 곳이 없어지도록 먼지 하나도 남김없이 완전히 쓸어버린다. 그 바람의 쓸어버리는 강도가 얼마나 극심하였던지 신상이 섰던 자리에는 먼지 하나 보이지 않는다. 이 말은 다니엘이 꿈의 이 부분을 해석하는 44절에서도 다시 강조되어 있다. 거기서 다니엘은 말하기를 "이 모든 나라를 쳐서 멸망시키고"(44절 하반) 하나님이 세우신 나라가 영원히 설 것이라고 하고 있다. 이 말은 전면적인 멸망을 다시 한 번 강조해 주는 것이다. 2장의 어느 곳에서고 돌연히 멸망을 받는다는 말은 전연 찾아볼 수 없다.

(4) 손대지 아니한 돌은 그리스도의 초림이 분명하다: 세대주의자들은 이 모든 주장을 근거로 해서 위에서 떨어지는 돌을 그리스도의 재림이라고 하고 일반적인 메시아 시대가 아니라고 주장한다. 바꾸어 말하면 그리스도의 재림을 언급한다는 그들의 생각은 그들이 주장하는 그 주장의 일부에 그치는 것이 아니고 그들의 주장의 결론이다. 그 발가락들이 그렇게 현저하게 나타나 있고 각 발가락들은 재현된 로마 제국의 각 왕들이며, 이 열 발가락인 열 나라가 하나님 아버지께서 세우실 나라에 의해 갑자기 멸망을 받는 것으로 보아 이 말은 그리스도의 재림을 언급하는 것이어야 한다고 주장한다.

우리는 이런 말에 대해서 많은 시간을 소모할 필요가 없는 줄로 안다. 이 말은 우리가 이미 거론하였고 연구한 세대주의적 주장에 근거한 결론이다. 우리는 그 가운데서 아무런 본질적인 것도 발견하지 못했다. 우리는 이 말이 그리스도의 재림이 아니라 그의 초림을 가리키는 말로 안다.

이러한 결론은 조금도 새로운 것이 못 된다. 앨리스(Allis)는 말하기를, 세대주의 학설이 일어나기까지는 일반적으로 이 구절을 그리스도의 초림으로 보는 견해가 지지되어 왔다고 하였다.[14)] 이 해석은 저스틴 마터, 터툴리안, 이래니우스, 칼빈, 카일, 루폴드, 앨리스, 영 등이 지지하였다(위의 (5)번째에 있었던 세대주의 견해에 대한 비판은 아래 해석에 포함되므로 생략함 - 편집자 주).

메시야 왕국 실현에 대한 예언

2 : 44 - 45. 이 여러 왕들의 시대에 하늘의 하나님이 한 나라를 세우시리니 이것은 영원히 망하지도 아니할 것이요 그 국권이 다른 백성에게로 돌아가지도 아니할 것이요 도리어 이 모든 나라를 쳐서 멸망시키고 영원히 설 것이라 손대지 아니한 돌이 산에서 나와서 쇠와 놋과 진흙과 은과 금을 부서뜨린 것을 왕께서 보신 것은 크신 하나님이 장래 일을 왕께 알게 하신 것이라 이 꿈은 참되고 이 해석은 확실하니이다.

44절과 45절은 영원히 설 하나님의 나라에 대하여 말하고 있다. 44절 초두에서 이 나라가 세워질 때를 예언하고 있다. 즉, 하나님께서 이 나라를 **"여러 왕들의 시대에"** 세우시리라는 것이다. 이 나라의 기원을 여러 왕들의 시대에다 둔다. 우리는 위에서 이미 이 말에 관한 세대주의적 해석에서 다소 고찰한 바 있다. 게이블라인과 기타 몇 사람들은 이때를 그리스도의 재림과

14) O. T. Allis, *Prophecy and the Church* (Philadelphia : Presbyterian and Reformed Publ. Comp., 1945), p. 123.

열 왕(十王)의 연맹을 언급한다고 그릇된 해석을 한다.

본문에 대한 비평학파의 주장과 그 오류

다니엘서에 의하면 메시야 나라는 그전 네 나라에 뒤이어 나올 것으로 종종 말한다. 곧 다른 네 나라의 통치가 종결되기 전에는 메시야 나라가 임하지 않는다고 하였으니, 넷째 나라는 반드시 로마가 아니고 헬라라고 주장한다. 왜냐하면 메시야 나라는 로마에 계승된 것이 아니고 헬라에 계승하였기 때문이라는 것이다.

메시야 나라가 로마 나라 기간에 있었지 로마를 계승한 것은 아니라고 한다. 로울리는 그의 저서에서 이와 같은 주장을 하고 있다. 그는 주장하기를, "네 나라가 멸망되기 전에는 본문의 다섯째 나라가 시작되지 않는다고 한다. 다섯째 나라가 메시야의 세계적 통치였든지 혹은 순전히 영적인 나라였든지 간에…그 예언이 분명히 암시하고 있는 것은 모든 세상 나라들이 이 나라의 강림으로 끝이 날 것이다."라고 한다.

이와 같은 주장은 다니엘서 2:44의 명확한 의미와 일치하지 않는다. 여기서는 분명히 메시야 나라는 4대 제국의 여러 왕들의 시대에 건설될 것이라고 선언하고 있다. 바꾸어 말하면 이 나라들이 존재하고 있는 기간 곧 그 나라들이 멸망하기 전에 메시야의 나라가 건설되리라는 것이다. 그러므로 메시야 나라가 4대 제국이 멸망한 뒤에 계승한다는 주장은 그릇된 해석이 아닐 수 없다.

4대 제국의 여러 왕들의 시대에 메시야 나라가 건설된 사실의 입증

그러면 어떠한 의미에서 이 네 나라의 때에 메시야 나라가 세워졌던가? 만일 우리가 이 말을 그리스도의 재림이 아니라 초림으로 본다면 우리는 그것을 어떻게 이해해야 할 것인가?

우리는 이 구절에서 예언된 나라를 메시야이신 예수 그리스도의 메시야 나라로 믿는다. 이 나라는 2000여 년 전에 예수 그리스도께서 강림하시고, 그의 제자들에 의해서 가이사의 통치 시대에 건설되었다.

이 나라는 그 후 계속 성장해 오고 있으며 세계에 널리 퍼지고 있다. 우리는 **"이 여러 왕들의 시대에"**란 말의 때를 구주의 탄생이나, 갈보리나, 오순절과 같은 어떤 한 날을 의미하는 것이 아니고 하나님의 나라가 뿌리를 박던 때인 예수님의 지상 생애와 그의 성역을 합친 전 생애 기간을 의미하는 것으로 본다.

이 견해는 세례 요한과 예수님이 가르치신 "회개하라 천국이 가까이 왔느니라."(마 3:2, 4:7, 막 1:15)는 말씀이 지지해 주고 있다. 복음서들에 기록된 대로 우리 주님의 교훈은 하나님의 나라와 하늘나라에 중점을 두고 있다. 요컨대 다니엘이 2:44-45에서 예언한 메시야 나라는 우리 주님의 생애와 공생애에 관한 대주제였다. 신약에서 이 메시야 나라의 메시지가 그리스도의 생애와 성역에 가장 밀접한 관계를 맺고 있다. 위에 언급함과 같이 예수님께서는 갈릴리에서 "회개하라 천국이 가까이 왔느니라."는 선언으로 그의 공생애를 시작하셨다. 그리스도보다 앞서 왔던 세례 요한의 메시지도 "회개하라 천국이 가까이 왔느니라."(마 3:2)는 메시지였다. 누가복음 4:43에서 예수님은 그의 사명의 중요한 목적이 하나님 나라의 기쁜 소식을 전하는 데 있다고 말씀하셨다. 심령이 가난한 자와 의를 위해 핍박을 받는 자는 복이 있나니 천국이 그들의 것이라고 하셨다(마 5:13,10). 그의 가르치신 많은 비유들도 "천국은 마치… 같으니"라는 말로 시작하셨다. 그 나라의 임하심은 예수님의 나타나심과 그의 활동과 관련된 중대한 사건이다. 다니엘서에 예언된 여호와의 나라는 당시에 현존한 것이 아니고 미래에 세워질 나라로 지적되어 있다.

그런데 복음서에서는 그 나라가 임하였다고 하고 있다. 이 점에 관해서 해답을 요하는 또 하나의 문제가 있다. 그것은 아래와 같다. 즉, 주 예수 그리스도께서 다니엘서 2장에 있는 넷째 나라 곧 로마 제국의 기간 중에 천국을 세우신 것이 역사적 사실이 아닌가? 그렇다면 어떻게 여러 왕들의 시대에 메시야 나라가 세워진다고 할 수 있겠는가? 만일 우리가 이 여러 왕들의 시대를 세계 4대 제국들을 언급하는 것으로 본다면 그리스도로 말미암아 임하는 하나님의 나라가 어떻게 4대 제국들의 모든 시대에 걸쳐 세워진다고 말할 수 있을 것인가? 사실은 천국은 4대 제국의 맨 마지막 나라의 통치 기간에 세워졌던 것이다. 우리는 이런 문제를 어떻게 이해해야 하는가라는 문제가 생긴다.

그러나 이것은 난제가 아니다. 다니엘서의 예언에서 이 네 제국의 강력한 연합체를 주목해야 할 것이다. 그것들은 제각기 네 개의 다른 나라들을 의미하는 것이 아니라 그 넷이 한 신상으로 되어 있다. 네 나라들은 각기 한 신상의 각 부분으로 되어 있다. 환상 가운데서 이 신상이 아직도 서 있을 때에 돌에 맞아 부서진다. 즉, 돌로 칠 때까지 4대 제국은 사실상 그대로 연합하고 있었다. 발을 치는 것은 상징적인 것이지 신상의 발에 어떤 중점을 기울인 것은 아니다. 그 신상의 발을 친 것은 그 신상을 넘어뜨리고자 함이었다. 그 신상을 한 번 때려 완전히 부서버리려면 그 신상의 어디를 때려야 할까? 앨리스는 이것을 다음과 같이 말한다.

> 이 네 나라들은 제각기 따로 존재한 나라인 반면에 어떤 의미로 보아서는 하나님의 연합된 나라였다. 메대-바사는 바벨론을 정복하여 자기 영토로 합병하였고, 헬라도 역시 메대 바사를 그렇게 하였다. 로마는 알렉산더의 전 제국을 모두 정복하지는 않았지만 알렉산더 제국의 많은 영토를 정복하여 로마 제국의 판도는 훨씬 더 넓어져서 다른 어떤 나라들보다 세계에 널리 퍼져 있었다. 돌로 신상을 칠 때는 아직도 그 신상이 서 있을 때였다. 그러므로 우리는 그 치는 것은 이방 세계의 통치를 대표하는 이 4대 제국 시대에 있었고, 메시야 나라 건설은 마지막 나라 시대에 있었다고 말할 수 있다(p. 124-125, 앞의 [14]번 각주 참조).

다니엘은 2:44에서 하나님의 나라의 기원(起源)에 대하여 또 말하고 있다. **"하늘의 하나님이 한 나라를 세우시리니."** 다니엘은 여기서 다시 하나님의 이름을 사용함으로 하나님은 바벨론의 신들보다 높은 절대자임을 암시하고 있다. 모든 것은 다 하나님의 절대적인 통치를 받아야 한다는 것이다. 이 나라는 사람의 손으로 세워질 것이 아니라 하늘의 하나님께서 세우실 것이다.

이 나라에 대한 신적 기원의 강조는 환상(이상) 전체를 통해 대조적인 표현으로 나타나 있다. 4대 제국을 대표하는 신상은 인공적으로 만든 인체의 모양으로 되었다. 그 신상은 금속 물질로 정밀하게 수공으로 주조(鑄造)되었다. 이 사실은 상징에 관한 진리를 더욱 강조하고 있다. 다니엘이 보여 주고 있는 이 세상 나라들은 인간이 만든 것임을 보여 준다. 그 신상은 움직일 줄 모르고 서 있는 생명 없는 것으로 인간 세계의 통치와 노력의 가장 빛나는 산물이다. 그러나 그것은 생명 없는 창작품이다. 이 움직일 줄 모르는 인위적인 신상과는 정반대로 사람의 손으로 하지 아니하고 신적 역사로 말미암은, 살아 있고 초자연적으로 움직이는 돌이 나타난다.

이 초자연적이고 움직이는 하나님의 돌이 생명 없는 그것을 자랑하던 인간의 작품을 완전히 파괴하여 버린다.

그 다음으로는 이 하늘나라의 기간에 대하여 말하고 있다. 그것은 결코 망하지 아니하리라고 한다. **"영원히 망하지도 아니할 것이요."** 이 나라의 신적 기원이 이 나라가 영원히 계속될 기간을 보증하여 주고 있다. 인간의 나라들은 제각기의 일정한 기간이 있으며 그 종말이 오고야 마는 법이다. 그러나 그리스도의 나라는 그 왕이 영원히 사심 같이 영원히 계속되는 것이다. 그는 죽으실 수가 없으며 그는 그 머리의 면류관을 누구에게 빼앗길 수도 없는 분이시다. 세상 나라들은 멸망할 것이나 하나님의 나라는 이 땅보다 더 오래 계속하며 영원히 계속될 것이다. 다니엘 2장의 메시야 나라는 영원한 기간을 가진 나라임을 나타내고 있다.

바로 이 이유 때문에 우리는 다니엘 2장의 메시야 나라를 꼭 천 년 기간을 가진 천 년 왕국으로 보는 세대주의자의 주장을 모순된 것이라고 반대하는 것이다. 이 나라가 영원히 계속한다고 하는 다니엘 2장의 주장은 그것이 꼭 천 년만 계속한다고 가정하는 주장에 대하여 강력한 반론을 보여 주고 있다. 그렇다고 우리가 성경의 다른 부분에서 그리스도께서 천 년 동안 다스리신다는 말씀의 가능성을 배제하는 것은 아니다. 여기서 우리가 말하는 것은 다니엘 2장에 있는 이 하나님의 나라의 영원한 성격을 천

년 왕국으로 생각하는 것은 잘못이라는 것이다. 천 년 왕국에 대한 근거를 찾기 위해서는 성경의 다른 부분으로 가야 할 것이다. 다니엘 2장은 이것에 대한 아무런 근거가 없다.

이 나라의 영원한 기간의 강조와 관련하여 다니엘은 **"그 국권이 다른 백성에게로 돌아가지도 아니할 것이요"**라고 말하고 있다. 다시 말해서 하나님의 나라는 다른 어떤 나라의 권세 앞에 머리를 숙이는 법이 결코 없으리라는 것이다. 다니엘 2장의 환상은 통치권이 세상 나라들 가운데서 이 백성 저 백성에게로 돌아가고 있음을 보여 주고 있다. 바벨론은 메대-바사에게 계승되고, 메대-바사는 헬라로부터 멸망을 당한다. 통치권이 한 백성에게서 다른 백성에게로 넘어가고 있다. 이와 반대로 하나님의 나라의 백성은 언제나 그가 택하신 이스라엘 백성-즉, 육으로 따라서가 아니라 언약을 따라 된 하나님의 참된 이스라엘로 하고 있다. 인간의 나라는 적에게 패망하지 않을 수 없다. 그들의 권세는 제한되어 있어서 뒤따르는 자에게 정복을 당하고야 만다. 그러나 하나님의 나라는 영원히 계속될 것이다.

하늘나라의 권세를 말하고 있다. **"손대지 아니한 돌이 쇠와 놋과 진흙과 은과 금을 부서뜨린"**다는 것이다. 하나님의 나라는 이 세상 모든 나라들을 모두 산산이 부서뜨려 멸절시킬 것이다. 그 나라의 파괴력을 생생하게 묘사하고 있다. 산에서 나온 돌이 사람의 손을 거치지 않고 날아와 쇠와 진흙으로 뭉쳐진 이질적(異質的)인 부분을 쳐서 무너뜨린다. 45절 상반절 말씀이 이것을 강력하게 되풀이하고 있다. 45절에서는 그 돌이 신상을 치되, 그 신상의 금속들이 처음에 열거된 순서와는 반대 순서로 부서뜨림을 말하고 있다. 그 치는 영향이 맨 처음 나라였던 황금 머리에까지 미친다는 것을 보여 주고 있다. 그 영향은 미래에만 미칠 것이 아니라 과거의 세상적인 위대함의 잔존에까지 미친다는 것이다. 하나님의 나라는 완전히 승리할 것이고 인간의 나라는 완전히 멸망을 받을 것이다.

이 점에 있어서도 세대주의자들의 비난을 다시 언급해야 할 것이다. 그들은 다니엘 2장의 이 파괴하는 행위가 예수님의 초림을 언급할 만한 가능성이 없다고 한다. 그리스도의 지상 성역 기간에 회개와 그 사역의 운동이 그리스도로 말미암아 점차적으로 나타났으니 다니엘 2장의 갑자기 치는 것과 동일시할 수가 없다는 것이다. 다니엘 2장의 정복이나 권세에 관한 언급은 예수님의 생애와 활동으로 반영된다는 언급이 아니라고 세대주의자들은 말하고 있다.

그러나 예수님의 성역을 이렇게 해석하는 것은 하나님의 나라에 관한 그의 교훈과 비유에 비추어 볼 때, 바로 이 권세의 본질을 심히 오해하고 있는 것이다. 보스(Geerhardus Vos)는 그의 훌륭한 소책자인 『*The Kingdom of God and the Church*』에서 예수님께서 전파하신 천국의 정복하는 모습을 잘 지적하고 있다. 이것은 사도 바울도 고전15:25에서 분명히 묘사하고 있다. "그가 모든 원수를 그 발 아래에 둘 때까지 반드시 왕 노릇 하시리니"라고 한다. 여기서 왕 노릇 한다는 것은 모든 원수를 하나하나 정복해 가는 과정을 분명히 말하고 있다. 마지막 원수인 죽음이 정복된 후에 그리스도의 나라는 아버지 하나님께 바쳐진다. 정복의 과정인 그리스도의 나라는 영원 복락 세계인 마지막 하나님의 나라보다 앞선다. 예수님의 성역은 무엇보다도 권세와 정복하는 성역이었다(위의 보스의 책, 국내 번역 개정판: 『하나님의 나라, 제대로 알고 믿는가?』, 개혁주의신행협회, 73쪽 참조)

예수님의 생애와 성역에서 그 나라의 권세에 관한 이러한 양상이 분명히 나타나 있다. 그의 전 성역은 하나의 전쟁이었다. 그는 사탄과 마귀를 정복하시며 말씀하시기를 "내가 하나님의 성령을 힘입어 귀신을 쫓아내는 것이면 하나님의 나라가 이미 너희에게 임하였느니라."(마 12 : 28)고 하셨다. 바꾸어 말하면 마귀를 정복하는 그의 신적인 권능은 하나님의 나라가 임하였다는 확실한 표적인 것이다. 그러나 귀신을 쫓아내는 것만이 지상에서 그리스도의 나라를 보여 주는 것은 아니다. 예수님의 모든 이적들은 바로 그 나라의 권세를 나타내시는 것이다. 복음서에서 이적들은 하나님의 왕권이 이미 작용하고 있는 것을 보여 주고 있기 때문에 사실상 이적들은 그 나라가 임하였다는 표적들이다. 하늘과 땅을 혁신시킬 힘이 예수님의 이적 행하심에서 역사하고 있는 것이다. 예수님께서 세례 요한의 의심에 대해 대답하실 때 바로 이 진리를 지적하셨다. 요한이 그의 제자들을 예수님께 보내어 질문하기를 "오실 그이가 당신이오니이까 우리가 다른 이를 기다리오리이까"(마 11: 3)라고 하였다. 예수님은 자기의 메시야 사업을 언급하심으로 대답하셨다. "맹인이 보며 못 걷는 사람이 걸으며 나병환자가 깨끗함을 받으며 못 듣는 자가 들으며 죽은 자가 살아나며 가난한 자에게 복음이 전파된다 하라."(마 11: 5)

메시야 사역이란 그 나라의 능력 있는 사업들이다(눅 4:14-21, 32-37 참조). 바꾸어 말하면 그리스도의 초림 시기는 그 나라

능력의 양상을 충분히 표현한다. 다니엘서 2장에 나타난 하나님의 왕적 능력은 예수님의 지상 사역으로 분명히 표현되어 있다.

이러한 해석은 또한 그 '우상을 친 돌'이 태산을 이루어 온 세계에 가득하리만큼(2 : 35) 성장한다는 뜻을 가장 잘 설명하여 준다. 이 예언의 성취는 복음이 전 세계에 전파되는 것에서 찾아볼 수 있다. 보잘것없고 무식한 열두 제자들이 전파하매 온 세계가 진동하고 개조의 역사가 일어났다. 그리스도의 성육신의 신비와 십자가를 전파하는 자들의 연약한 데서 역사하는 능력과 변화를 일으키시는 성령의 능력으로 말미암아 하늘의 하나님께서 그 나라를 세우셨으며 그 나라는 온 세상에 충만해지고 있다. 하나님 아버지의 영광 앞에 만민이 무릎을 꿇고 만입이 예수 그리스도를 주로 고백할 때에 그 나라의 궁극적인 성취가 올 것이다.

이 예언은 느부갓네살에게 확신을 주기 위한 말로써 끝을 맺는다. 다니엘이 그에게 확신을 주는 꿈은 명백하다. 다니엘이 이 말을 왕에게 한 것은 왕이 그것을 잊어버렸기 때문이 아니었다. 다니엘이 이 말을 하는 의도는 그가 말하는 진리로써 왕이 깊은 인상을 받도록 하려는 것이다. 이것은 듣는 자가 명심하고 이 꿈을 주신 전능하신 하나님께 영광을 돌려야 한다. 다니엘의 해석은 어떤 추측이 아니라 절대적인 신빙성이 있는 해석이다. 하나님께로부터 오는 모든 말씀은 다 확실성이 있는 것이며 확실히 성취되는 것이다.

그 환상의 끝이 무엇보다도 승리적인 것이다. 나라가 나라를 정복하고 다른 나라를 대신해서 일어난다. 이것은 마치 불가피하고 영구적인 순환인 것처럼 보인다. 그러나 그것은 그럴 수가 없다. 한 새로운 능력이 나타날 것인데 그것은 사람의 힘으로 좌우될 것이 아니다. 그것은 구질서(舊秩序)를 파괴하고 영원하고 불변한 승리를 세우시리니 이 새로운 능력이 바로 하나님의 나라인 우리 주 예수 그리스도의 나라이다.

그 나라는 현재 성장하고 있으며 여호와를 아는 지식으로 온 세상을 충만케 하고 있다(사 11:9). 인간들은 아직도 이 세상 나라를 세우고자 애쓰고 있다. 독재자들은 계속하여 일어나고 있다. 그러나 인간적인 노력의 모든 산물들은 다 파괴되고 말 것이다. 우리 주 그리스도의 나라는 영원히 계속할 것이며 모든 나라들을 정복할 것이다. 나라의 근원은 초자연적인 것이며 하나님으로부터 나온 것이다. 그 기간은 영원할 것이며 그 능력을 정복할 자가 없을 것이다.

제 4 부

네 짐승의 환상

(단 7:1-28)

다니엘 7장은 2장에서 보여 준 네 나라에 관한 계시로 되돌아간다. 그러나 7장에는 새로운 강조가 있다. 2장에서 느부갓네살은 이방 통치자인 그 네 나라들의 권세와 찬란함과 눈부신 아름다운 면을 보았다.

7장에서 다니엘이 본 나라들도 같은 나라이다. 그러나 여기서는 그가 살아 계신 하나님의 종으로서 그것들을 보고 있는데 그것은 약탈하는 권세와 죽이는 마력으로 가득 찬 천박하고 잔인한 짐승이었다.

다니엘은 7장에서 이 세상 나라들의 진정한 성격을 나타내는 견해와 관련하여 넷째 짐승에 특별한 관심을 기울이게 한다. 2장의 신상은 네 나라가 하나의 연합체로 된 전체이며 동시에 모두가 파멸당함을 강조한다. 그러나 7장의 이상은 넷째 짐승에 특별한 주의를 집중시키고 있다. 이 넷째 짐승은 난폭함과 잔인성으로 보아 네 나라들 중 가장 무섭고 파괴적이다.

단 7장에는 2장과 또 다른 차이점을 강조한다. 2장은 그 나라들을 국가적인 방면에 중점을 두었고 7장에서는 네 나라들에 주목을 끌고 있기는 하지만 네 나라보다도 개별적인 면 - 즉, 왕들을 강조하고 있다. 2장에서는 네 나라들을 쓸어 없이한 것이 하나님의 나라였고, 7장에서는 심판을 선언하신 분이 인자와 옛적부터 항상 계신 분이다.

또한 7장의 독특한 점은 2장에서 먼저 나왔던 이상을 점점 더 보충하는 것이다. 7장의 이상은 2장에서 나타나지 않았던 어떤 새로운 인물을 나타낸다. 그것은 작은 뿔이며 지극히 높은 자이신 옛적부터 항상 계신자의 숙적(宿敵)이다. 2장에 나타났던 처음 이상을 상세히 보강하는 이러한 경향은 9장에서도 계속되고 있는데 거기에서는 다니엘의 모든 예언이 메시야 이신 오실 왕에게 집중되어 있다.

그리고 다니엘서에 나타나는 인물들의 보충 설명 이외에 시간도 역시 보충으로 설명되었다. 다니엘서 2장은 메시야의 초림으로부터 그의 재림까지의 장원(長遠)한 기간을 포함하고 있으며 대체로 말하자면 그 초점은 메시야 시대에다 두고 있다. 그러나 단 7장은 더 특별하게 그리스도의 재림에다 그 초점을 두고 있다. 여기에서는 작은 뿔과 그의 영원한 멸망에 강조점을 두고 있는데 이 작은 뿔은 우리가 적그리스도라고 해석하는 것으로서 이 세상의 마지막 대심판 전에 일어나게 되어 있다. 9장에서는 이 시간의 초점이 더욱 세밀하게 진술된다.

다시 말해서 우리는 2장의 네 나라와 7장의 네 짐승은 동일한 것이라고 하는 많은 학자들의 견해에 동의한다.

상징과 세부 설명 및 강조점까지도 다른 데가 있으나 그 이상들이 말하고 있는 메시야에 관한 내용의 골자는 동일한 것이다.

다니엘의 꿈과 환상

7 :1. 바벨론 벨사살 왕 원년에 다니엘이 그의 침상에서 꿈을 꾸며 머리 속으로 환상을 받고 그 꿈을 기록하며 그 일의 대략을 진술하니라.

본 절은 다니엘에게 내린 환상의 역사적 배경을 보여 준다.

"바벨론 벨사살 왕 원년에 다니엘이… 꿈을 꾸며"라고 한다. 이 환상이 벨사살 통치의 원년에 다니엘에게 나타났다는 것이다. 여기에 깊은 뜻이 있다. 느부갓네살은 그의 통치 2년에 꿈을 꾸었다. 그때에 그의 꿈은 세계적 왕국이 바로 확립되었고 또 그의 권세가 절정에 달했었다. 그의 꿈도 역시 위대함과 위엄으로 차 있다. 그러나 다니엘은 느부갓네살의 후계자인 벨사살 통치 원년 즉, 그 영광과 위대함이 쇠하기 시작할 때 꿈을 꾸었다. 이 연대가 뜻이 깊다는 것을 알기 위하여 간단한 역사적 고찰이 필요한 줄 안다.

느부갓네살은 42년 동안 통치한 후 주전 562년에 죽었다. 그 뒤에는 여러 약한 왕들이 계승했다. 그의 아들 아멜 마르둑(Amel Marduk, 562-560 B.C.)은 예레미야가 말한 에윌므로닥(렘 52 : 31, 왕하 25 : 27)이며 그의 매부인 네르갈살의 사위(Nergal-Sarezer, 렘 39 : 3, 13 참조)에게 살해당한 무능한 사람이었다. 그가 즉위한 지 4년 만에(560-556) 그의 약한 아들 라바시 마르둑(Labashi Marduk)이 그 뒤를 이었으며 그도 통치를 시작한 지 불과 몇 달 만에 일어난 제2차 혁명으로 살해되고 말았다. 그리고는 그 혁명의 모반자 중 한 사람이였던 나보니더스(Nabonidus)가 바벨론의 마지막 왕으로 통치하였다(556-539).

그렇다면 벨사살은 이러한 사건의 틈바구니에 끼어 있었던 어떤 사람인가? 당시의 바벨론 역사 기록에 의하면 벨사살은 나보니더스의 맏아들이었다. 즉위한 지 1년 후에 나보니더스는 반란을 진압하기 위하여 서쪽으로 원정을 떠났다. 그 반란을 진압한 후 그는 테이마(Teima)에 있는 오아시스에 정주하여 거기서 16년 간 머무른 것 같다.

나보니더스는 자기가 자리를 비운 동안 그의 맏아들인 벨사살에게 실제적인 통치자가 되도록 위임하였다. 한 설형문자(楔形文字)로 된 비문에는 이런 말이 적혀 있다.

> 그는 그의 장자인 맏아들에게 한 진영을 맡겼으며 그는 많은 군대들을 그와 함께 파송하였다. 그는 그에게 왕권을 위임하였다.
> 그는 원정을 떠났으며 아카드(Akkad) 지방의 대군이 그와 함께 진군하였다. 황야 가운데 있는 테이마를 향하여 진군하였다. …그는 테이마의 왕을 죽이고 …테이마에다 자신이 거할 처소를 확립하였다.[15)]

이 역사적 재료는 다니엘이 본 환상의 배후에 있는 역사적 형편을 이해하는 데 또 하나의 중요한 근거가 된다. 현대 자유주의 고등 비평가들은 다니엘이 7장과 5장에서 벨사살을 "왕"이라고 하는 것을 문제시하고 있다. 윌슨은 그의 저서『다니엘서 연구』제1권에서 특히 두 장에 걸쳐 이 문제를 전적으로 변증하고 있다.[16)]

최근에 와서 이 문제에 관한 역사성을 부인하는 사람 중에 한

15) Jack Finegan, *Light From the Ancient Past* (Princeton : Princeton Univ. Press, 1947), pp. 189-190에서 인용.
16) R. D. Wilson, *Studies in the Book of Daniel, Series I* (New York : G. P. Putnam's Sons, 1917), pp. 83-127.

사람이 로울리이다.

그는 그의 논문 『다니엘서 5장의 역사성』에서 말하기를, "다니엘이 벨사살을 신(新)바벨론 제국의 왕이라고 하는 것은 중대한 역사적 과오라고 하지 않을 수 없다."고 하였다.[17]

보수주의 학자들은 벨사살을 "왕"이라고 한 다니엘의 말을 옹호하는 일에 침묵하지 않았다. 우리는 이미 바로 위에서 윌슨의 연구를 언급한 바 있다.

도우어티(Dougherty)도 그의 저서 『나보나이더스와 벨사살(*Nabonidus and Belshazzar*』(1929)에서 로울리가 문제시하고 있는 5장의 역사성을 변호하였다. 그 책은 이 문제에 관한 고고학적 증거인 설형문자판을 모아서 연구하고 평가한 것이다. 최근에 와서 영, 엉거,[18] 톰슨(J. A. Thompson)[19] 루폴드 등과 같은 주석학자들과 고고학자들은 벨사살을 왕이라고 한 다니엘의 말이 정당한 것이라고 변호하였다. 이미 설명한 바 있거니와 영 박사는 다니엘서의 예언에 관한 주석 중 5:1의 해석에 보수주의 입장을 위한 증거를 알기 쉽게 총괄한 것이 있다. 그의 결론은 다음과 같다.

> 우리는 벨사살이 부차적 왕위를 가지고 있는 합동 섭정왕이었다고 생각하는

---

17) H. H. Rowley, "The Historiciry of the Fifth Chapter of Daniel," *The Journal of Theological Studies,* Vol. XXXII, pp. 12.

18) M. Unger, *Archaeology and the Old Testament* (Grand Rapids : Zondervan Publ. House, 1954), pp. 237 ff.

19) J. A. Thompson, *Archaeology and the Pre-Christian Centuries* (Grand Rapids : Eerdmans Publ. Comp., 1959), pp. 22ff.

> 것이 이 문제를 가장 잘 해석하는 것으로 본다. 이렇게 하면 어휘상의 어떤 모순이라도 생길까? 합동 섭정 제도가 꼭 역설된다면 그것은 꼭 같은 권세를 가진 두 왕이 공동으로 통치하는 것을 말하는 것일 것이다. … 그러나 이 말은 이론상으로 보아 벨사살이 부차적 지위를 가지고 공동 통치를 하였다고 보아야 할 것이다(p. 117).

영 박사는 벨사살이 결코 설형문자 비문들(cuneiform inscriptions)에서 왕이라고 일컫지 않았음을 인정한다. 공문서에서는 나보니더스를 "왕"이라고 칭하고 있으며 벨사살은 "왕자"라고 한다. 그러나 실제로는 벨사살이 거의 모든 왕권 행사에 참여한 것 같다. 그리고 유대인에 한하여 사실상 그가 왕이었다. 다니엘서는 바벨론의 공문서가 아니라 하나님의 백성 - 즉, 바벨론의 통치자와 관련되지 않을 수 없었던 유대인들을 위하여 기록된 예언서이다. 그 통치자는 나보니더스가 아니라 벨사살이었다. 유대인에게 왕권을 가지고 영향을 줄 수 있는 사람은 벨사살이었다. 왕의 신분으로서 여호와의 성전 기구들을 더럽힌 자는 벨사살이었다. 그러므로 그를 "왕" 혹은 "바벨론의 왕"이라고 하는 것은 합당하다.… 다니엘은 그를 대군주나 유일한 왕이라고 하지 않고 단지 왕이라고만 하고 있다(p. 118).

"다니엘이 그의 침상에서 꿈을 꾸며 머리 속으로 환상을 받고" 하나님께서 다니엘에게 보여 주신 이 계시는 어떤 전파나 들음으로 온 것이 아니라 보여 줌과 보는 것을 통해서 온 것이다. 이 계시의 방법이 들음을 통해서 받는 과정과 다른 점은 계시 받는 자의 몸에 어떤 영향을 준 것이다. 에스겔이나 다니엘은 그들이 이러한 방식으로 계시를 받는 경험적인 특징으로 "엎드러졌다"고 한다. 보스는 이것을 주석하기를 "이것은 자의적인 예배 행위가 아니라 이것은 분명히 하나님께서 위로부터 부어 주는 어떤 능력에 의한 것이다."[20]라고 하였다. 계시를 받은 후에 다니엘은 수일을 앓다가 일어났다(7 : 8, 8 : 27).

"꿈"과 **"환상"**이란 말이 정확하게 무엇을 뜻하는지는 말하기 어려운 일이다. 이 두 가지가 서로 어떻게 다른지? 아마 이 두 말은 같은 어원에서 나온 것으로 종종 서로 나란히 사용되는 것일 것이다(단 2 : 28, 4 : 2, 10).

그러나 그와 동시에 두 말이 나란히 쓰이고 있는 사실은 그 둘 사이에 어떤 구분이 있는 것을 지적하는 것으로 보인다. 보스는 그 차이점을 그 현상에 대한 육체적 반응으로 설명할 수 있다고 생각한다. 꿈속에서는 영과 육 사이의 관계를 교란시킨 아무런 비정상적인 것이 없다. 그러나 환상 가운데는 때로 최소한의 비정상이 있었을 것이다. 환상은 꿈속에서보다도 육신을 더욱 지치게 했던 것 같다.[21] 오흘러(Oehler)는 그의 저서 『구약 신학』에서[22] 꿈은 어떤 제한된 의미에서 하나님이 주신 계시의 전달 수단으로 환상에 종속된 것이 아닌가 하고 생각한다. 오흘러는 종속적인 꿈을 통해 주신 계시의 성격을 언급하는 것이 아니라 계시를 허락하여 준 백성을 언급한다. 그는 꿈이 계시 자체를 뜻하는 것은 아닐지라도 비상한 형편 가운데서 영교(靈交)를 갖

20) G. Vos, *Biblical Theology* (Grand Rapids : Eerdmans Publ. Comp., 1948), p. 242.
21) *Loc. cit.*
22) G. Oehler, *Theology of the Old Testament* (Grand Rapids : Zondervan Publ. House, n. d.), pp. 142 ff.

는 사람에게 주로 계시의 수단이 된 것이 아닌가 하고 생각한다.[23]

히브리어 원문에서 "꿈"은 단수로 되어 있고 "환상"은 복수로 되어 있다. 우리 한역에는 이 구분에 유의하지 않고 둘 다 단수형으로 번역되어 있다. "환상"이 복수형으로 되어 있는 것은 아마 꿈 하나에 여러 환상들이 포함되어 있었기 때문인 것 같다. 단 2:28, 4:5, 10, 13에서도 단수로 되어 있다.

다니엘이 받은 환상을 **"머리 속으로 환상을 받고"**라고 하고 있다. 그 뜻은 그 환상이 다니엘의 마음에서 근원이 되어 나온 것이 아니라는 뜻이다. 그 아래 계속되는 말씀을 보면 그 꿈의 기원이 초자연적이며 인위적이 아니라는 것을 분명히 나타내고 있다. 다니엘은 그 꿈을 명석한 마음 상태에서 받았기 때문에 "머리 속으로 받은 환상"이라고 한다. 칼빈은 이것을 주석하기를 "이러한 방법으로 그 꿈이 더욱 무게가 있고 다니엘의 머리에 아무런 혼잡도 없었음을 말한다. 그는 하나님께서 그에게 알리고자 하신 것을 맑고 안정된 마음에 꿈으로 알리셨다는 것을 나타내고 있다."고 하였다.

꿈을 다니엘의 기억에다 내어 맡긴 것이 아니라 성령의 주권적 감동 하에서 그가 잘 동안에 받은 이상의 내용을 그대로 정확하게 기록하였다.

한역 성경에는 다니엘이 **"그 일의 대략"**을 진술했다고 번역되어 있다. 이러한 번역은 King James Version, American Standard Version, Revised Standard Version 등도 지지하고 있다. 그

23) *Ibid.*, p. 143.

런데 이 번역이 어떤 비평가들에 의해서 문제시되고 있다. 몬트고메리는 그 뜻은 본서 전체에 대한 어떤 제목-즉, 본서나 그 이야기의 시작이라고 보는 것이 더욱 좋을 것이라고 한다. 초기 번역판이 더러 이 의견을 지지한다. 히튼은 몬트고메리의 의견을 지지하는 경향으로 기울어져 말하기를 "그 일의 대략"이라는 말은 아마 그 환상의 시작을 의미하는 단편적 제목을 의미하는 것일 것이라고 하였다. 그러나 우리는 전통적인 한역을 받아들이며 영, 루폴드나 카일 등과 같은 학자들도 이를 지지한다. 이 번역은 근본 문제와 그 요점을 의미한다. 다니엘은 그 꿈과 환상의 중요한 내용만 말하고 짐승에 관한 세밀한 설명과 같은 제2차적인 문제의 얼마는 생략하고 있다. 시작이란 말이 어떤 그럴듯한 번역일는지는 몰라도 루폴드는 이 문제를 오히려 요점이 없는 표현-즉, 왜 그 시작만 말하고 그가 체험 한 바 전부는 말하지 않았을까라고 말했다.

네 바람, 네 짐승

7 : 2-3. 다니엘이 진술하여 이르되 내가 밤에 환상을 보았는데 하늘의 네 바람이 큰 바다로 몰려 불더니 큰 짐승 넷이 바다에서 나왔는데 그 모양이 각각 다르더라.

다니엘은 2절에서 그의 기록을 진술하기 시작한다. 2절과 3절은 전반적인 광경과 네 짐승의 출처를 묘사하고 있다. **"내가… 보았는데"**라는 말은 본 장(章)에 8회나 나와 있다.

우리 한역에는 아람 어 "הָוָא"(하바)를 단순한 과거 시상인 "보았는데"로 번역하였다. 이 말은 "있다(to be)"라는 동사이며 분사이다. 아람어의 이러한 구조는 계속적인 행동을 강조하며 계속적으로 바라보는 것-즉, 앞에 전개된 광경을 세심히 검토하여 쳐다보는 것을 의미한다. 아마도 이 말은 "보고 있었는데"라고 번역하는 것이 더욱 좋을 것이다.

원문에서는 2절과 3절의 뜻을 강조하기 위하여 아람어 "אֲרוּ" (아루 : 볼지어다)라는 말을 하고 있다. 이 말이 한역에는 번역되지 않았다. "볼지어다"라는 말이 적합한 말인 줄 안다. 다니엘은 하늘의 네 바람이 큰 바다로 몰려 부는 것과 바다가 흉용하는 것을 본다. 그 흉용한 바다에서 큰 짐승 넷이 나왔는데 그 모양이 각각 다르다.

이 **"네 바람"**은 무엇을 의미하는가?

고대 주석가들 중에 한 사람인 제롬(Jerome)은 이것을 네 나라를 지키는 천사들이라고 하였고, 카일은 하나님께서 세상 나라들을 움직이도록 세우신 하늘의 권세자들이라고 하였다. 최근에 와서는 자유주의 비평가들 가운데서 고대 신화에서 어떤 상징적인 설명을 찾는 것으로 인기를 끌어 왔다. 그 실례로 헤르만 궁켈(Hermann Gunkel)은 바벨론의 티아맛(Tiamat) 신화로 이것을 설명코자 했다. 히튼의 최근 주석도 이것을 주장하여 말하기를, 이 구절은 "본 장에 나오는 바벨론의 창조시(創造詩)에 관한 여러 언급들 중에서 처음 것"이라고 했다(p. 175). 히튼이 여기에 그럴듯하게 붙이는 설명은 바벨론 신(神) 마르둑이 자기를 위한 희생 제물을 잡기 위하여 만들어 놓은 함정으로서 네 바람을 어떻게 배치했던가를 말해 주고 있다. 그리고 그 후 마르둑은 자신이 일곱 폭풍우로 무장하고 질서 있는 우주를 창조하기 위해서 암용(雌龍)인 티아맛과 그의 새끼를 죽인다는 것이다.

궁켈의 이 견해를 반대하는 사람 가운데서 자유주의 고등 비평의 경향을 걷고 있는 몬트고메리는 여기에 "어떤 신화화의 경향"의 요소는 있을 수 없다고 말했다. 영 박사는 보다 더 완강히 반대하기를 다니엘이 이와 같은 다신론적인 사상에서 그 재료를 빌려 왔다고 가정하는 것은 하나님께서 주신 계시인 꿈의 독특성을 파괴한다고 말했다. 누가 뭐라고 하든 간에 그 꿈은 하나님의 계시이다. 다니엘은 자기가 고안한 무엇을 기록하는 것이 아니라 환상 가운데서 자기에게 주신 것을 기록하고 있다. 더욱이 사실상 다니엘이 어디서 빌려 왔다고 할 만한 근거가 없다.

그 상징이 무엇을 의미하든지 간에 이 세상 권세들이 하늘 위에서 섭리하시는 대로 되어 간다고 하는 것을 지적한다. 이런 제한된 의미에서 우리는 카일의 해석에 어느 정도 부합하게 된다. 카일은 천사에 강조점을 두고 있지만 사실은 하나님께 두어야 한다는 것을 제외하고는 찬성한다. 세상 권세들은 하나님에 의해서 섭리 작용되는 것이며 사람에 의해서 되는 것이 아니다. 바람들이 무엇을 상징하든지 간에 그것들은 두말할 것 없이 하나님에 의해서 조종된다. 이 바람에 관해서 더 언급해야 하는가 하는 것은 그리 용이한 문제가 아니다.

이 해석이 정확한 것이라면 이 말씀은 이스라엘 백성과 우리에게 지대한 위로가 된다. 예레미야가 예언한 70년의 기한이 다 가오며 이스라엘이 포로의 속박에서 해방될 날이 임박하였다. 이스라엘 백성에게 이것이 고난의 종식을 뜻하였다. 이제 하나님께서는 그들이 안일과 기쁨이라는 소망 가운데서 마음을 방심해서는 안 된다고 선포하신다.

그들은 오히려 인간의 권세와 투쟁에 맞설 배전(倍前)의 대비를 해야 한다. 네 짐승이 나오고 있으며 큰 바다는 흉용하다. 그러나 이것은 오히려 그들에게 위로가 되는 것이다. 하나님께서 그 환난의 바람을 몰아오는 것이다. 하나님께서 하늘의 질풍을 그의 손안에 잡으시고 다스리신다. 그의 목적대로 세상을 운행하신다. 하나님은 그들의 피난처와 힘이 되신다.

이와 같은 격동의 장면은 **"큰 바다"**이다. 여러 학파의 주석가들이 이 **"큰 바다"**를 지중해로 생각했다. 이 견해는 특히 세대주의 학파의 해석에서 현저하게 주장해 왔다. 러크, 게이블라인, 뉴웰 등 여러 학자들이 이 견해를 각기 다소 다른 형태로 받아들인다. 이 견해를 뒷받침하는 것으로 민 34:6-7, 수 1:4, 겔 47:20 등을 든다. 이 성구들은 직접적으로 지중해를 말하고 있는 것처럼 보이기도 한다.

그러나 카일, 루폴드, 몬트고메리 등의 학자들이 주장하는 것과 같이 우리는 이 말을 어떤 특수한 지리적인 지역에 국한시키지 않고, 보다 더 광범위한 것을 가리키는 것으로 생각한다. 그것은 어떤 소란한 형편에 처해 있는 이 세상 나라들을 상징하는 것으로 보인다. 이 견해를 지지하기 위해서 다음과 같은 이유들을 생각해 보아야 할 것이다.

(1) 성경에서 하나님께 대적하는 세상 권세들을 종종 큰물로 상징했다(사 8:7 이하, 17:12 이하, 렘 46:7, 9, 47:12, 계 17:1, 15).

(2) 그 짐승들과 그 짐승들이 나온 큰 바다와의 밀접한 관계도 이 해석을 잘 뒷받침해 준다. 짐승들이 이 세상 권세들의 형태를 나타내고 있기 때문에 바다는 짐승들이 나온 곳인 이방 세계 전체를 나타내는 것이 틀림없다.

(3) 이 해석은 특히 단 7:17에 있는 임금들이 이 세상에서 일어나리라는 말씀이 뒷받침하여 준다.

(4) 9절 이하에서 네 짐승의 근원과 옛적부터 계신 이(또는 인자)의 근원을 대조시키고 있는데 이것도 역시 하나님을 대적하는 이 세상의 큰 바다를 의미하는 것이라고 지적한다. 인자는 하늘에서 오시고 네 짐승은 땅에서 나온다.

(5) 바다는 세상 나라들이 하나님을 반역하는 것을 잘 상징하고 있다. 하늘의 네 바람으로 인해서 일어나는 큰 바다의 흉용함은 하나님을 반역하는 모든 세력을 묘사하기에 알맞은 것이다. 바다가 쉬지 않고 계속적으로 요동하는 것은 인간이 자기의 창조주께 반항하는 것을 도표처럼 잘 상징하고 있다.

이 산실(産室)인 요동하는 바다로부터 꿈틀거리는 **"큰 짐승 넷이"** 나온다. 다니엘은 마치 영화의 화면을 바라보는 것처럼 이 것을 본다. 우리 한역 성경에 "나왔는데"라고 번역되어 있는 동사는 분사이며 단순한 과거라기보다는 생기에 찬 계속적인 행위를 더욱 강조하고 있다.

다니엘이 네 짐승을 바라볼 때는 특히 두 가지 사실에 주목했다. 그 하나는 그 짐승들의 유사점이요, 또 다른 하나는 그 짐승들이 가지고 있는 차이점이다. 그 짐승들은 모두 **"큰"** 짐승-즉, 어떤 괴물이며 모두 동일한 근원에서 나왔다고 한다. 그것은 바다에서 일어났으며 인간적인 근원과 성격을 가진 이 세상 나라를 나타내고 있다. 그리고 그들은 성질상 모든 공통적인 특징을 가지고 있는데 그것은 곧 그들이 **"짐승들"**이라는 것이다. 2장에 있는 느부갓네살의 꿈에서와 같이 여기에서도 세상 나라들의 어떤 위대함을 말하고 있는 듯하다. 그러나 하나님의 나라에 비추어 볼 때 이 나라들은 잔인무도하고 무정한 짐승들과 같은 것이다. 다니엘은 여기서 구약에 종종 나오는 묘사법으로써 이방 권세들을 탐심을 좋아하는 짐승들로 상징한 것을 기억한다(겔 27:3, 사 27:1, 시 68:31, 74:13 이하, 80:14 이하).

그와 동시에 짐승들의 차이점도 역시 나타나 있다. 이 짐승들은 각기 뚜렷한 특징을 가지고 있으며 각기 그들 앞에 나타났던 짐승과 구별되는 본질적인 차이를 가지고 있다. 영과 몬트고메리 등은 이 차이점이, 그들이 가지고 있는 힘의 차이가 아니라 가치의 차이라고 주장했다. 2장에 있는 신상의 금속에서와 같이 뒤에 나오는 짐승이 앞에 나온 짐승보다 점차적으로 열등해지고 있다. 큰 신상의 쇠와 같이 마지막 짐승이 가장 파괴적이다.

첫째 짐승

7:4. 첫째는 사자와 같은데 독수리의 날개가 있더니 내가 보는 사이에 그 날개가 뽑혔고 또 땅에서 들려서 사람처럼 두 발로 서게 함을 받았으며 또 사람의 마음을 받았더라.

4절에서는 첫째 짐승을 말하고 있다. **"사자와 같은데 독수리**

의 날개가 있더니"라고 한다. 로울리가 말하는 매우 드문 해석법을[24] 제외하고는 첫째 짐승이 2장에 나온 금 머리인 바벨론이라는데 거의 의견이 일치한다. 여기서는 첫째 짐승을 독수리의 날개를 가진 사자에 비유한다. 성경에서 이렇게 비유한 것은 이 것이 처음이 아니다. 그전에도 예레미야가 느부갓네살을 사자로, 그의 군대를 독수리로 언급하였다(렘 4 : 7, 47 : 19, 50 : 17, 44, 애 4 : 19, 합 1 : 8, 겔 17 : 3, 12).

바벨론과 느부갓네살을 금 머리로 비유한 것이 타당한 것과 같이 여기서 그 나라를 독수리의 날개를 가진 사자로 비유한 것은 극히 타당한 것이다. 황금은 금속 중에서 가장 귀중품이요, 머리는 몸의 모든 지체 중에서 가장 귀한 것과 같이 이 두 생물은 모두 그들의 세계에서 왕-즉, 사자는 동물의 왕이요, 독수리는 조류(鳥類)의 왕이다. 그 다음으로 생각할 것이 그들의 힘과 날셈이기도 하지만 근본적인 강조점은 2장의 강조점과 같이 힘이나 날셈이 아니라 그 나라의 왕권과 탁월성에 있다. 바벨론은 피조물 중에서 가장 위엄 있는 나라이다.

고고학도 역시 이 첫째 짐승을 느부갓네살이 세운 바벨론으로 보고 날개 달린 사자로 상징하는 타당성을 강력히 지지하고 있다. 사자는 종종 바벨론의 조각(彫刻)에서 발견되었다. 바벨론에서는 날개 달린 사자의 조각을 왕궁에 있는 문을 지키는 자로 세웠다. 앞서 단 2:37-38의 해석에서 바벨론 왕이 행차하는 도로의 양 연변에는 채색한 120 마리의 사자가 늘어서 있다는 것을

---

24) H. H. Rowley, *Darius the Mede and the Four World Empires of Daniel, Op. cit.*, pp. 67f.

설명한 바 있다(87쪽 참조).

그 사자들은 황색이나 적색(赤色) 갈기(사자나 말의 목덜미에 난 긴 털)가 있었고 그 피부색은 백색이나 황색이었으며 엷은 청색이나 짙은 청색을 배경으로 하고 앉아 있다.[25]

이러한 고고학적 증거에 비추어 볼 때 마카비 시대에 살고 있던 어떤 저자가 상징적으로 이런 지식을 고안해 냈을 것이라는 주장은 있을 수 없는 일이다. 그러나 자유주의 비평가들은 이렇게 주장을 한다. 카일이나 영과 같은 학자들의 결론은 고고학의 증거와 잘 부합된다. "이 발굴물들은 본서가 바벨론에서 저작되었다는 증거로 언급될 수 있으며 바벨론적인 꿈의 색채가 있는 것을 설명하고 있다." 그 상징하는 것의 정확성을 볼 때에 저자는 바벨론을 잘 알고 있던 사람이지 비평가들이 종종 말하는 것과 같은 마카비 시대에 살고 있던 어떤 무명(無名)의 인물이 아니었다.

다니엘이 이 첫째 짐승을 바라보고 있을 때 그 짐승에게 어떤 변화가 일어났다. 동물적인 성격에서 사람의 성격으로 변하였는데 이 변화는 내외부적으로 일어났다. 특히 이 내적 변화와 외적 변화에는 서너 가지의 뜻이 있다.

첫째로, 다니엘은 짐승의 외부적 변화로서 날개가 뽑히는 것을 보았다. 이 짐승은 날으는 권세를 잃어버렸다. 정복자인 그는 이제 지상을 날 수가 없게 되었다. 날개가 근본적으로 어떤 주권이나 왕권을 가르치는 것이라면 그 날개가 뽑힌다고 하는 것은 통

---

25) C.F. Pfeiffer, *Exile and Return* (Grand Rapids : Baker Book House, 1962), p.59.

치와 주권을 행사하던 시대가 끝났다는 것을 뜻한다.

둘째로 일어난 변화는 **"또 땅에서 들려서 사람처럼 두 발로 서게 함을 받았으며"**라고 한다. 이 뜻은 칼빈이 말한 바와 같이 그 나라의 완전 파멸을 말하지 않는다. 그 짐승이 지상에서 아주 없어지거나 완전히 멸망을 받지는 않는다. 하나의 짐승으로서 웅크리고 네 발로 걸어 다녔는데 지금은 땅에서 들려 두 발로 서게 되었다. 다시 말해서 짐승의 모양이 변하여 직립하여 걸어 다니는 사람의 모양이 되었다. 즉, 그 짐승은 그 날개를 잃었고 또한 그 짐승의 모습이 없어졌다.

그런데 이제는 어떤 내부적 변화가 일어났다. 짐승과 같은 마음이 없어지고 **"사람의 마음을 받았더라."**고 한다. 외부적으로는 짐승의 외모가 사람의 모양으로 바뀌어졌다. 그런데 내부적으로도 이와 같은 변화가 일어났다. 짐승의 성격이 사람의 성격으로 바뀌었다는 것이다.

이 내적 변화와 외적 변화는 무엇을 의미하는가? 어떤 학자에 의하면 변화는 모두 "멸망의 드라마"라고 한다. 칼빈은 이 견해의 대표적인 학자인 줄 안다. 하나님께서 사자의 힘을 사람의 힘으로 감소시키므로 바벨론의 권세를 축소시켜 겸손케 만든 것을 의미한다. 하나님께서는 이 말씀으로 그 나라의 권세를 빼앗을 것을 의미한다고 말한다.

그러나 가장 널리 지지되는 해석은 이 말이 단 4장에서 느부갓네살이 미치는 이야기로서, 왕의 마음에 사람의 마음이 떠나고 짐승의 마음을 받는 것이라고 해석한다. 이 견해는 모든 학파들에게 공통적인 지지를 받는다. 클리포드, 퓨지, 카일, 프린스, 라이트, 몬트고메리, 루폴드, 영 등의 학자들이 이 견해를 주장한다. 여러모로 보아 이 견해는 매우 적합하다. 느부갓네살은 분명히 자기가 낮아지는 짐승의 마음을 받았던 것이다. 이것이 느부갓네살에게 관계되는 한, 하나님께서 그를 낮추실 때에 그의 교만한 성격과 정복의 욕심을 버리게 하셨을 것이다. 그리고 느부갓네살 왕이 그의 교만과 허영을 버린 것은 그 나라도 교만과 허영을 버렸다는 의미이다. 느부갓네살이 짐승의 마음을 받게 될 때 그 나라는 사람의 마음을 받게 된다. 우리는 여기서 한 사람이 사람의 마음을 받음과 동시에 한 나라도 그렇게 됨을 본다. 그것은 하늘에 오를 듯한 야망의 제거 - 즉, 비인간적이고 오만한 자존심의 포기를 뜻한다.

둘째 짐승

7:5. 다른 짐승 곧 둘째는 곰과 같은데 그것이 몸 한쪽을 들었고 그 입의 잇사이에는 세 갈빗대가 물렸는데 그것에게 말하는 자들이 있어 이르기를 일어나서 많은 고기를 먹으라 하였더라.

5절에 나타난 둘째 짐승은 첫째 짐승과 다르며("다른"이란 말을 유의할 것) 또한 첫째 짐승 다음에 나타났다. 즉 **"둘째는"**이란 말은 그 나타난 순서를 말한다. 크기와 난폭성으로 보아 곰이란 사자 다음 가는 동물로 매우 적절하다.

사실상 이 두 짐승은 성경에서 자주 서로 관련되어 나온다. 삼상 17:34 이하, 잠 28:15, 호 13:8, 암 5:19 등에서 이 두 짐승이 가장 위험한 것이라고 하고 있다.

또한 둘째 짐승이 첫째 짐승보다 못하다고 하는 것을 다시 상고해 보면 2장에서 금으로 비유된 나라보다 은으로 비유된 나라가 훨씬 더 못함과 같이 사자에 비해 곰은 그 위풍이 훨씬 못하며 행동이 느리고 걸음걸이가 둔하다. 드라이버는 말하기를 "곰은 사자에 비해 그 힘과 용모에서 열등하며 그 움직임에서도 둔하고 미련하다."고 하였다.

"그것이 몸 한쪽을 들었고"라고 하는 것을 알기는 어렵다. 그 뜻은 곰이 뒷발로 섰다는 것은 아니고 그 몸의 한쪽을 낮추었다는 것도 아니다. 영, 카일, 몬트고메리 등은 그 짐승이 앞으로 덮쳐 나가기 위해 한쪽의 두 발을 들고 있는 것으로 생각한다. 그 뜻은 이 짐승이 먹을 것을 덮치려고 대기하는 모습이다. 본서 저자는 벨사살 왕의 나라가 멸망할 날이 왔다는 것을 언급하고 있다. 곰은 바벨론 나라를 삼키고자(정복하고자) 웅크리고 있는 것이다.

"그 입의 잇사이에는 세 갈빗대가 물렸는데." 이 세 갈빗대에 관한 해석에서는 로울리의 말과 같이 오랫동안 서로 모순되는 해석을 해 왔다.[26]

둘째 짐승을 메대-바사라고 믿는 학자들은 일반적으로 그 세 갈빗대를 메대-바사가 정복한 세 나라 혹은 제롬이 말한 대로 그 나라의 힘을 합치게 한 세 나라라고 본다. 정복을 당한 세 나라가 어떤 나라인지에 대해서는 학자들 간에 잘 일치되지 않는다. 카일과 퓨지는 이 세 나라를 리디아와 바벨론, 애굽이라고 본다. 루터는 이 세 나라를 바사의 세 왕 곧 고레스(Cyrus), 다리오(Darius), 석세스(Xerxes)라고 한다. 클리포드는 이를 바사

26) H. H. Rowley, *op. cit.*, pp. 151-154.

나라가 전 세계적인 사방으로 영토 확장을 못하고 다만 세 방면으로만 확장된 것을 상징한다고 하였다.

그러나 둘째 짐승을 메대-바사로 보는 견해가 서로 통일되지 못한 것은 이것뿐만이 아니다. 둘째 짐승을 메대로 보는 로울리 자신도 이 견해를 지지하는 학자들이 세 갈빗대의 뜻이 무엇인가에 대해서도 역시 의견이 일치하지 않는 것을 볼 수 있다고 말했다. 로울리 자신도 저자의 원뜻이 무엇인지 해결하지 못했다고 결론을 내렸다.[27]

우리는 이것에 대해서 몬트고메리와 영, 칼빈의 결론을 채택한다. 이것이 상징하는 중요한 강조점은 그 짐승의 탐욕이다. 다니엘이 세 갈빗대를 언급하는 것은 이 짐승의 그지없는 탐욕의 성격을 나타낸다. 그것은 단 한 개의 갈비로 만족하지 않고 많은 먹이를 탈취한다. 세 갈빗대란 그 입에 가득 차도록 먹는 것을 의미한다. 그 수는 실제로 정복욕이 큰 것을 보여 주는 것이지 문자적인 숫자를 뜻하는 것은 아니다. 이 해석은 곰이 먹이를 삼키려고 웅크리고 있는 모습과 바로 다음에 나오는, 일어나서 많은 고기를 먹으라는 명령과 긴밀한 관계가 있다.

입에다 먹이를 가득 문 채 웅크리고 있는 곰에게 내려지는 명령이 **"일어나서 많은 고기를 먹으라."**는 것이다. 클리포드는 이 명령을 그 짐승이 탈취하여 잇사이에 물고 있는 고기를 다 먹어 버리라는 명령이라고 본다. 이 견해는 카일과 영과 기타의 학자들의 지지를 받는다. 그러나 우리는 루폴드의 학설을 따라 그 입에 있는 갈빗대만 먹으라는 명령으로 보지 않는다. 그것은 앞으

---

27) 2) *Ibid.*, p. 154.

로 더 달려 나아가 더욱 정복할 것을 명령하는 것이다. 곰이란 짐승은 이미 그 잇사에 물려 있는 먹이를 먹으라고 명령하거나 충고할 필요가 없는 동물이다. 그리고 나아가서 더욱 정복하라는 명령은 이 둘째 짐승의 탐욕성을 더욱 강조하는 것이다.

이 곰이란 짐승은 누구를 가리키는 말인가? 로마를 넷째 짐승으로 보아 온 전통적인 견해에서는 둘째 짐승을 메대-바사로 보아 왔다. 그러나 헬라를 넷째 짐승으로 보아 온 학자들 간에는 둘째 짐승을 어느 나라로 보느냐 하는 문제에 서로 의견이 일치하지 않는다.

로울리의 저서는 이 견해에 관한 어떤 원칙적인 점에 관심을 기울이게 한다[28]. 로울리와 오늘날의 비평가들이 일반적으로 지지하고 있는 견해는 이 곰은 메대를 가리킨다고 한다. 이 견해는 19세기에 끊임없이 성장해 왔으며 마침내 넷째 짐승을 헬라라고 주장하는 데 큰 지지를 받게 되었다. 많은 학자들이 이것을 주장했다(Eichhorn, Dewette, Bleek, Westcott, Kuenen, Bevan, Prince, Driver, Marti, Montgomery, Charles, Rowley 등).

2장에서 우리는 이미 메대-바사를 둘째 나라-즉, 곰을 가슴팍의 은으로 연결짓는 전통적인 견해를 지지한다고 말했다. 이 입장을 옹호한다는 것은 조금 더 언급하는 것이 이 문맥과 7:5의 묘사에 적합할 것이다.

로울리는 단 7:5을 메대-바사로 보는 견해 중 하나에 관심을 기울인다. 이 견해는 퓨지나 영과 같은 사람이 주장한 견해로서 그것을 메대-바사로 보는 것이 메대로 보는 견해보다 7:5의 상

---

28) *Ibid.*, pp. 138-160.

징을 더욱 잘 해석해 준다는 것이다. 로울리는 5절에 있는 세 갈빗대의 상징이 모호하다고 주장함으로 이 주장을 공격한다. 그렇다고 이 5절을 메대-바사로 보는 견해 이상으로 자기의 견해인 메대설(說)을 지지하는 것도 아니다.

그는 "그 뜻이 너무나 모호하여 그 구절로써 이 견해를 무시하고 저 견해를 지지하도록 정당히 사용되어질 수가 없다."고 했다.[29] 우리는 이러한 로울리의 주장에 동의할 수 없다. 그의 모든 주장은 세 갈빗대의 뜻이 모호하다는 데만 근거를 두고 있다. 특기할 만한 것은 메대-바사로 보는 견해를 가진 사람들도 세 갈빗대의 역사적인 적용을 하지 않는다는 것이다.

5절에는 세 갈빗대 이외에도 상징적 해석을 해야 할 다른 요소들이 있는 것을 지적할 수 있다. 이 요소들은 곰이란 짐승을 단순히 메대로 보는 것보다는 메대-바사로 보는 것이 훨씬 더 본문에 일치한다. 우리는 세 갈빗대를 역사적으로 어떤 특수한 나라로 볼 필요는 없고 단순히 이 나라의 탐욕적인 성격을 상징하는 것을 강조하는 것으로 본다. 이것이 바로 우리가 채택한 특수한 해석이다. 우리는 로울리가 이 구절이 모호하다고 말한 것을 어떤 면에서는 찬성한다. 그 모호함은 그 이상의 지엽적인 면에만 해당되는 것이며 중심적인 뜻을 말하는 것은 아니다. 그런데 로울리는 지엽적인 문제에 관한 모호함을 포착하기는 했으나 상징의 중심이 되는 강조점까지도 무시해 버리고 말았다.

클리포드와 카일의 전통을 이은 영은 **"그것이 몸 한쪽을 들었고"**라는 말씀에 특별한 의미를 부가하여 그것을 메대-바사로

29) *Ibid.*, p.153.

본다. 비록 여기에 모호한 것이 있다고 하더라도 8장에서 몸 한 쪽을 들었다고 하는 것을 보면 한 나라가 다른 나라를 정복하기 위하여 전진할 준비를 갖추고 있는 양면성(兩面性)을 지적하고 있다는 것을 쉽게 알 수 있다. 8장에는 이 양면성이 두 뿔로 나타나 있는데 한 뿔이 다른 뿔보다 더 길다. 이것이 가장 자연스럽게 연관되는 것은 그 나라가 메대-바사의 양면으로 되었다는 것이다. 즉, 메대-바사는 양면이 있음을 증거하는 것이다. 카일의 말을 인용하면 "그 양면 중 일면인 메대는 세계적인 왕국을 건설하려고 노력한 후에 쉬고 있으며 그 다른 면인 바사가 일어나 전자(메대)보다 더 커질 뿐만 아니라 새로운 약탈을 위하여 준비를 갖추고 있다."고 하였다.

이상의 설명과 같이 이 구절의 중심점은 곰을 메대로 보는 것보다는 메대-바사로 보는 것이 훨씬 더 타당하다. 5절의 중심사상은 곰으로 비유된 나라가 많은 영토를 정복한다는 것이다. 역사적으로 볼 때 메대 나라 홀로는 이렇게 많은 영토를 정복한 나라로서의 특징을 갖지 않았다. 그뿐만 아니라 만일 본서의 저자가 단 7:5을 메대 나라로 나타내고자 한 것이라면 그가 말한 8:3-20의 말씀과 모순이 생긴다. 거기서는 바사가 메대 뒤에 일어나 합세하여 주권을 잡을 것을 말하고 있다.

바로 이와 관련하여 메대-바사의 연합국은 단 7:5의 상징과 매우 유사하다는 것을 보여 준다. 이 나라는 많은 영토를 정복하였으며 역사적인 견해점에서 볼 때 7:5이 말하고 있는 그것과 잘 부합이 된다. 퓨지는 그의 저서에서 메대-바사의 무서운 침략성을 잘 말해 주고 있다.

그는 말하기를 "그 나라는 적군을 눈 사태가 쏟아지듯 덮치고 압도할 만한 대군(大軍)이 없이는 출정을 하지 않았다."고 하였다.[30)]

메대-바사는 소규모의 원정도 30만-100만에 이르는 대군이었다. 다리오의 군대가 70만으로 계산되었고 거기에다 400척의 배와 12만 명의 해군을 가지고 있었다. 석세스의 헬라 원정은 250만 명 이상의 군대를 끌고 간 것으로 추산된다. 전쟁을 싫어했던 바사의 마지막 왕도 이서스(Issus)의 전투에 50-60만의 군대를 파견했다. 그리고 거기서 패전한 지 2년 후에 그 다음 또 다시 패전할 때까지 무려 100만 대군을 모집했다. 바사는 이러한 군력을 고레스 대왕의 건국 때(539 B.C.)로부터 헬라의 알렉산더에게 정복될 때(333 B.C.)까지 계속 보유했다. 바사의 전성 시대에는 동쪽은 인도, 서쪽은 헬라 반도에까지 미쳤으며 북쪽 국경은 다뉴브 강과 흑해까지 남쪽으로는 아라비아 사막까지 영토를 확장하였다. 바사의 영토는 길이가 거의 3,000 마일이고, 폭이 1,500 마일이며, 면적이 200만 평방 마일이었다. 성경 지도를 살펴보면 그 당시 바사의 크기와 넓이는 바벨론의 2배나 되었던 것이다.[31)]

다니엘이 그 나라를 곰으로 비유하여 육식(肉食)하는 성격을 강조한 것은 메대-바사 나라의 역사적 발전과 가장 잘 부합된다.

---

30) E.B. Pusey, *op. cit.*, pp. 72ff.

31) G.E. Wright and Floyd Filson, *Westminster Historical Atlas to the Bible* (Philadelphia: Westminster Press, 1945), p. 71.

6절로 넘어가기 전에 단 7:5에서 또 하나 생각해야 할 것이 있다. 곰에게, 일어나서 많은 고기를 먹으라는 명령이 내려진 것은 특별한 주의를 끌고 있다. 곰이 식욕이 생겨서 먹고 싶어 먹는 것이 아니라 먹으라는 명령과 지시를 받고 있다. 즉, **"그것들에게 말하는 자들이 있어"**라고 한다. 칼빈이나 영은 이 명령을 하시는 분은 하나님이라고 생각한다. 하나님의 섭리는 아직도 이 세상 나라들의 모든 일들을 주장하신다.

칼빈은 말하기를 "하나님은 잔인성의 조작자가 아니라 무질서하게 행하는 사람들의 모든 일들을 그의 은밀한 계획으로 다스리시기 때문에 여기에서 하나님의 권위를 찾아보는 것이다. … 하나님께서는 어떤 면에서 고레스가 많은 나라의 사람들을 죽이는 것이나 일인 독재의 권력 확장이나 수많은 사람의 피 흘린 대가로 이룩한 전재 정치를 기뻐하지 아니하셨다.

그러나 또 다른 면으로 볼 때 하나님께서 고레스의 행위를 명령하신 것으로 생각할 수 있다. 그 이유는 "하나님께서 이 세상 사람들이 감사하지 아니하는 것과 완고한 것과 반대하는 것을 벌하시려는 것이다."라고 하였다.

셋째 짐승

7:6. 그 후에 내가 또 본즉 다른 짐승 곧 표범과 같은 것이 있는데 그 등에는 새의 날개 넷이 있고 그 짐승에게 또 머리 넷이 있으며 권세를 받았더라.

6절에 묘사된 셋째 짐승은 표범과 같은 것이라고 한다. 성경에서 표범의 특징을 동작이 민첩하고 빠른 것이라고 말하고 있다(호13:7, 합1:8, 렘 5:6, 계13:2). 다니엘도 여기서 이 특징을 염두에 둔 것 같다. 이런 의미에서 그 짐승이 등에 새의 날개 넷을 가졌다고 한다. 한역 성경에 "등"이라고 번역된 말을 "옆"이라고 번역하는 학자도 있다. 루폴드는 그것을 "옆"이라고 번역하여 날개가 "뒤"에 있지 않고 "옆"에 있는 것은 날개가 도망하기 위한 것이 아니라 앞으로 돌진하기 위한 것을 의미하는 것이라고 주장한다. 그의 해석은 본문의 뜻을 모호하게 한다는 점에서 다소 무리함이 있다. 몬트고메리는 동물의 옆에 날개가 나 있는 것은 바벨론의 조각물에서 종종 발견된다고 지적하지만 칼빈, 몬트고메리, 카일, 영과 같은 학자들은 그 말을 "등"이라고 번역한다.

이 말을 어떻게 번역하든지 여기서 우리가 주목할 것은 날개가 있다는 것인데 특히 그 날개가 두 쌍으로 되어 있다는 것이다. 우리는 그 날개가 민첩한 것을 의미한다고 해석한다. 이 해석은 이 짐승의 성격과 잘 조화가 되며 날개의 성질과도 잘 부합된다. 이 짐승이 그 민첩한 특성을 가지고 있다는 것은 이 짐승이 바벨론을 비유한 첫째 짐승보다 더 빠른 것을 말한다. 첫째 짐승인 사자도 날개를 가지고 있었지만 셋째 짐승은 날개의 수효가 막연한 것이 아니라 네 개를 가졌다고 밝힘으로 첫째 짐승과 구별된다. "첫째 짐승은(추측건대) 한 쌍의 날개만 가지고 있었고 이 짐승은 두 쌍을 가지고 있는 것으로 보아 이 나라는 다른 나라들을 더욱 민첩하게 정복할 것을 말하고 있다."(영)

그러나 이 민첩하고 급속하다는 특징이 첫째 짐승이나 둘째 짐승보다 셋째 짐승이 우수하다는 뜻은 아니다. 2장에서 놋이 금,

은보다 못하다는 순위는 7장에서도 마찬가지다. 이 짐승이 가진 날개는 바벨론으로 비유된 사자가 가졌던 것과 같은 독수리의 날개가 아니다. 이 날개는 보통 새들이 가지고 있는 날개이다. 이 나라가 정복을 하는 데 민첩하기는 하지만 질적으로 볼 때 느부갓네살의 정복과 같이 무게 있고 고상한 것이 아니다.

이 짐승은 또한 머리 넷을 가졌다고 한다. 로울리는 그의 저서에서 이 구절을 해석하는 데 여러 가지로 상충되는 것이 있다고 지적한다.[32] 어떤 학자들은 셋째 짐승의 머리 넷은 알렉산더가 다스리던 제국이 네 부분(헬라, 서방 아시아, 애굽, 바사)으로 갈라질 것을 비유한다고 한다(제롬, 루터, 칼빈, 루폴드, 라이트, 카일).

그러나 자유주의 비평학자들은 이 네 머리를 단 11 : 2에 있는 네 왕과 결부시킨다(에발드, 프린스, 베반, 찰스, 파라르).

짐승의 네 머리에 대한 적합한 견해

우리가 가장 적합하다고 생각하는 해석은 몬트고메리, 로울리, 영 등이 주장하는 견해다. 이 견해는 보수주의와 자유주의 비평가들의 지지를 받고 있다. 이 견해의 해석은 네 머리는 이 나라의 권세가 전 세계에 미쳐 사방으로 영토를 차지할 것을 상징한다고 하며, 네 머리는 세계의 사방을 상징한다는 것이다. 이 입장을 옹호하기 위하여 다음 몇 가지 사실을 든다.

(1) "넷"이란 숫자 : 7장의 다른 절에 나오는 넷이란 숫자의 용법과 같은 것이다. 2절에 바다로 몰려 불던 하늘의 바람도 넷

32) Rowley, *op. cit.*, pp. 154-160.

이란 숫자로 나타났는데 그것은 동, 서, 남, 북에 미치는 그들의 온 세계적 다스림을 말한다. 이 짐승이 넷이란 숫자로 나타난 것은 전 세계 역사를 휘어잡을 예표이다. 네 머리에 네 날개를 가진 이 표범은 그 동작이 무엇보다 민속(敏速)할 것을 가리킨다. "넷"이란 숫자는 그 미치는 영향이 전 세계적인 것을 말한다.

(2) 네 머리를 4분(四分)된 나라로 해석하면 본문과 상충: 네 머리를 알렉산더의 후계자들이 다스리는 분열된 나라들을 언급하는 것으로 해석한다면 이 해석은 알렉산더가 다스리던 나라보다도 그 후계자들이 다스리는 나라들을 더욱 강조하는 것이 된다. 로울리의 말과 같이 만일 우리가 네 머리를 사분(四分)된 나라로 생각한다면 거기에는 분명히 본문 내용과 어떤 상충이 생긴다.

(3) 머리 넷은 사방을 상징한다: 이 견해는 이 환상의 중심 사상을 재강조하는 것이다. 즉, 표범이란 짐승은 정복하는 데 민첩한 것을 강조한다. 이 견해가 이 환상의 가장 중요한 강조점을 잘 나타내고 있다. 다른 견해들은 모두 본문의 가장 중요한 강조점을 무시하거나 본문에 부합하지 않는다.

그러면 **셋째 짐승 자체는 무엇을 가리키는가?** 보수주의 학자들은 셋째 짐승을 2장의 놋으로 된 넓적다리와 같은 것으로 보고 그것을 헬라로 보는데 특히 알렉산더 대왕과 그 일단의 정복 세력으로 본다. 자유주의 비평가들의 학설 중 가장 인기 있는 학설은 이것을 바사로 본다. 이 견해는 메대를 둘째 동물로 본다. 우리는 이 문제에 관하여 로울리의 이름을 여러 번 되풀이하여 언급하였다. 그의 저서는 매우 주의 깊게 관찰해 보아야 한다. 그의 주장은 때로는 놀라운 것이 있다. 그는 이 문제에 관해서도 매우 생각해 볼 만한 해석을 하고 있다.

로울리가 셋째 짐승을 바사라고 주장하는 것은 본문에 매우 충실한 것이다. 우리는 그의 주장이 단 7:6 에만 관련되어 있은 것임을 알아야 한다. 그가 5절에서 세 갈빗대가 상징하는 것이 무엇인가라는 문제에서 주장하였던 것과 마찬가지로 6절에서도 네 왕이 너무 모호하기 때문에 바사나 헬라를 증명하거나 반증하는 것인지 알 수 없다고 주장했다. 그는 이 구절이 상반된 견해 중 어느 하나를 옹호하거나 지지하는 데 사용될 수 있다고 생각지 않는다. "둘째 나라와 셋째 나라에 관한 서로 상반된 두 견해 중 그 어느 것도 7:5 이하의 말씀에서는 진정으로 납득이 갈 만한 설명을 해 주지 않는다. 7:5 이하의 말씀에서 그 두 견해를 찬성하거나 반대할 만한 증거도 찾아볼 수 없다. 우리가 확실히 말할 수 있는 한 가지 사실은 저자의 심중에 어떤 확실한 뜻이 있기는 하였으나 그의 기록한 말씀 가운데 그것을 알 만한 아무런 실마리도 없어 그것을 알기에는 너무나 애매하다."[33]라고 말한다.

거기에 어떤 모호성이 있다고 하는 로울리의 말을 어떤 면에서 우리는 찬성하지 않을 수 없다. 우리가 취급하고 있는 것은 어떤 역사 설화가 아니라 장차 이루어질 예언이다. 예언이란 장차 이루어질 일이기 때문에 오직 장래에 이루어진다는 모호성이 있는데 우리는 그것을 종종 모호하다고 생각한다. 본 절의 어느

---

33) *Ibid.*, p. 160.

지엽적인 것에 모호함이 있다고 해서 본 절 전체가 증명과 반증을 할 수 없다고 주장하는 로울리의 강조는 본문이 나타내고 있는 증거를 묵살하고 지나친 주장을 하는 것이다. 네 머리라는 지엽적인 문제가 다소 모호하다고 할지라도 본 절 전체의 중심 사상은 어떤 일치된 강조점을 나타내기에 충분한 것이다.

그 강조점은 전 세계 정복에 민활하고 급속하다는 것이다. 자유주의 비평가들도 이 강조점은 인정한다. 히튼은 앞서 말한 몬트고메리의 견해를 지지하면서 그 초민첩성에 대한 강조를 들어서 표범을 바사라고 주장한다.

몬트고메리는 다음과 같이 말하였다.

> 이 짐승을 헬라와 알렉산더의 민첩한 정복으로 보는 주석가들이… 이 짐승의 민첩성과 지능을 강조하고 있다. …그러나 성경은 고레스의 정복에 대한 민속성도 말하고 있다. 즉, 이사야 41:3에 "그가 그들을 쫓아서 그의 발로 가 보지 못한 길을 안전히 지났나니.

고레스의 정복이 그렇게 급속한 것은 사실이다. 주전 549년에 그가 자기 나라인 바사 백성의 통일을 이루고 메대 왕을 무찔렀다. 메대 나라의 왕인 그는 메대와 바사 두 나라의 왕이 되었다.

고레스의 나라는 본래 바사(페르시아) 만의 동해안보다 조금 더 큰 지역을 가지고 있었는데 메대를 정복해서 그의 영토를 서쪽으로 메소포타미아를 거쳐 소아시아에까지 이르도록 했다. 주전 546년에 그의 나라는 리디아와 크루서를 급속히 정복함으로 영토를 확장하여 서쪽으로 에에게 바다까지 이르렀다. 그의 영토 확장은 이것으로 끝난 것이 아니다.

주전 539년 그는 아무 저항도 받지 않고 갈대아와 바벨론을 정복하였다. 주전 525년에는 애굽도 고레스의 아들에 의해 바사 나라에 합병되었다. 불과 25 년이라는 기간에 인도에까지 이르는 모든 동방 문명 지대를 바사 나라의 지배 하에 끌어들였다.34)

그러나 고레스나 바사 인의 정복이 그렇게 급속했다 할지라도 알렉산더 대제가 일으킨 마케도니아 제국의 흥망성쇠를 상징하는 표범의 민속함에는 비교가 되지 않는다. 역사상에서 단 7:6의 성격과 가장 유사한 것을 찾아본다면 그 민속성이나 급속성으로 볼 때 바사보다는 헬라가 훨씬 더 적합할 것이다.

바사는 고레스가 자국(自國)인 바사 나라를 통일하는 데 필요한 기간을 포함시키지 않고 그 영토 확장과 패권 장악을 하는 데 25 년이 걸렸다. 그러나 알렉산더는 13 년 만에 고레스가 한 업적을 모두 달성하였고 그 이외에도 많은 일을 했다.

바사는 25 년이 걸렸고 알렉산더는 13 년이 걸렸으니 약 절반의 기간만 소모된 셈이다. 그의 아버지 필립이 죽은 후에 왕 위에 오른 알렉산더는 즉시 마케도니아와 헬라의 신임을 한 몸에 모았고 B.C. 334년에는 다아나넬즈 해협(Hellespont)을 건너 소아시아에 진격하여 바사에 도전했다. 그 이듬해 봄에는 이서스(Issus)에서 바사 사람 다리오의 대군을 완전히 패배시켰다. 그는 남쪽으로 내려가 시리아, 팔레스타인, 애굽을 점령하였다. 주전 331년에는 북쪽으로 되돌아와서 유브라데 강을 건너 다리오의 남은 군대를 전멸시키고 바사 나라를 지배하였다. 불과 2 년이 조금 넘는 기간에 25 년이나 걸려 세운 한 제국을 그는 완전히

---

34) F. F. Bruce, *Israel and the Nations* (Eerdmans, 1963), 제 12-14장 ; *Westminster Historical Atlas, Op. cit.*, p. 69-70.

점령했다. 그는 주전 323년에 바벨론에서 죽음으로 그의 일생이나 헬라를 중심한 세계적 왕국의 꿈은 끝이 났다. 만일 우리가 역사상의 바사와 헬라 중에서 셋째 짐승이 비유하는 나라를 택한다면 어느 모로 보나 단 7:6에서 나타나고 있는 급속함이나 민첩함과 꼭 부합하는 것은 헬라임을 알 수 있다.

"권세를 받았더라." 이 말은 그렇다고 알렉산더가 다른 정복자들보다 더 특별한 영예를 차지하고 있다는 의미는 아닌 것 같다. 루폴드는 이 견해를 지지한다. 그는 알렉산더의 권세는 다른 정복자의 권세와 너무 다르기 때문에 여기서 특별한 강조를 하고 있다고 주장했다. 즉, 그의 권세는 누구에게서 받은 것이다. 알렉산더가 권세를 스스로 획득했거나 성취한 것이 아니라는 점을 강조하고 있는 것 같다. 역사적으로 볼 때 알렉산더는 전쟁과 정복으로 바사가 점령했던 것만큼의 큰 제국을 이룩했다. 그뿐만 아니라 한 나라의 권세를 수동적으로 받는다는 이 강조는 다니엘서에서 이 셋째 짐승에게만 국한하여 말하고 있는 것은 아니다. 우리는 이미 둘째 짐승에게 일어나서 많은 고기를 먹으라고 명령하는 것을 보았다.

여기서 뜻하는 바는 이 행동을 명령하고 주관하신 하나님에 대한 개념을 더욱 강조하고 있는 것이다. 이 셋째 짐승도 둘째 짐승과 마찬가지로 출정하라는 하나님의 명령 아래서 움직이고 있다. 정복은 언제나 하나님의 섭리에 의해 되어지고 있다. 오직 하나님께서 정복할 수 있는 권세를 주셔야만 정복을 한다.

넷째 짐승

7 : 7-8. 내가 밤 환상 가운데에 그 다음에 본 넷째 짐승은 무섭고 놀라우며 또 매우 강하며 또 쇠로 된 큰 이가 있어서 먹고 부서뜨리고 그 나머지를 발로 밟았으며 이 짐승은 전의 모든 짐승과 다르고 또 열 뿔이 있더라 내가 그 뿔을 유심히 보는 중에 다른 작은 뿔이 그 사이에서 나더니 첫 번째 뿔 중의 셋이 그 앞에서 뿌리까지 뽑혔으며 이 작은 뿔에는 사람의 눈 같은 눈이 있고 또 입이 있어 큰 말을 하였더라.

이 7절과 8절은 네 짐승 중에서 가장 인상적이라는 점에 관심을 모으게 한다. 이 짐승에 대하여 특별한 관심을 기울이고 있는 것은 유달리 문장 초두에다 머리말로 강조한 것을 보아도 알 수 있다. 이 머리말에는 다른 세 짐승들을 소개하는 데서 찾아볼 수 없는 특별한 장엄함이 들어 있다. 처음 짐승은 아무런 머리말이 없이 바로 그 짐승을 묘사했다. 둘째 짐승은 아람 원어에서 "볼지어다"라는 말이 있을 뿐이며 셋째인 표범과 같은 짐승에 대하여서는 이보다 조금 더 언급되었을 정도다. 그러나 이 넷째 짐승에 대한 머리말은 2절에 있는 이 계시 전체에 관한 머리말과 꼭 같다. 한역 성경은 그 유사점을 다소 놓친 것 같다. 2절을 문자적으로 번역하면 **"내가 밤에 환상들을 바라보고 있었다. 볼지어다."**라고 할 수 있고, 7절은 **"내가 밤에 환상들 중에서 바라보고 있었다. 볼지어다."**라는 머리말로써 넷째 짐승을 묘사하기 시작한다. 이렇게 특별한 머리말을 붙인 것을 봐서 이 짐승이 다른 짐승들보다 독특하다는 것을 우리에게 말해 주려는 것을 알 수 있다.

넷째 짐승의 독특성

이 짐승의 독특성은 이 넷째 짐승이 다른 어떤 짐승의 성격으로도 비유되지 않았다는 것이 다시 강조되어 있다. 앞에 나왔던 짐승들은 성격상 사자, 독수리, 곰, 표범 등과 같다고 했지만 이 넷째 짐승은 그 성격을 들어서 어떤 짐승과 같다고 하지 않는다. 이 짐승과 같다고 비유할 만한 짐승은 없다. 사나운 어떤 짐승과도 이 짐승에 비교될 만한 것은 없다. 그래서 단순히 "넷째 짐승"이라고만 하고 있다.

앞에 나온 다른 짐승들에 대하여 각기 독특한 특징이 강조되어 있듯이 이 넷째 짐승도 그러하다. 이 넷째 짐승의 특징은 파괴를 위한 광란-즉, 파괴력에 강한 짐승인 것 같다. 성경은 그 짐승이 **"무섭고 놀라우며 또 매우 강하며"**라고 말한다. 이 짐승은 이렇게 무서운 힘과 파괴적인 열망을 가졌기 때문에 전 동물계의 어떤 동물도 이 무서운 힘을 당할 만한 필적(匹敵)이 없었다.

7절에서는 이 짐승의 파괴적인 힘을 세 가지 특징으로 강조한다. 다니엘은 바로 그 짐승의 이에 사로잡힌다. 그 짐승은 **"쇠로 된 큰 이가 있어서"**라고 하였으니 이 쇠는 2장에 나온 환상에서 모든 것을 산산조각으로 부서뜨리는 쇠로 된 다리와 발로 비유된 넷째 나라의 역할과 같은 성격을 보인다(2:40). 이 짐승은 이 쇠로 된 이로서 **"먹고 부서뜨리고"** 한다. 그리고 이 쇠로 된 이로써 부서뜨리지 못한 것은 그 짐승이 발로 밟았다. **"그 나머지를 발로 밟았으며"** 이 세상 권세라는 것은 곧 탐욕과 잔인 그것뿐인 것을 비유한다. 이 세상 권세는 무엇보다도 복수심으로 가득 차 있다. 이 넷째 짐승이 로마라고 하는 것을 옹호하기 위하여 루폴드는 7절의 내용에다 다음과 같은 매우 분명한 역사적인 주석을 붙인다.

> 로마는 정복을 하면서 충분하다고 만족을 느껴 본 적이 없다. 그래서 카르타고(Carthago)와 같은 적수도 파멸을 시켰다. 로마는 정복한 나라들이 조금도 발전을 하지 못하도록 했다. 로마 나라의 모든 계획은 로마 제국의 최고권 확보였으며 다른 나라들은 파괴하고 발로 짓밟아 버리는 것이었다. 이러한 목적을 달성하기 위한 적절한 방법은 잘 훈련된 로마의 대군을 보유하는 것이었다.

7절에 기록된 마지막 묘사는 이 나라의 권세와 잔인성에 대한 또 다른 독특성이 나타나 있다. 이 짐승은 **"열 뿔이 있더라."**고 하였다. 성경에서 뿔은 권세를 상징하고 있다(신 33 : 17, 삼상 2 : 1, 시 18 : 2, 왕상 22 : 11, 암 6 : 13). 그렇다면 한 뿔도 권세를 상징하는 것이거늘 열 뿔을 부여 받은 권세는 얼마나 많을 것이며, 한 마리의 짐승에 열 뿔이 나와 있으니 그 권세가 얼마나 클 것인가? 이 넷째 짐승이 가진 열 뿔은 부서뜨리고 가루로 만드는 힘을 나타내는 것이다. 이렇게 상징하는 것으로 보는 것은 이 짐승이 전체적으로 강조하고 있는 것과 매우 부합되는 것이다.

다니엘은 이 열 뿔에 대하여 특별한 관심을 가지고 있다. 그는 8절의 서두를, 자기가 그 열 뿔에 대해 큰 관심을 기울였음을 말함으로 시작한다. **"내가 그 뿔을 유심히 보는 중에"**라고 하였다. 그가 그 뿔들을 유심히 보고 있는 그 뿔들 가운데서 다른 작은 뿔이 하나 올라오는 것을 보았다. 다니엘은 이 작은 뿔이 먼저 있던 뿔들 중 셋을 뿌리까지 뽑아 멸망시키는 것을 보았다.

이제 그의 주목은 바로 이 작은 뿔로 쏠린다. 왜 그것을 작다고 했을까? 드라이버는 이것이 그 뿔의 시작이 조그마한 것을 의미한다고 주장하였다. 그러나 영은 말하기를 단 7장에 그 작은 뿔이 자란다는 말이 없다고 한다. 8장에 있는 작은 뿔과는 달리 그 신장이 자라는 것으로 말하지 않고 있다. 그 뿔이 작다고 한 이유는 이 작은 뿔의 외람된 일에 중점을 두고 있는 것 같다. 그것은 언제나 작으면서도 행동은 큰 뿔과 같이한다. 이 작은 뿔이 마치 큰 뿔이나 된 것같이 설친다. 저자는 그 뿔의 권세를 부인하지 않는다. 이 작은 뿔이 다른 세 뿔을 뿌리째 뽑아 버린다는 것은 그것이 휘두르는 권세를 상징하는 것이다. 비록 그 생김새는 작지만 그 권세는 과소평가될 수 없는 것이다. 이 뿔이 작다고 한 것은 그것의 권세가 작다는 것이 아니라 그 뿔의 권세를 크게 평가하는 데 중점을 둔 것이다. 이 점은 환상의 후반에 나오는 설명에서 더욱 현저히 나타나 있다. 그 작은 뿔의 권세는 결코 과소평가할 수 없다. 세 뿔을 뽑아 버렸다는 사실이 이것을 유의시켜 주고 있기 때문이다. 그렇다고 이 작은 뿔의 권세를 지나치게 과대평가할 수도 없다. 왜냐하면 이 뿔이 작다고 하기 때문이다.

이 작은 뿔의 제한된 권세를 강조하는 것은 바로 8절 하반의 그것에 대한 설명에서 나타나 있다. **"이 작은 뿔에는 사람의 눈 같은 눈들이 있고 또 입이 있어 큰 말을 하였더라."** 이 작은 뿔은 사람이며 사람 이상의 어떤 것이 아니다. 그 뿔의 다스림은 너무나 무섭고 그의 통치는 잔인성을 나타내는 데 너무나 권세가 있기 때문에 자칫하면 그를 어떤 초자연적인 존재로 오해하기가 쉽다. 카일과 영은 이 문제에 관해서 제롬의 말을 인용하여 말하기를 "어떤 이의 견해대로 우리는 그것을 악마나 귀신으로 생각할 수 없고 그 속에 온통 사탄이 점령하고 있는 사람 중에서 한 사람이라고 할 수 있다."고 하였다. 그가 하는 말은 **"큰 말"**이라고 하였다. 이 묘사는 작은 뿔을 찬양하는 말이 아니라 그를 정죄하는 말이다. 큰소리를 치는 이 입은 허영심으로 가득한 입이다. 여기에 사용된 원어는 단순히 "큰 말"이라는 뜻보다 훨씬 강한 말이다. 그것은 "외람된 것들"(רַבְרְבָן : 라브레반)이란 강조를 내포하고 있다. 이 말은 마치 단 7 : 25에서 하나님과 그의 백성을 대적하는 것에 대한 주석에서와 같이 자랑과 자만을 뜻하는 말이다. 계시록 13 : 5에서도 열 뿔을 가진 짐승이 "과장되고 신성 모독을 말하는 입을 받고"라고 하였다. 작은 뿔의 큰 말은 질적으로 위대함을 말하지 않는다. 그것은 뽐내며 오만불손한 말들이다.

넷째 짐승의 정체

그러면 이 넷째 짐승은 누구이며? 열 뿔은 무엇을 뜻하며? 그 작은 뿔은 누구를 비유한 것인가?

(1) 로울리 및 자유주의 비평 학자들의 견해 : 로울리는 그의 저서에서 이 문제를 해석하고 있다.[35] 오늘날 대부분의 자유주의 비평 학자들의 지지를 받고 있는 그의 결론은, 넷째 나라는 헬라요 로마가 아니라고 한다.

우리는 이 견해에 반대하는 것을 상세하게 생각하려 하지는

---

35) Rowley, *op. cit.*, pp. 70-137.

않는다. 이미 우리가 생각한 2장의 해석에서 진흙과 쇠로 된 다리와 발이 넷째 나라라고 여러 번 말한 것과(29쪽 이하 참조) 이 문제도 매우 관련이 있다. 우리는 넷째 짐승에 대해 언급하고 있는 본문 내용은 헬라 나라에 적용시킬 수 없는 것으로 생각한다. 그 묘사로 보아 로마 나라로 봄이 매우 적합하다.

그런데 여기서 넷째 나라를 로마로 보는 견해를 반대하는 주요한 견해를 다시 생각해 볼 필요가 있다. 여기에 대한 대표적인 반대자라고 할 수 있는 드라이버는 주장하기를 "이 해석에 대한 크고도 가장 치명적인 반대는 그것이 역사와 일치하지 않는다는 것이다."라고 하였다. 드라이버는 계속 주장하기를, 역사적으로 로마 제국은 주후 476년에 종말을 고했으며 거기서 일어난 열 나라를 증명할 수 없다는 것이다. 이 점에 대해서는 로울리도 같은 견해를 가지고 있다. 로울리는 이 사실이 "넷째 나라를 로마로 보는 데 대한 치명적인 반대가 된다."고 말했다. 다시 말해서 로마로 보는 것을 치명적으로 반대하는 견해는 열 뿔을 어느 나라로 보는가 하는 문제인 것이다.

(2) 제4국을 로마로 보는 이들에 대한 로울리의 분류: 로울리는 제4국을 로마로 보는 사람들을 크게 세 종류로 분류하였다.

첫째로, 이 예언들은 이미 성취되었으며 열 뿔과 작은 뿔은 과거의 짐승들이라고 한다. 칼빈은 이 견해를 주장한다. 칼빈은 작은 뿔을 줄리어스 시저(Julius Caesar)와 그 후계자들이었다고 주장한다. 그러나 이 주장은 로마로 보는 견해를 가진 오늘날의 지지자들 가운데서도 별로 지지를 받지 못하고 있다. 로울리는 이 견해를 "역사설 학파"라고 하고 여러 가지 이유로 이 학설을 비난한다. 이 견해는 로마 제국의 종말을 실제보다 앞당겨 잡으며 로마 제국 종말인 대변동을 보여 주지 않고 있다고 비난한다.

둘째로, 로마를 제4국으로 보는 견해의 지지자들 가운데는 작은 뿔을 교황으로 보는 사람들이 있다. 이 견해는 종교 개혁 당시의 큰 인기가 있었으며 아직도 지지자들이 있다. 1948년에 나온 루폴드의 저서가 이 견해를 반대하는 것은 로울리의 입장이 잘 설명하여 준다. 즉, "이 견해는 환상이 나타내는 조건들과 전연 관계가 없는 것이다. 열한 번째로 나온 이 뿔은 다른 열 뿔들과는 판이하면서도 넷째 짐승에게서 나왔을 뿐만 아니라 넷째 짐승의 전 권위를 행세하였으며 이 작은 뿔의 오만함 때문에… 넷째 짐승이 멸망을 받았다고까지 한다. 그런데 교황이 로마의 주권을 행사했다고 주장하거나 바벨론과 메대-바사와 헬라를 계승한 로마가 멸망한 것은 교황의 죄악이 절정에 달했기 때문이라고 생각할 수 없다."36)

셋째로, 로마로 보는 견해 중에서 가장 지지를 받고 있는 이 견해를 로울리는 **"미래파"**라고 한다. 이 견해는 영, 카일, 게이블라인, 뉴웰 등과 다른 학자들의 주석에서 여러 가지 형태로 갈라짐을 볼 수 있다. 필자의 견해로는 **열 뿔에 대한 미래파의 견해가 가장 합당하다**고 생각한다. 이 견해에는 여러 가지의 형태가 있는데 작은 뿔이 종말에 나타날 인물이라는 점에서는 공통되지만 그 인물이 누구를 가리키는가에 대해서는 의견이 갈라진다. 이 미래파 지지자들은 열 뿔이 누구를 가리키는가 하는 문제에 있어서도 서로 의견이 다르다. 미래파의 견해에 대한 로울리의

36) *Ibid* p.90.

반대 이유는, 로마는 벌써 망했다는 사실을 들고 나온다. 로울리는 다음과 같이 말한다. 즉, 단 7장에 나타난 것을 보면 열한 번째의 뿔은 넷째 짐승의 멸망 전에 일어났다. 사실상 이 작은 뿔이 넷째 나라의 권위를 다 행세하였고 그 오만 때문에 넷째 짐승이 멸망 받았다. 넷째 짐승을 로마라고 한다면 이미 멸망 받아 없어진 이 나라가 어떻게 장차 나타날 어떤 종말적 인물(그것이 적그리스도이든 재생 로마 제국이든 간)에 의해서 멸망을 받을 수 있겠는가라고 주장한다.

이 견해에도 난점이 있는 것은 사실이다. 로울리는 이 난점을 지적하여 말하기를 "주석가들이 그 난점을 극복하려고 시도한 여러 가지 방책들은 이 사실을 충분히 입증해 주고 있다."[37]고 했다. 그러나 로마 제국을 현재로 연장시켜 생각하는 데는 여러 가지의 이유가 있다. 여러모로 보아 이 넷째 짐승과 유사점을 가지고 있는 2장의 환상 가운데서 바벨론과 메대-바사와 헬라 등의 세 나라가 넷째 나라에 의해서 멸망을 받는다고 말하고 있다(2:40). 어떻게 넷째 나라가 그전에 있었던 나라들을 멸망시킬 수 있었던가? 넷째 나라가 나타나 있을 당시에 그 세 나라들이 존재하지 않았던 것은 분명한 사실이다. 이에 대한 해답은 이러하다. 즉, 2장에 나타난 환상을 어떤 나라들이 그 뒤를 계승하는 나라들과 병합된 때에는 아직도 그 앞서 존재하던 나라들의 권세가 잔존해 있다는 것을 생각해 보았다. 바꾸어 말하면 한 나라의 통치권이 실제적인 역사의 테두리를 지나서 잔존하거나 존재한다고 하는 사상은 다니엘 7장에서만 나타나는 특수한 사상이

---

37) *Ibid.*, p. 88.

아니다. 다니엘 2장에서도 이 사상이 메시야 예언의 특수한 특징으로 이미 나타나 있다.

더욱이 로울리는 주장하기를 "어느 나라를 가리키는가 하는 문제에 관한 모호한 여러 가지 해석은 그것이 역사와 분명하게, 그리고 정확한 일치가 되지 않는 것을 입증한다."고 하였다.[38] 그러나 열 뿔에 관한 해석사는 그 해석사 자체가 역사와 일치하지 않는다는 것을 증거하지 않는다. 이것은 단지 본문이 분명한 강조점을 찾기에 거듭 실패한 주석가들의 실패를 입증해 줄 따름이다. 그뿐만 아니라 이러한 면에서 생각해 볼 때 이 열 뿔을 어느 나라로 보느냐 하는 로울리의 고충도 역시 넷째 짐승을 헬라로 보는 견해와 열 뿔과는 분명하고 정확한 일치점이 없음을 입증하고 있다. 이 주장은 넷째 짐승을 로마나 헬라로 보는 견해도 잘못된 것으로 생각할 수 있다. 그러나 주석가가 열 뿔 하나하나를 역사상의 어느 왕이라고 꼭 부합시켜야 할 필요는 없다. 로울리의 주장은 이러한 필요성을 전제로 하고 나오는 것 같다.

'열' 숫자와 열 뿔의 바른 해석

우리는 카일, 퓨지, 루폴드, 칼빈, 영 등의 학자들이 주장하는 바와 같이 십수(十數)를 상징적으로 받아들인다. 바꾸어 말하면 그것은 칼빈이 말하는 대로 "여러 왕들"(2 : 44)을 뜻한다. "다수를 말할 때 열이란 숫자가 사용된다." 카일은 말하기를, 열이란 숫자는 "포괄적이고 명확한 총계"를 지적한다고 하였다. 일반적으로 볼 때, 메시야 예언에서 숫자는 단순한 문자적인 강조 그

38) *Loc. cit.*

이상의 것을 나타내는 것이 사실이다. 우리는 이미 본 장에서 "넷"이란 숫자가 보다 깊은 뜻을 가졌음을 생각해 보았다. 본 장(7장)의 10절에서는 "천천"이란 숫자를 크기와 범위의 위대성을 지적하기 위하여 사용하고 있다. 또 다른 위대한 예언서인 신약의 계시록에서도 숫자가 큰 범위를 지적하는 것이라고 상징하고 있다.

그러면 다니엘 7장에 있는 열 뿔의 뜻은 무엇일까? 그것은 무엇을 상징하고 있는 것일까? 우리는 이 짐승은 로마 제국을 상징하는 것이라고 주장한다. 만일에 열이란 숫자가 완전을 상징하는 것이라고 본다면 이 구절은 로마 제국으로부터 작은 뿔이 나타날 때까지의 사이 - 즉, 고대 로마 제국에서부터 일어난 많은 왕들을 상징하는 것이다. 성경에서 이 나라를 어느 나라로 보느냐 하는 실마리를 주지 않는데도 불구하고 그 나라를 어느 나라로 억지로 추정하고자 하는 것은 극히 위험하고도 부당한 것이다.

세대주의자들의 그릇된 주장

이 열 뿔이 언제 일어나는가? 그리고 이것들이 하나님의 구속사에서 어느 시점에 속한 것인가? 세대주의자들 가운데서도 그 초창기 학자들은 이 문제에 대해 어떤 특수한 해답을 제시했다. 그중 특히 게이블라인은 이 열 뿔을 다니엘 2장에 있는 신상의 열 발가락과 같은 것이라고 주장하였다. 그들은 주장하기를, 이 두 환상은 로마 제국 내에 있어야 할 열 나라들을 언급한 것이지만 실제 역사상에는 로마 제국이 이런 형태로 존재한 일이 없었기 때문에 고대 로마 제국에 재생이 기필코 있어야 된다는 것이다. 이 재생은 예수님이 성도들을 위하여 은밀히 오신 후에 일어날 것이라고 한다. 그때 예수님이 교회를 지상에서 끌고 올라가시는데 교회가 예수님과 같이 공중에 있을 동안에 재생 로마제국이 나타날 것이라고 한다. 이것은 분열되지 아니한 대제국의 세상 권세가 될 것이나 그 속에 열 나라가 존재하게 될 것이며 이 열 나라가 단 7장의 열 뿔이라는 것이다. 로울리는 이 입장을 "철저한 미래파"라고 한다. 그 이유는 그들이 작은 뿔만 미래로 끌고 가는 것이 아니라 열 뿔까지도 미래로 끌고 가기 때문이다.

견해의 공통점과 다른 점

단 7장에 관한 우리의 해석적인 입장이 세대주의자들의 입장과 공통된 점이 몇 가지 있다. 즉, 넷째 짐승을 로마로 보는 것과 작은 뿔을 종말론적인 어떤 인물로 보는 것, 단 7장의 환상이 바벨론에서부터 인간이 다스리는 나라의 종말과 예수 그리스도의 재림까지도 모든 역사 과정을 보여 준다는 것 등이다.

그러나 우리는 세대주의적인 해석 입장과 근본적으로 다른 견해점을 가지고 있다는 것을 언급하지 않을 수 없다. 한 실례를 들자면, 우리는 2장의 발가락과 7장의 열 뿔이 꼭 동일한 것을 나타낸다고 믿지 않는다.

(1) 열이란 숫자가 7장의 뿔들에도 분명히 언급되어 있으나 2장의 신상이 열 발가락을 가졌다는 것은 어디까지나 추론이며 본문에는 숫자가 나타나 있지 않다.

(2) 7장의 열 뿔의 강조점은 나라가 아니라 왕인 데(7 : 24 비교) 반해 2장의 강조점은 왕이 아니라 나라로 되어 있다.

(3) 2장에는 발에 관해 언급하고 있는 것 이외에 발가락에 관한 언급이 없으며 7장에는 뿔에 관해 특수한 강조를 하고 있다.

(4) 2장에는 일반적인 세계 역사에 더욱 치중하고 있으나 7장에서는 작은 뿔과 인자의 심판 광경에 대한 강조를 더욱 상세히 말함으로 그리스도의 재림에 특수한 관심을 기울이고 있다.

(5) 2장의 발은 그 나라의 약점을 강조하고 있다. 발과 발가락은 부서지기 쉬운 것들이다. 그러나 7장의 열 뿔은 그 나라의 권세를 강조한다. 즉, 넷째 짐승의 파괴력을 강조한다. 그 짐승은 짓씹고 부서뜨리는 강한 쇠 이빨이 있다고 말하고 있다. 물어뜯고 부서뜨리려 해도 파괴되지 않는 것은 발로 짓밟는다. 열 뿔은 이런 면에서 언급하고 있다. 열 뿔은 약하다는 것이 아니라 권세가 있다는 것으로 나타나 있다.

바꾸어 말하면 우리는 7장의 열 뿔과 2장의 발가락이 꼭 같은 사건과 동일한 형편을 언급하는 것으로 주장하지 않는다. 그러나 세대주의 학자들은 두 환상의 상호 관계에는 중요한 공통점이 있어서 재생 로마 제국을 가리킨다고 주장한다.

위의 "철저한 미래파"의 입장을 반대하는 다른 두 주장

(1) 단 7:24은 특별히 열 뿔은 열 나라가 아니라 열 왕이라고 하고 있다. 7장의 강조점은 나라들에 있는 것이 아니라 왕들에게 두고 있다. 7장은 백성에 관하여 이야기하는 것이 국가에 대해서 이야기하는 것이 아니다. 네 짐승들을 심판한 것은 하늘나라가 아니라 사람이 손대지 않은 돌이다. 즉, 그것은 한 사람인 인자

이시다. 작은 뿔은 어떤 나라가 아니다. 그것은 한 사람의 적그리스도이다. 열 뿔은 세대주의자가 주장하는 어떤 국가들이 아니다. 열 뿔은 열 왕-즉, 일개인들을 상징하는 것이요 국가를 뜻하는 것이 아니다.

(2) 열 뿔을 재생 로마 제국으로 보는 것은 7장의 상징과 모순을 초래하게 된다. 열 뿔은 살아 있는 짐승에서 나타난다. 그렇다고 그 짐승이 죽었다가 그 열 뿔 안에서 다시 살아나는 것도 아니다. 이 뿔들은 살아 있는 짐승에게서 점점 자라난다. 그러므로 이 뿔들이 재생한 짐승의 존재를 나타낸다고 할 수는 없다.

요약해서 말한다면 열 뿔이 일어나는 시대에 대한 세대주의 해석을 찬성할 수 없다는 것이다. 게이블라인, 디한, 러크와 같은 학자들은 이 뿔들은 열 왕으로서 예수 그리스도의 재림 직전에 일어날 것이라고 한다. 열 뿔의 성장에 관하여 이야기하기를 "로마 제국의 초창기로부터 세계사의 종말 장면-즉, 느부갓네살의 꿈에 나타난 신상의 발과 열 발가락의 시대까지를 보여 주는 것이다. 그러므로 7절과 8절 사이에 2장에 있는 큰 막간의 기간이 다시 언급되어 있다."[39]라고 하였다. 이 견해의 난점을 로울리가 지적한 바 있는데 우리도 여기에 동의한다. 그는 이 견해를 다음과 같이 논평한다. "이 견해는 작은 뿔의 통치가 그것의 멸망 전에 있어야 할 것인데 그것을 바꾸어 놓음으로 로마 제국과 작은 뿔 사이를 오히려 더욱 크게 갈라놓았다."[40]

---

39) G. Coleman Luck, *Daniel* (Chicago : Moody Press, 1958), p. 86.
40) Rowley, *op. cit.*, p. 89.

언제 이 열 왕이 일어날 것인가?

우리는 이 문제에 있어서 영 박사의 견해를 지지한다. 영 박사는 7장에 있는 환상은 단순히 어떤 특징만을 보여 주는 것이 아니라 이 역사 안에 분명한 양상과 시대가 있는 것을 보여 주고 있다고 주장한다. 그는 이 넷째 짐승의 역사 시대에 세 기간이 있다고 한다. 그 각 기간의 양상은 제각기 시기 면에서 다른 역사적인 무대를 나타내고 있다. 그 역사의 첫 기간은 짐승 자체로 나타내고 있다(7절).

영은 주장하기를 이 짐승 자체는 그리스도 탄생 시와 그 후에 있던 로마 제국 시대라고 한다. 이 첫 기간에 뒤따르는 둘째 기간은 열 뿔로 나타났다.

> 이 기간은 로마 제국의 멸망으로부터 작은 뿔이 나타나기까지의 기간을 말한다. 이 기간에 열 뿔로 상징된 통치가 있게 될 것인데 그것은 아마 넷째 짐승의 성격을 띤 것이라고 할 수 있을 것이다. 순전히 본문 말씀에 입각해 볼 때 열 뿔들은 로마 제국이라는 그루터기에서 생겨 나온 것이다. 열이란 숫자에 그리 치중할 것이 아니고 그것은 완전수를 나타내고 있다.[41)]

영이 주장하는 셋째 기간은 작은 뿔의 시대이다. 열 뿔의 시대가 아직 존재하고 있는 동안에 작은 뿔의 기간이 시작되어질 것이다. 영은 이 작은 뿔을 적그리스도라고 하고 있다.

대체적인 면에서 우리는 영의 이 해석에 동조한다. 작은 뿔이 다른 세 뿔들을 뿌리까지 뽑아 버림으로 어떤 계승과 진전이 나타나 있다. 뿌리까지 뽑는다는 이 상징은 단 7장에 있는 기간의

---

41) Edward J. Young, *The Messianic Prophecies of Daniel* (Grand Rapids : Eerdmans Publishing Company, 1954), pp. 41-42

연속과 가장 부합되는 데가 있다.

이 작은 뿔을 안디오커스 에피파네스나 재생 로마 제국의 어떤 미래의 왕으로 보는 것보다는 적그리스도로 보는 것이 오히려 자연스럽다. 그러나 영 박사의 입장에 있어서 우리가 곤란하게 생각하는 것은 그가 넷째 짐승을 시대적으로 삼구분(三區分)하며 특히 이 짐승의 첫째 시대와 둘째 시대를 구분하는 것이다. 우리는 넷째 짐승의 특징들을 세상 역사의 세 가지 기간으로 보는 것보다는 오히려 다니엘이 이 넷째 짐승의 어떤 특징들을 묘사하고 있는 것으로 본다. 물론 작은 뿔의 특징도 그 환상이 상징하는 것으로 보아 시간적으로 연속하여 일어나는 것을 말한다. 열 뿔들은 분명히 그들 가운데서 일어날 작은 뿔보다 먼저 일어나는 것으로 되어 있다. 그러나 영이 말하는 역사의 첫 기간인 역사상의 로마 제국과 역사의 둘째 기간인 열 뿔 시대 사이에 존재한다는 시간적 연속을 우리는 분명히 볼 수가 없다.

여기서 말하고 있는 영의 근본적인 견해는 퓨지의 것과 같다. 퓨지는 다음과 같이 말하고 있다.

> 셋째 짐승이 머리 넷이 있는 모습으로 나타났던 것과 같이 이 넷째 짐승도 처음부터 열 뿔을 가지고 갑자기 나타났다.… 그러나 그 통일성을 나타내기 위하여 그것이 전체가 하나로 뭉쳐져서 나타나기는 했으나 그 해석은 열 뿔은 짐승의 다음 기간에 속한다고 함을 말하고 있다. 그 이유는 이 짐승의 파괴력과 그 파괴력의 행위가 먼저 설명이 되어 있고 그 다음에 열 뿔들은 거기서 일어나게 될 열 뿔이나 열 나라라고 해석하고 있다. 이 나라에서 일어날 열 왕이나 열 나라들은 그 문맥상으로 보아서도 그렇지만 어휘의 강조점으로 보아서도 그 나라의 존속 기간 후기에 일어날 왕들이나 나라들이어야 한다.[42]

우리는 이 말의 강조점이 반드시 시간적인 연속을 의미하는 것이 아니라고 주장한다. 본문의 문맥도 그러하다. 천사를 통하여 받은 다니엘의 환상을 해석하는 데 있어서 문제가 되는 것은 그 강조의 중심이 7절이 아니라 24절이다. 그런데 퓨지가 우리의 이목을 끌게 하는 것은 아람 어 "קוּם(쿰)"이란 말에 있다. 이 말이 24절에 두 번 나타나 있는데 영역판 Authorized Version, American Standard Version, Revised Standard Version과 우리 한역 성경에서는 이 말을 "일어나다(arise)"로 번역하였다.

이것에 대한 퓨지의 주장은 이 말 자체는 역사의 한 시점에서 다른 시점으로 옮겨 가는 시간적인 과정을 생각하도록 한 것이라고 한다. 이 말이 때로는 아람 어에서 과정이나 연속의 뜻을 가지기도 하는 것이 사실이다. 다니엘 2:39 과 7:17에서는 이 말이 이런 뜻으로 사용되고 있는 듯하나 거기에서도 그 말이 꼭 시간적으로 역사적 연속을 뜻하고 있는 것이 아니고 환상이 나타나는 순서에서 그렇게 한 것뿐이다. 바꾸어 말하면 일어난다는 사상이 의미하는 계승은 역사상의 시간적 계승이 아니라 계시상에서 일어나는 계승을 말한다. 문맥상으로 볼 때 2:39 과 7:17에서 사용된 말은 역사상의 시간을 말하는 듯한 인상을 주고 있기는 하지만 그것은 문맥으로 본 인상이고 퓨지가 주장하는 그 말 자체에 관한 뜻이 아니다. 그뿐만 아니라 이 말이 2:44에서는 "일어나다"라고 되지 않고 "설 것이다"라고 번역되었다. 그리고 이 문맥에서 그것을 시간적 개념과 관련시킨다고 할지라도 시간적 연속이나 경과의 관념은 완전히 결여되어 있다. 하나님의

---

42) F.B. Pusey, *Op. cit.*, pp. 78-79.

나라가 영원히 설 것이라고 말하고 있다. 하나님 나라의 영원성이 그 앞에 나타났던 일시적인 세상 나라들과 엄격한 대조를 이루고 있다. 같은 어근(語根)에서 나온 말이 단 6 : 19에도 나타나 있다. 거기서는 "일어나"라고 번역되었으며 그 뜻은 잠에서 깨어나는 것을 의미하는 것이지 시간의 과정이나 역사를 의미하는 것이 아니다. 7 : 9-10에서는 옛적부터 항상 계신 이의 보좌 앞에 모셔 선 자가 만만이라고 하고 있다. 여기에서도 이 말의 용도가 시간적인 과정을 뜻하는 것에 한정되지 않았다. 간단히 말해서 퓨지의 주장-즉, 24절에서 강조하고 있는 것이 넷째 짐승의 존속 기간 후기에 일어날 나라들을 의미한다고 하는 것은 완전히 안전성이 없는 주장이다.

그뿐만 아니라 문맥상으로 보아도 이 견해는 확실성이 없다. 환상이 나타날 때 처음부터 그 짐승은 열 뿔을 가지고 있는 것으로 보였다고 퓨지는 이미 지적한 바 있다.

그 말은 다니엘 7 : 7에서 "또 열 뿔이 있더라."고 기록되어 있다. 퓨지는 넷째 짐승에게 열 뿔이 있다는 것과 셋째 짐승에게 머리 넷이 있다는 것 사이에는 유사점이 있다고 주장한다. 이것은 대단히 좋은 착안이다. 만일에 우리가 표범 같은 짐승의 네 머리를 시간적으로 서로 계승한 왕들로 보지 않는다면 그 유사점으로 미루어 보아 열 뿔을 다르게 해석할 아무런 근거가 없다.

24절의 '일어난다'는 이 동사는 열 뿔과 작은 뿔을 다 말하고 있는 것이 분명하다. 그러면 상징적으로 볼 때 작은 뿔이 시간적으로나 역사적으로 열 뿔에서 나왔기 때문에 같은 동사를 사용하고 있는 열 뿔도 시간적으로나 역사적으로 넷째 짐승에게서 나왔다고 해야 하지 않겠는가? 그러나 우리는 문맥상으로 볼 때 작은 뿔이 역사적 시간적인 차이를 두고 나온다는 해석을 하도록 강력한 근거는 제공하지만 열 뿔에 대해서는 이러한 근거를 제공하지 않는다. 작은 뿔이 열 뿔을 뿌리째 뽑아 버리는 상징적 행위는 분명히 이러한 인상을 주고 있다. 그러나 열 뿔에 있어서는 이러한 상징적 행위가 나타나지 않았다. 환상에서 묘사하고 있는 바로는 7절에서 열 뿔에 관하여서는 단순히 "또 열 뿔이 있더라."고만 하고 있다.

우리의 결론

그러면 열 뿔과 그것들이 일어나는 때에 관한 영과 퓨지의 해석에 대해서 우리가 내려야 할 결론은 무엇인가? 우리는 영의 견해 - 즉, 열 뿔은 로마의 함락으로부터 작은 뿔의 때까지를 상징한다는 견해를 받아들일 수 없는 것이라고 본다. 우리는 열 뿔을 보다 더 광범위한 의미로 생각하여 로마 제국으로부터 작은 뿔의 때까지로 본다. 바꾸어 말하면 열 뿔에 관한 영의 견해는 역사적 로마 제국이 열 뿔에 없어서는 안 될 부분임을 배제하고 있다. 우리는 열 뿔이 그 기간까지 포함하고 있는 것으로 해석한다. 열 뿔은 로마 제국으로부터 적그리스도가 일어날 때까지의 인간 권세 전체를 상징하는 것으로 본다. 우리는 열 뿔이 역사적 로마 제국 함락에 뒤따르는 제2의 역사 단계를 상징하는 것으로 보지 않는다. 열 뿔은 "포괄적이고 분명한 총체"(카일)에 대한 상징으로 나타나 있다. 열 뿔은 넷째 짐승의 성격임과 동시에 포괄성도 되는 것이다. 우리는 역사상에 있어서 넷째 짐승의 성겨과 열 뿔과를 분리시키는 것은 곤란한 문제인 줄로 안다. 그것들이 상징하는 바가 너무 밀접한 관계를 가지고 있기 때문에 그것들을 역사상의 개별적이고 분명한 기간으로 분리시키기는 극히 곤란한 문제다. 넷째 짐승과 열 뿔은 역사상의 동일한 기간-즉, 로마 제국에서 시작하여 적그리스도의 일어남과 예수 그리스도의 재림으로 끝이 나는 기간까지를 상징하는 것으로 본다.

위에서 말한 여러 견해를 다음과 같이 도표로 그린다면 구별하기에 도움이 될 것이다.

넷째 짐승을 헬라로 보는 학자들은 모두가 열 뿔을 무엇으로 보느냐 하는 문제에 난점을 지니고 있다. 로울리는 그의 저서에서 이러한 해석을 해 보고자 하는 학자들의 주장을 철저히 열거해 놓았으며[43] 그 주장들의 약점들도 철저히 분석해 놓았다. 여기서 그 문제에 대해 깊이 들어가려고 하지 않지만 이에 대해 내리는 로울리의 결론은 매우 흥미있는 데가 있다.

그는 처음의 일곱 뿔을 셀류시드(Seleucid) 왕조의 처음 일곱 왕들이라고 한다. 즉, (1) 셀류커스 1세(Seleucus Ⅰ), (2) 안티오커스1세(Antiochus Ⅰ), (3) 안티오커스 2세(Antiochus Ⅱ), (4) 칼리니커스(Callinicus), (5) 세라우너스(Ceraunus), (6) 안티오커스 3세(Antiochus Ⅲ), (7) 셀류커스 필로파토(Seleucs Philopator) 라고 한다.

이 점에 있어서는 로울리의 해석이 넷째 나라를 헬라로 보는 학자들의 대부분과 매우 유사한 데가 있다(아이크혼, 마루레트, 스튜아트, 에발드, 델리취, 몬트고메리, 파라트 등등).

43) Rowley, *op. cit.*, pp. 98-120.

넷째 짐승의 견해에 대한 도표

견해의 주장	넷째 짐승		열 뿔	작은 뿔
세대주의	역사상 로마	7:7과 7:8사이를 공백기로 봄	말세에 재생될 로마 제국	재생될 로마 제국의 왕
존 칼빈	역사상 로마		역사상 로마 제국의 여러 지역들	줄리어스 시저와 그 후계자들
영(Young)과 퓨지	역사상 로마		로마 멸망에서 적그리스도까지	적그리스도
필 자	역사상 로마에서 적그리스도까지		역사상 로마에서 적그리스도까지	적그리스도

작은 뿔이 뽑힌 세 왕은 누구일까?

로울리는 이들을 (1) 디미트리어스(Demetrius), (2) 디미트리어스의 피살된 동생인 안티오커스(Antiochus), (3) 톨레미 필로메터(Ptolemy Philometer)로 본다. 그러나 이 견해에도 극히 곤란한 문제에 봉착한다. 영은 그 난제들을 분명하게 지적하고 있다. 그 실례로 안티오커스 사후에 디미트리어스가 왕위에 앉았다고 하는데 만일 그러했다면 어떻게 "작은 뿔"로 비유된 안티오커스가 그를(디미트리어스) 뿌리째 뽑았다고 할 수 있는가? 그가 "작은 뿔" 전에 통치한 일이 없고 그 후에 통치한 것이다. 그리고 로울리가 위에서 말하고 있는 디미트리어스의 동생에 관하여서는 우리가 역사상으로 도무지 알 수 없는 사람이다. 여하간 그는 그의 동생이 살아 있는 동안에 왕위에 앉은 일이 없다. 톨레미 필로메터에 관해서도 난관에 봉착한다. 필로메터는 애굽의 톨레미 왕조의 한 통치자였고 셀류시드 왕조의 왕이 아니었다. 셀류시드 왕조의 한 왕인 안티오커스가 그를 정복하고 그의 자리를 빼앗은 것으로 나타내고 있다고 할 수는 없다. 이러한 역사적 결함 이외에도 로울리의 근본 사상이 본 장의 상징과 부합되지 않는다. 단 7장의 열 뿔은 계승을 상징하고 있지 않는 것 같다. 본문에는 그것들이 하나하나 차례로 뒤따라 일어나지 않고 일시에 다 나온 것으로 되어 있다.

로울리는 열 뿔을 왕통 계승의 명단으로 작성하였다. 그런데 본문의 상징은 작은 뿔이 나중에 나타나는 것으로 되어 있다. 그러나 로울리가 말하는 왕통 명단은 나중에 나오는 것으로 되어 있지 않으며 넷째 짐승을 헬라로 보는 해석을 지지하는 자들은 한결같이 작은 뿔을 안티오커스 에피파네스로 보나 나중에 나타나는 것으로는 보지 않는다. 작은 뿔이 그저 열 뿔의 반열에 나타나 있는 것으로 하고 있다. 이 해석 역시 본문의 상징과는 조화가 되지 않는 것으로 보인다.

그러나 다니엘서 자체를 떠나서도 우리는 열 뿔에 대한 로울리의 입장과 헬라를 넷째 짐승으로 보는 모든 견해를 반대해야 하는 다른 이유가 있다.

신약 성경 자체가 그것을 증거하고 있다. 이에 대하여는 앞에서 다소 생각해 본 바 있거니와 우리 주님은 자신을 가리켜 인자라고 하셨는데 이것은 그가 단 7장의 하늘의 인자 같은 이를 근거로 한 말씀이다. 그리고 마 24장에서 그리스도께서는 멸망의 가증한 것을 로마 시대에 있을 성전의 파괴와 관련시켜 말씀하셨다. 바울도 적그리스도를 묘사하면서 다니엘서의 말씀을 인용하고 있으며(살후 2:3-4) 계시록에서도 그 당시(로마)와 그 이후에 있을 세상 정권들을 묘사하는 데 단 7장의 상징이 나타나 있는 것을 볼 수 있다. 바꾸어 말하면 신약 성경은 이 구약의 본문을 로마와 그 후에 될 일들에 관한 예언임을 설명해 주고 있다. 넷째 나라를 로마로 보는 견해는 단순히 난점이 없다는 정도가 아니라 이 견해야말로 이 문제에 관한 신약의 영감된 해석이다.

작은 뿔의 성질과 그것을 누구로 보느냐 하는 토론은 단 7:24-25의 해석으로 미루기로 한다.

옛적부터 항상 계신 이의 모습

7:9. 내가 보니 왕좌가 놓이고 옛적부터 항상 계신 이가 좌정하셨는데 그의 옷은 희기가 눈 같고 그의 머리털은 깨끗한 양의 털 같고 그의 보좌는 불꽃이요 그의 바퀴는 타오르는 불이며.

루폴드는 말하기를, 본 절부터 14절까지는 "성경에 있는 가장 영광스러운 심판 광경 중의 하나"라고 소개하고 있다. 9-10절은 신적인 심판주에게, 11-12절은 신적 심판에, 13-14절은 인자의 위임에 집중하고 있다. 특별히 13-14절은 그날 밤에 받은 환상의 절정으로서 모든 역사의 목적을 보여 준다.

이 부분 계시 전체는 가장 아름다운 통일을 가지고 있는데 앞부분의 네 짐승 계시와 대조되고 있다. 몬트고메리는 "태풍과 괴상한 짐승들이 나오는 큰 바다의 혼돈과는 대조적으로 심판에 대한 하나님의 장엄한 환상이 나타난다."고 말한다. 이 광경의 계시는 하나님의 권세와 세상의 괴이한 권세의 대조를 두드러지게 나타내고 있다.

여기에서 우리가 주목해야 할 중대한 것은 이의 부분 환상이 다니엘에게는 전혀 새로운 환상이 아니라는 점이다. 이 구절들은 드라마의 아주 새로운 부분을 시작함 같은 것이 아니다. 다니엘의 눈은 단지 환상의 새로운 차원을 본 것뿐이다.

이것은 게이블라인이 말하는 것처럼 "셋째 밤 환상"은 아니다. 이것은 모든 광경의 드라마에 첨부된 것이다.

이 구절이 본 장(本章) 안에 있는 별개의 단원(單元)이라 할지라도 이것은 새로운 장면을 보는 것을 지적하지는 않는다. 이제 옛 광경은 다니엘의 눈앞에 와 우리들 앞에 확대되었던 것이다.

"내가 보니 왕좌가 놓이고…" 우리 한역에는 "왕좌"란 말을 단수형으로 사용하고 있으나 아람 어 원문에는 복수형으로 되어 있다. 거기에는 심판주 되시는 하나님을 위한 보좌 하나만 있는 것이 아니라 그와 함께 심판을 위하여 앉을 다수의 회중의 자리가 있다는 것이다. 이 보좌에 앉을 자들이 누구인가 하는 문제는 많은 논쟁을 일으켜 왔다. 헹스텐베르크는 거기 앉을 자들을 영화(榮化)된 사람들이라고 하고, 카일과 영은 천사들이라고 하고, 가경 가운데 에녹서에는 인자라고 암시했다.

우리는 이 점에 관해서 몬트고메리, 히튼, 루폴드 등의 해석에 동조한다. 그들은 일반적으로 다른 보좌들 위에 앉을 사람들의 중대성에 강조를 두지 않고 있다. 몬트고메리는 간단하게 "여기 보좌라는 말의 복수형은 중점을 지니고 있는 것이 아니다. 왜냐하면 오직 한 분만이 보좌에 앉으셨기 때문이다."라고 말하고 있다. 루폴드는 많은 왕좌들이라는 복수형은 심판에 뜻을 보다 강하게 나타내려고 하는 신인 동형 동성설(神人同形同性說)이라고 본다. 히튼은 "고대 세계에서는 수행원이 따르지 않는 위대한 왕은 없으므로 이 복수형은 수행원이 앉을 자리라고 생각된다."고 말하고 있다.

"옛적부터 항상 계신 이가 좌정하셨는데" 여기에서 강조점은 보좌들에 앉을 사람들에게 있는 것이 아니고 불꽃 보좌에 앉아 계신 이에게 있다. 우리 한역에는 아람 원어 עַתִּיק יוֹמִין(아티크 요민)를 "옛적부터 항상 계신 이"라고 번역했다. 우리 한역은 스튜아트의 견해를 따르고 있으며 이 심판자의 뚜렷한 인상을 영원하신 이라고 보고 있다. 이 번역은 또한 표면적인 제목의 강조를 아람어 표현에 두고 있는 것 같다. 그러나 오늘날의 주석가들은 이 아람어의 개념을 최고형이라고 보는 것을 부인하는 데에 거의 일치하고 있다. 자유주의 학자나 보수주의 학자나 할 것 없이 일반적으로 이 형을 단순히 "옛적에 계신 이(an ancient of days)"로 번약하거나(루폴드, 카일, 영) "옛적에 계셨던 이"(one that was ancient of day)라고 번역한다(히튼, ASV, RSV). 영은 여기에 사용된 이 용어를 문자 그대로 "선대(先代)에 앞선 이(one advanced in days)" 즉, 연령이 많은 분이라고 번역한다. 비록 이 구절이 하나님을 의미하는 것이 거의 틀림없다고 하더라도 다니엘은 우리 한국인들이 믿고 있는 한역과 같이 영원하신 하나님을 보는 것이 아니다. 오히려 그는 "하나님께서 자기 자신을 늙은 노인이나 백발의 노인이라는 위엄 있는 가견적인 모습으로 나타내는 것"(카일)을 보고 있는 것이다.

엄밀히 말해서 여기에 사용된 용어는 영원성의 개념을 표현하는 것은 아니며 그러한 인상이 본문에 필요한 것도 아니다. 다니엘이 여기서 보는 것은 심판 광경이며 전달되어야 할 인상은 영원성에 관한 것이 아니다. 따라서 심판하기시에 적절한 위엄과 존경과 숭배를 받는 인물이라는 것이 선포되어야 한다. 심판이라는 용어에 하나님이 대표된 본문은 가장 적절한 표현이다. 연령이 높은 것은 존경과 숭배하는 마음을 불러일으키고 위엄 있는 인상을 주기 때문에 그러한 인물로 사용된 것이다. 보좌에 앉을 분은 존경과 숭배의 대상이 되시는 위엄 있는 하나님이시다.

이러한 인상은 9절과 10절의 특징을 묘사한 나머지 부분에서도 강조되었다. 곧 심판자가 입은 옷은 흰 눈과 같다는 말씀이다. 이러한 묘사는 더럽혀지지 않은 위엄과 가장 순수한 권위의 하나라는 의미이다. 이 용어는 구약 가운데서 가끔 죄책과 더러움으로 물들지 아니한 순결과 생명을 표현하기 위해서 사용되었다. 즉 "너희의 죄가 주홍 같을지라도 눈과 같이 희어질 것이요…"(사 1:18)라고 했고 다윗도 이와 비슷한 말로 마음이 깨끗해지기를 간절히 기도했다. "우슬초로 나를 정결하게 하소서 내가 정하리이다. 나의 죄를 씻어 주소서 내가 눈보다 희리이다." (시 51:7) 이 용어는 신약 성경의 계시록 가운데서도 자주 나타나는데 계시록에서도 유사한 뜻을 보여 준다(계 3:5, 4:4, 19:8 참조).

심판자의 머리털도 흰 양털로 비유되었는데 이것 역시 흠 없는 순결과 성결의 상징이다. 죄를 씻는 것을 흰 눈에 비유한 이사야서는 같은 구절에서는 죄를 씻는 것을 또한 흰 양털로도 비유하였다. 즉, "진홍같이 붉을지라도 양털같이 희게 되리라."(1:18). 계시록 1:14에서는 그리스도를 묘사하기를 "그의 머리와 털의 희기가 흰 양털 같고 눈 같으며…"라고 말한다. 심판주가 모든 죄의 접촉에서 떠나 있는 분이라는 이상의 모든 말씀은 적합하다.

"그의 보좌는 불꽃이요 그의 바퀴는 타오르는 불이며" 옛적부터 항상 계신 이의 보좌는 하나의 보좌임을 쉽게 인정할 수 있는 것인데 그 보좌로부터 나오는 불꽃은 마치 그 보좌가 불로 된 것과 같다. 그 보좌의 바퀴는 불꽃을 밖으로 퍼져 나가게 한다. 불은 성경에서 가끔 주님의 임재와 밀접하게 관련되었다. 주님을 떨기나무 불꽃 가운데서 모세에게 처음으로 자기 자신을 나타내셨다(출 3:2). 그는 그의 백성들과 언약을 세우려고 시내 산에 강림하셨을 때도 그러했는데 그가 "불 가운데서 거기 강림하심이라. 그 연기가 옹기 가마 연기같이 떠오르고 온 산이 크게 진동하며"(출 19:18, 출 20:18 참조)라고 했고, 신명기 4:24에서는 주님을 "소멸하는 불"에 비유했고(신 9:3 참조), 에스겔의 예언 가운데에서도 유사한 묘사(1:4, 13, 27)가 있으며, 신약에서도 또한 하나님을 소멸하는 불이심이라고 묘사했다(히 12:29, 계 4:5 참조).

이렇게 묘사된 불들은 전적으로 형벌의 상징으로만 해석되어서는 안 된다. 불은 하나님이 세상에 자기를 나타내시는 표적으로 흔히 사용된다. 카일은 그것을 "거룩하신 하나님께서 죄인들을 벌하시고 멸망시키시는 것뿐만 아니라 자기 백성을 정결케 하시고 영광스럽게 하시는 불타는 열심"을 묘사하는 것이라고 말한다.

옛적부터 항상 계신 이가 앉아 계시는 보좌는 확실히 병거형

(兵車型)의 무엇을 가지고 있다. 그 모양은 에스겔 1:15-28에 있는 상징과 유사하다. 루폴드는 고대 왕의 보좌는 때때로 바퀴를 가지고 있었다고 주석한다. 여기에서 하나님의 보좌에 바퀴가 있는 것은 그 보좌가 한 곳에 머물러 있지 않는 것을 의미한다. 이것은 하나님이 동시에 어느 곳에나 존재하시는 것과 같이 하나님의 심판도 어디든지 있음을 의미한다. 불꽃이 펴져 나가는 바퀴는 하나님의 심판이 온 땅 위에 시행되고 있음을 보여 준다(클리포드, 카일, 루폴드).

하나님의 심판의 광경

7 : 10. 불이 강처럼 흘러 그의 앞에서 나오며 그를 섬기는 자는 천천이요 그 앞에서 모셔 선 자는 만만이며 심판을 베푸는데 책들이 펴 놓였더라.

불의 상징은 10절에서도 계속된다.

"불이 강처럼 흘러 그의 앞에서 나오며" 이 형상은 계시록 4:5에 나오는 형상의 위치와 약간 다르다. 거기엔 보좌로부터 나온 번개와 음성과 뇌성이 있다. 그런데 여기에서는 이런 것들이 그 보좌 앞에서 나온다고 말하고 있다. 그러나 그 어느 경우에서도 중심점은 불을 하나님의 임재와 관련시키는 데에 있다. 창조자요 심판자요 왕이신 하나님은 불과 능력의 근원이시다. 시편 97 : 1-4에는 "여호와께서 다스리시나니 땅은 즐거워하며… 의와 공평이 그 보좌의 기초로다. 불이 그의 앞에서 나와 사방의 대적들을 불사르시는도다. 그의 번개가 세계를 비추니 땅이 보고 떨었도다."라고 말하고 있다(시 21 : 9 50 : 3, 104 : 4 참조). 이 상징은 모두 특수한 목적에 사용된다. 카일의 말을 빌리면 "불꽃으로 하나님의 보좌를 둘러싸고 있는 그 불은 하나님으로부터 이 세상으로 강처럼 흘러 들어와서 이 세상에서 하나님을 대적하고 범죄하는 사람들을 모두 소멸시키며 하나님의 백성과 나라를 영화롭게 하는 것"이다.

이제는 심판 광경이 다시 확대된다. 다니엘의 눈으로 처음에는 오직 네 짐승만 보았으나 다음의 그의 심적인 환상은 확대되어 하나님의 보좌와 옛적부터 항상 계신 이의 위엄을 볼 수 있었다. 이 환상은 다시 확대되어 지금은 심판자이신 하나님의 보좌 앞에 있는 무수한 무리를 보게 된다. **"그를 섬기는 자는 천천이요 그 앞에서 모셔 선 자는 만만이며"** 왕 앞에 서 있는 큰 무리들이 그에게 수종 들기 위해서 대기하고 있다. 그 무리의 수가 얼마나 많은지 헤아릴 수 없으므로 다니엘은 이러한 큰 숫자로써 표시하고 있다. 그들을 묘사하는 데 사용된 용어들은 지상에 있는 한 나라의 조정에서 왕에게 봉사하는 조신(朝臣)들과 수행원들에게 사용되는 용어들이다. 그것은 곧 "섬김"과 "모심"이라는 말이다. 군주 앞에 있는 조신들과 같이 하늘나라의 궁정에는 수많은 수종자들이 서 있어서 하나님은 결코 홀로 계시지 않는다. **"심판을 베푸는데 책들이 펴 놓였더라."** 10절 마지막에는 심판의 시작과 신적 재판의 개정(開廷)하는 광경이 기록되었다. 우리 한역에는 **"심판을 베푸는데"**라는 말로 되어 있다. 좀 더 직역을 한다면 "심판자가 앉으셨다."라고 번역할 수 있을 것이다. 공식적으로 궁정을 구성하는 이들이 그들의 자리에 앉으면 심판이 정식으로 시작된다는 말이다. 이 말들은 하늘 궁정에서 심판을 시작한다는 의미이다. 그리고 그 합법적인 권위를 시행하기 위하여

"책들이 펴 놓였더라."는 것이다. 이 책들의 성격에 관해서는 몇 가지의 상이한 견해가 있다. 히튼은 이 책들을 바벨론 창조의 서사시에 상징된 "운명의 서판(The Tablets of Fate)"에 언급된 것으로 이해해야 한다고 강력하게 주장한다. 창조의 서사시에는 창조신 마르둑이 그 적수인 괴물 타이말의 반려자에게서 운명의 서판을 빼앗아 가지고 자기 가슴에 붙였다는 말이 있다. 그 서판은 최고 권력의 상징이었기 때문에 그 서판의 소유자인 마르둑은 모든 신들 가운데서 최고의 지위를 차지하게 되었다는 것이다. 히튼은 말하기를 그 서판은 또한 매년 열리는 바벨론의 신년제(新年祭)에서도 중요한 역할을 했다. 그때에 새해의 운명을 정하는 특별한 의식이 거행되었고 그것을 기록하는 신 니보(Nebo)가 기록하였다고 한다.

히튼의 이러한 해석은 여러 가지 이유로 본문에 합당치 않다. 이 해석은 여기 진술된 환상(vision)의 근원을 대단히 잘못 취급하고 있다. 그 근원은 다니엘의 풍부한 상상력도 아니요 그가 살고 있던 그 당시의 문명도 아니다. 이 광경의 근원은 하나님의 신적 계시이다. 이것은 다니엘이 조작해 낸 광경이 아니고 하나님께서 친히 그에게 주셔서 우리를 위하여 기록케 한 것이다. 더욱이 다니엘이 이러한 조잡한 다신론 사상으로 가득 찬 창조 설화의 비유적 표현을 인용하였다고 이해하기는 어렵다.[44] 그뿐만 아니라 단 7장의 문맥은 주권적 심판을 강조하고 있다. 그 책들

44) M. Unger는 그의 책 *Archaeology and the Old Testament* 제2장 "The Biblical and the Old Babylonian Account of Creation"에서 이 문제를 대단히 주의 깊게 다루고 있다.

은 심판의 시작을 표현하는 데 사용된 것이다. 반면에 바벨론 서사시의 문맥은 본질적으로 주권 자체이며 그것은 미래에 관한 전횡적(專橫的)인 법률로서 고정된 것임을 나타낸다. 다니엘서에 있는 책들의 개념은 죄에 대한 거룩하신 하나님의 신적 심판과 관련된 것이며, 바벨론 서사시에 있는 책들의 개념은 미래에 관한 주권적 의지가 어떤 운명론적인 실시와 관련된 것이다.

그 책들이 무엇을 의미하느냐에 관해서는 카일과 영의 해석이 문맥에 잘 부합되고 일반적으로 구약에 부합된다. 카일과 영은 이 책들이 인간들의 행실에 대한 하나님의 기록이며 여기에 따라서 그들이 심판을 받는다고 한다(출 32:32, 시 69:28, 139:16, 사 65:6, 렘 17:1, 말 3:16, 눅 10:20, 계 20:12 참조). 루폴드는 이 책들이 심판에 관련된 기록이라는 사실은 인정하나 그 이외에 이 책들의 내용을 알려고 하지 않는다. 즉, "심판의 개정(開廷)과 심판 사무 처리의 시작에 관한 언급 이상의 다른 목적을 위해 사용된 것이 아니기 때문에 그 이상 더 나아가서 하늘에 있는 그 책들의 목적을 결정하려고 할 필요는 없고 여기에서 그치는 것이 좋을 것이다."라고 말한다.

네 짐승에 대한 심판

7:11-12. 그때에 내가 작은 뿔이 말하는 큰 목소리로 말미암아 주목하여 보는 사이에 짐승이 죽임을 당하고 그의 시체가 상한 바 되어 타오르는 불에 던져졌으며 그 남은 짐승들은 그의 권세를 빼앗겼으나 그 생명은 보존되어 정한 시기가 이르기를 기다리게 되었더라.

이 두 구절에서는 하늘의 심판이 네 짐승들에게 행하여진 것과 그 심판의 실시를 보게 된다. 심판이 신속하고도 극히 날쌘

면에서 극적이다. **"그때에 내가 작은 뿔이 말하는 큰 목소리로 말미암아 …"**라는 말이 이것을 나타낸다. 이 문구에서 우리 한역에 **"작은 뿔이 말하는 큰 목소리로 말미암아"**라고 번역된 이 말의 정확한 번역에 대해서는 주석가들 사이에 약간의 논쟁이 있다. 카일, 루폴드, 칼빈은 우리 한역에 채용된 번역과 동조하는 것같이 보인다. 이 말은 다니엘이 계속해서 주목한 이유가 작은 뿔이 말하는 큰 목소리를 듣기 때문이라고 주장한다. 바꾸어 말하면 작은 뿔의 큰 목소리 때문에 다니엘이 계속하여 주목했다는 말이다. 그러나 크리포드, 몬트고메리, 영 등은 그것을 단순히 "나는 그 뿔이 힘 있게 말하는 음성이 날 때부터 주목하여 보았다."라고 번역한다. 이들의 견해는 옛적부터 항상 계신 이의 전(全) 계시가 있을 동안 작은 뿔이 계속하여 거만하고 오만한 말을 했다고 보는 것 같다. 결국 다니엘은 이 모든 심판의 환상을 보는 동안에 작은 뿔의 무례한 말을 들었다는 것이다. "심판 광경이 나타나는 반대편의 어두운 배경에서 작은 뿔의 무례한 말이 들려왔다. 그래서 여기에는 작은 뿔과 옛적부터 항상 계신 이와의 사이에 적대 행위가 있을 것이라는 대조와 기대가 있다."45)

그 멸망이 어찌나 빠른지 몬트고메리는 그것을 갑작스러운 큰 재앙이라고 부른다. 특별히 본문은 멸망이 아주 완전함을 강조한다. 이 넷째 짐승을 완전히 없애 버린다는 뜻이다. 본문에는 처음에 그 짐승이 죽임을 당하는 것을 기록하고 있다. 루폴드는 본문의 다음 부분에 언급되어 있는 시체의 상함은 멸망 과정의 둘째 단계라고 생각한다. 시체의 상함이란, 죽임을 당하는 단계를

45) Edward Young, *op. cit.*, pp. 43-44.

지나서 시체의 모든 부분을 절단했다는 것과 비슷한 말이다. 그 다음에는 그 시체가 **"타오르는 불에 던져졌다."**는 것이다. 넷째 짐승의 완전한 멸망을 이보다 더 충분히 나타낼 수는 없으며, 넷째 짐승은 완전히 제거되었기 때문에 어떤 경우에도 다시는 그 이상 더 힘을 쓰지 못할 것이다. 그 멸망은 최종적인 것이다.

11절에 있는 불로 인한 멸망이란 언급을 주석가들은 종종 지옥에 관한 언급이라고 생각한다. 이러한 생각을 하는 사람 중에는 카일과 루폴드가 있는데 "이 구절은 악한 자들이 사후에 받을 불 가운데서 당하는 고통을 의미한다."(카일)고 한다. 우리는 몬트고메리나 영이 말하는 바와 같이 여기에 설명된 불이 근본적으로 그러한 뜻이 아니라 신적 심판의 위엄과 완전한 승리에 관한 언급이라는 견해를 택한다. 이 해석은 여기에 있는 상징－즉, 개인들의 멸망이 아니라 제국들의 멸망이라고 하는 상징과 잘 부합된다. 그리고 이 해석은 일반적으로 다니엘서에 나타난 불의 상징에 관한 일반적인 강조와 엄밀하게 부합되는 것이다(11:2 참조). 결국 이 심판의 불은 하나님의 신적 임재로부터 "다행히도 저자의 사상에 지옥에 관한 개념이 없다."고 말하는 히튼의 그릇된 주장처럼 지옥에 관한 사상이 여기에 전연 없다고 할 수는 없다. 다만 이 상징의 근본적인 사상이 지옥 불이 아니고 신적 심판의 불이라는 것이다.

넷째 짐승의 완전한 멸망에 관한 11절의 이 강조는 작은 뿔을 안티오커스 에피파네스라고 하고 넷째 짐승을 헬라라고 하는 일반적인 해석을 반대한다는 점에서 또 다른 중요성이 있다. 왜냐하면 안티오커스 이후에도 유대 민족을 괴롭힌 시리아 왕들이 있었기 때문이다. 그러나 본문의 강조는 옛적부터 항상 계신 이를 반대하는 이 세력을 **완전히** 멸망시킨 데 있다. 넷째 짐승은 **완전히** 그의 권위를 상실했다.

12절에서는 심판이 남아 있는 세 짐승들에게 미친다. **"그 남은 짐승들은 … 그의 권세를 빼앗겼으나 …"** 여기에서 이상한 것은 어찌하여 넷째 짐승의 멸망을 말한 뒤에 그보다 앞에 나왔던 세 짐승들에 대하여 이제 말하는가? 왜 넷째 짐승의 완전한 멸절을 묘사했는가? 그러나 역사적 사실로 말하면 처음 세 나라가 넷째 나라보다 먼저 망했던 것이다. 예를 들면, 몬트고메리의 해석은 넷째 짐승이 죽은 후까지도 그 다음에 죽은 세 짐승들이 남아 있었다고 생각한다. 그러나 이 광경에 그 넷째 짐승의 계승자로 일어날 세 짐승이 사라졌다는 언급은 없다. 몬트고메리는 이에 관련해서 다니엘 2장의 거상(巨象)을 들어 설명한다. 즉, 다니엘 2장의 신상(神像) 전체는 네 나라로 구성되어 있지만 돌에 부딪혀서 완전히 파괴될 때까지 고스란히 그대로 남아 있다는 사실을 들고 있다. 그러나 이 해석은 유력한 논증이 못 된다. 다니엘 2장에서는 모든 나라들이 그 거상의 파멸과 함께 사라져 없어졌다. 몬트고메리는 여기 다니엘 7장에서는 오직 한 나라가 멸망되어 없어졌다고 주장하며 세 나라는 멸망을 기다리며 남아 있다는 것이다. 다니엘 7:12과 2장 사이의 유추는 동일한 것이 아니다.

요한 칼빈은 또 다른 해석을 하고 있다. 칼빈은 사실상 이 세 나라는 이미 멸망했다고 주장한다. 그래서 그는 12절에 있는 동사(動詞)를 과거 완료로 번역해야 한다고 주장한다. 다니엘은 여기 12절에서 그가 일찍이 생략했던 것을 세밀히 말하기 위하여 회상하는 것뿐이라고 한다. 그는 다음과 같이 해석한다.

> 히브리 인들은 이미 생략했던 사실을 후에 다시 반복하는 습관에 젖어 있으며 그들은 담화 중에서 항상 시간적 순서를 지키지는 않는다. 그래서 다니엘은 넷째 짐승이 죽임을 당하고 붙는 불에 타 버렸다는 것을 말한 후에 이제 남은 세 짐승에 관해서 생략되었던 것 - 즉, 그들의 권세를 빼앗겼다는 것을 부가해서 말하고 있다.

이 문제에 대한 셋째 해석은 현대 연구에서 가장 자주 사용되는 것의 하나로서 이 구절에는 시간의 문제가 전혀 포함되지 않았다고 주장한다. 다니엘은 세 짐승들이, 넷째 짐승이 멸망한 후에도 계속하여 살아남아 있느냐에 대해서는 긍정도 부정도 하지 않는다는 것이다. 이것은 연대적인 문제가 아니라 강조점 문제라는 것이다. 영과 루폴드는 이러한 해석을 하는 대표적 인물이다. 그들은 오직 12절을 11절에 비추어서 해석해야 한다고 주장한다. 12절은 넷째 짐승의 멸망을 더욱 강조하기 위한 것이라고 한다. 즉, 넷째 짐승의 완전한 소멸을 강조하기 위하여 먼저 언급했다는 것이다. 처음 세 짐승들이 하나님을 반역한 정도는 넷째 짐승의 극악하고 오만한 태도의 반(半)도 못 되었다. 이러한 이유에서 처음 세 짐승들의 운명은 넷째 짐승의 멸망처럼 그렇게 심하지는 않았다. 넷째 짐승의 멸망이 왜 먼저 언급되었는가? 이것은 단순히 넷째 짐승이 문맥 가운데서 특별히 강조되었기 때문이라고 본다.

"그 생명은 보존되어 정한 시기가 이르기를 기다리게 되었더라." 처음 세 짐승의 운명은 분명히 넷째 짐승과 같이 심하지는 않았다. 넷째 짐승의 멸망은 선포가 떨어지자마자 급속히 행해졌으나, 처음 세 짐승들은 얼마 동안 생명의 보존이 허락되었다. 넷째 짐승에서는 멸망의 완전성이 강조되고 있다. 처음 세 짐승들 역시 그들의 권세를 잃게 되었지만 그 말은 그렇게 강력하지 않다.

동시에 처음 세 왕들은 넷째 왕의 운명과 같이 비참하지는 않지만 그들의 운명도 확실히 종말이 온다. 그리고 정한 시기에 그들의 통치권을 잃게 된다. 문자적으로 "때와 시기"라는 아람어 표현이 **"정한 시기"**라고 가장 정확하게 번역되었다. 이 뜻은 하나님의 계획으로 결정된 움직일 수 없는 시간을 의미하는 것이다. "하나님은 각 사람에게 수명(壽命)을 주셔서 그가 정한 때와 시기까지 살게 하시는 것이다."(카일)

인자의 영원한 권세와 영광과 나라

7 : 13-14. 내가 또 밤 환상 중에 보니 인자 같은 이가 하늘 구름을 타고 와서 옛적부터 항상 계신 이에게 나아가 그 앞으로 인도되매 그에게 권세와 영광과 나라를 주고 모든 백성과 나라들과 다른 언어로 말하는 모든 자들이 그를 섬기게 하였으니 그의 권세는 소멸되지 아니하는 영원한 권세요 그의 나라는 멸망하지 아니할 것이니라.

이 구절들은 그날 밤 계시의 절정을 묘사하고 있는데 그것은 인자의 즉위식이다. 주님이 이방의 왕들과 그들이 다스리는 나라들을 심판하시고 판결하셨다는 것을 말한 뒤에 다니엘은 여기서 하나님 나라의 취임식을-즉, 인자의 즉위식을 보게 된다.

"내가 또 밤 환상 중에 보니" 이 취임식 광경은 2절과 7절에서와 똑같은 말로 시작한다. 이 일정한 형식은 환상의 높은 지점으로 주의를 집중시키기 위하여 쓰여진 것같이 보인다. 이 말은 이상의 초두에서도 사용되었고 7절에서는 다른 세 짐승들을 제쳐 놓고 넷째 짐승을 특별히 주목하게 하기 위하여 사용되었으며, 이제 여기서는 인자 같은 이의 모습을 소개하기 위하여 사용되었다. 여기에서 흥미있는 것은 이 말이 전체적인 심판 광경을 소개하기 위하여 사용된 것이 아니고 오직 이 인물에 주의를 집중시키려는 것같이 보인다. 이러한 특별한 말은 우리로 하여금 넷째 나라와 이 새로운 나라의 출현을 대조하도록 한다.

사실상 이 인물에 관한 말은 별로 기록되지 않았다. 여기에는 옛적부터 항상 계신 이에 대한 기록처럼 영광스럽고 위엄 있는 분이라고 묘사하는 수식어가 없다. 또 우리의 마음속에 어떤 상상을 하도록 하는 극적이고 상세한 설명도 없다. 그러나 루폴드가 말한 바와 같이 여기에는 "이런 간소한 기록의 결과로 근본적인 진리가 밝히 드러나 있다."

앞으로 올 이 사람은 이름이 나타나 있지 않다. 그의 출현에 관해서만 묘사되었을 뿐이다. 여기에 사용된 아람어 כְּבַר אֱנָשׁ (케바르 에나쉬)는 우리 한역에 "인자 같은 이"라고 번역되었다. 여기에 사용된 이 용어는 한국의 신약 개역 시의 관용법 문제상 많이 논란된 문제이다. 이 논쟁의 특별한 부분에 관해서 우리는 아무런 언급도 하지 않는다. 그러나 다니엘 7장에 있는 본 절을 "인자"라는 관용어로 번역하는 것은 적절한 번역으로 생각지 않는다. 우리 한역의 '인자'라는 말이 함축하고 있는 뜻은 거의 공식적인 칭호를 의미한다. 그러나 아람 원어로는 이 말이 더욱 유동성 있는 뜻이다. 다니엘서에 관한 보수적인 학자인 에드워드 영은 이 점에 관해서 자유주의 고등 비판학자인 몬트고메리와 완전히 견해를 일치하고 있다. 즉, "'인자'라는 말은 시리아 어나 아람 어로는 단순히 '한 사람'을 의미한다."는 것이다. 영은 13절에 나오는 이 말을 문자적 의미 - 즉, "사람의 아들과 같은 이"로 번역한다. 바꾸어 말하면 인간의 형상을 가진 사람과 같은 이라는 것이다. "아들"이라는 말 자체가 단순히 "사람"의 범주에 속하는 인물이라는 사실을 지적하고 있다.

이 인물을 그 형체로 보아 사람 같다고 묘사한 것은 그럴 만한 이유가 있는 것이다. 다니엘은 이 구절에서 네 짐승들, 특별히 넷째 짐승과 이 인자와 같은 이 사이의 날카로운 대조를 시도하고 있다고 이미 언급한 바 있다. 그 근본적 사상은 짐승들과 사람과의 근본적인 차이를 말하는 것같이 보인다. "이 두 가지 종류의 존재가 성질상 상이한 것과 같이 다섯째 나라와 앞에 나온 모든 나라는 근본적으로 다르며 그 영광도 다섯째 나라가 더욱 탁월하다. 하나의 실제 인물로 표현된 사람의 모든 선하심과 고상하심과 탁월하심은 그리스도의 나라 안에 가장 충만하게 나타나고 있다."(루폴드) 사람이 영광과 권위 면에서 짐승들보다 우월한 것과 같이 이 다섯째 나라는 앞서 나왔던 네 나라들을 더욱 능가한다.

그 인물은 **"인자 같은 이"**라고 묘사되어 있다. 우리 한역이 "같은 이가"라고 번역된 이 말은 아람 어의 비교를 나타내는 전치사 כ(카프)의 정확한 번역이다. 다니엘은 "내가 한 사람을 보았다"거나 "내가 인자를 보았다"고 말하지 않고 인자 같은 이를 보았다고 한다. 이 말에는 무슨 뜻이 있는가?

헹스텐베르크는 이 전치사가 여기 다니엘 7:13에서 두 가지 중요한 관용법을 가지고 있다고 주장한다. 첫째로, 이 전치사는 사람이 가진 모습의 근본적인 특수성을 지적하기 위해서 사용된 것이다. 이 인물은 사람과 같다. 이 인물은 사람을 닮은 분이다. 이 관용법은 그 짐승들과 다섯째 나라의 비교를 강조하는 데 도움을 주며 이 비교는 그들의 특성을 나타내 주고 있다. 다니엘은 새로운 나라를 보고 있는데 그 나라는 짐승들이 다스리는 나라들과는 성격이 아주 다른 나라이다. 둘째로, 이 전치사는 또한 이 인물이 사람과는 다르다는 것을 지적해 주고 있다. 천상의 인물이 사람과 같다고 할지라도 그는 역시 사람을 능가하는 그 이상(以上)의 인물이다.

"인자 같은 이"에 대한 세 가지 해석

이 인물은 누구일까? 인자와 같은 이가 사람과 동일시될 수 있는 것이란 무엇일까? 몬트고메리는 이 문제를 "다니엘서에서 가장 뚜렷한 어려운 문제이며 이것이 신약의 기독론과 관련되어 있기 때문에 더욱 어렵다."고 말했다. 엄밀히 말하자면 이 문제에 대해서 세 가지의 해석이 있었다.

(1) 인격적인 개인적 메시야 해석: 이 인물이 메시야-즉, 예수 그리스도를 가리킨다는 인격적인 개인적 메시야 해석이 있다. 몬트고메리는 이 해석을 과거 유대 인들과 기독교인들의 해석으로서 가장 오래된 해석이며 유력한 견해라고 부른다. 이 견해를 주장하는 주석가들로는 애발드 오렐리(Orelli), 콘힐(Cornhill), 라이트 바웃플라워, 칼빈, 루폴드, 영, 헹스텐베르크 등이 있다.

(2) **신화적 해석** : 이것은 다니엘서의 배후에 이 인물의 근원이 되는 신화가 있었다는 신화적 해석이다. 궁켈과 그레스만(Hugo Gressmann)은 이 견해에 대한 가장 강력한 진술을 하고 있다. 예를 들면, 그레스만은 이 용어가 신화적인 기원을 가진 것이지만 다니엘서에서는 이 용어가 확실한 나라를 가리키는 것이 아니고 개인을 가리키는 메시야적인 뜻이라고 주장한다. 이 견해는 적어도 오늘날 널리 퍼져 있는 집합적 해석을 반대하는 뚜렷한 장점을 가지고 있는 해석이다. 이 견해는 그 인물이 백성을 가리키는 것이 아니고 한 사람을 가리킨다고 주장하며, 이 인물이 "개인적"이라고 해석하는 점이 주목할 만하다.

우리는 인자 같은 이가 이스라엘 백성을 의미하는 것이 아니요 과거의 어떤 신화적인 전통에 기원을 둔 것도 아니라고 주장한다. 이 인물은 하나님의 나라를 구체화하고 그가 오심을 통해서 하나님의 나라를 가져오실 메시야이신 예수 그리스도를 가리킨다고 주장한다.

(3) **상징적, 집합적 해석** : 이 인물이 단체 - 즉, 이스라엘 백성을 가리킨다고 하는 상징적, 집합적 해석이 있다. 이 해석은 일반적으로 말해서 오늘날 이 문제에 대한 자유주의적 고등 비평자들이 채택하는 해석이다. 이 견해는 힛치그, 베반, 프린스, 몬트고메리, 로울리, 찰스, 다드(C. H. Dodd) 등의 저서에 분명히 나타난다.

자유주의 학자들의 공통적인 견해는 인자 같은 이를 개인적인 상징으로 보지 아니하고 집단적인 상징으로 해석하는 것이며, 다니엘의 예언에는 개인적인 메시야가 없다는 것이다. 모빙켈(Sigmund Mowinckel)의 견해는 이 해석을 가장 대표적으로 잘 나타내 준다. 즉, "그러므로 다니엘의 짐승들 환상에 관한 광경 가운데 나오는 인자는 개인적인 메시야가 아니며 이스라엘 백성을 묘사하는 상징이다."라고 말한다.[46)]

이 해석을 옹호하는 주된 논거는 본 장(章) 18절과 27절이며, 이 구절에서 인자와 같은 이에 대한 본서 저자의 해석을 알게 된다고 주장한다. 18절에서는 **"지극히 높으신 이의 성도들이 나라를 얻으리니 그 누림이 영원하고 영원하고 영원하리라."**고 선언되었으며, 27절에서는 **"나라와 권세와 온 천하 나라들의 위세가 지극히 높으신 이의 거룩한 백성에게 붙인 바 되리니 그의 나라는 영원한 나라이라."**고 했다.

그 말은 인자에 관련해서 쓴 13절, 14절 말씀과 극히 유사(類似)하다. 인자에 관해서는 권세와 영광과 나라를 얻게 된다고 한다. 마찬가지로 성도들도 그 나라를 얻는다고 말한다. 성도들이 그 나라의 통치와 주권과 위대함을 얻는다. 인자의 나라는 영원하며 따라서 성도들이 얻는 그 나라도 영원하다는 것이다.

셋째 해석에 대한 비판

우리는 위의 논증에서 큰 난점을 발견하게 된다. 확실히 거기에는 엄밀한 언어상의 유사점이 있다. 그러나 그 유사점은 이 구절들이 인자에 관한 저자의 해석이 개인에 관한 것이라고 실제

---

46) S. Mowinckel, *He That Cometh* (Nashville : Abingdon Press, 1954). p. 350.

적으로 결론을 내리지 않고 있기 때문에 다른 방법으로 설명될 수도 있다는 것이다.

(1) **명백한 관련 구절이 없다** : 한 상징(네 짐승 등)을 해석하는 다니엘 7장에 쓰인 명백한 말(네 짐승은 네 왕이라는 등)은 전혀 "인자와 같은 이"와 관련되어 사용된 것이 없다. 네 짐승들은 17절에서 특별하게 해석되었다. 즉, **"그 네 큰 짐승은 세상에 일어날 네 왕이라."**는 말씀이다. 또한 **"넷째 짐승은 곧 땅의 넷째 나라인데"**(7 : 23 상반절)라고 명백하게 말했으며 **"그 열 뿔은 그 나라에서 일어날 열 왕이요"**(24 상반절)라고 명백하게 해석하고 있다. 그러나 본 장(章)에는 어느 곳에서도 "인자 같은 이가 지극히 높으신 이의 성도들이라."는 구절을 찾을 수가 없다.

(2) **말의 유사성은 집합적 견해만을 단정적으로 입증하지 않는다** : 성도들이라는 말과 인자 같은 인물이라는 말 사이에 있는 유사성은 역시 서로 다른 근거에서 설명될 수 있다. 그들은 누구에게서 그 나라를 얻을 것인가? 집합적인 견해를 옹호하는 사람들은 그들이 그 나라를 하나님께로부터 얻으리라고 주장할는지도 모른다. 그러나 성도들은 인자에게서 나라를 얻을 것이며 인자는 이미 하나님께로부터 그 나라를 얻었다고 동등하게 말할 수 있을 것이다. 바꾸어 말하면 그 말의 유사성은 우리들에게 무조건적으로 "높으신 이의 성도들"을 인자로 확신하도록 요구하는 것은 아니다. 그 말은 또한 다른 가능성들을 허용하는 것이다.

(3) **불완전한 성도들을 하나님의 뜻에 완전히 복종하는 메시야적인 인자로 볼 수 없다** : 우리가 이미 지적한 바와 같이 이

구절들은 인자와 네 짐승들 사이에 있는 근본적인 대조를 피한 것이다. 그 짐승들은 하나님의 뜻을 가장 완전하게 불복종하는 것을 나타내고, 인자 같은 이는 하나님께 최고도의 절대적 복종을 나타내고 있다. 이 대조는 **인자 같은 이를 지극히 높으신 이의 성도들이라기보다 신적 메시야라고 보는 것이 더욱 타당하다.** 지극히 높으신 이의 성도는 신적 존재도 아니며 하나님의 뜻에 완전히 복종하기 위하여 바칠 수도 없었다. 다니엘은 9:5에서 성도들이 범죄하고 반역한 사실에 관하여 특별히 기록했다. 이것은 인간적이고 불완전한 하나님의 성도들의 행적을 보여 준다. 그러므로 이러한 성도들을 신적이고 메시야적인 인자로 보는 것은 부당하다.

(4) 원어상의 전치사 자체가 사람 같으나 그 이상의 신적 존재임을 나타낸다: 비교를 나타내는 전치사인 כ(카프)에 관한 헹스텐베르크의 견해도 역시 여기에 적절하다. 이 전치사는 사람과 유사성이 있다고 하는 사실을 지적해 주며 또한 사람(성도)과 "인자 같은 이" 사이에는 차이점이 있다는 것을 지적해 준다. 그 인물은 사람 같으나 또한 그 이상(以上)이란 것이다. 그 인물을 이스라엘 백성이라고 보는 것보다 메시야라고 볼 때 이 구별은 더욱 쉽게 된다. 이스라엘 백성을 인간 이상이라고 가정할 수는 없기 때문이다. 영은 말하기를 "만일 이 전치사가 신성을 지적하는 말이라면 이것은 하늘의 인물과 이스라엘 백성을 동일시하는데 대하여 반대되는 것이다."[47]라고 하였다.

---

47) Edward J. Yuong, *Daniel's Vision of the Son of Man* (London: Tyndale Press, 1958), p. 20.

또한 우리들이 이 인물을 메시야-즉, 예수 그리스도로 보는 데는 다른 이유들이 있다. 이 이유들이 절과 절의 나머지 부분을 분석하는 동안에 밝혀질 것이다. 우리의 근본 개념과 집합적 해석에 나타난 약점을 지적함으로 충분히 논의해 왔다.

"인자 같은 이"의 인물 묘사

이 인물 묘사를 계속하여 말한다면 다음과 같은 점들을 들 수 있다.

(1) 그 인물이 "하늘 구름을 타고" 온다고 언급했다(7:13): 우리 한역은 여기에서 아람 원문보다 칠십인역에 더욱 충실을 기하고 있다. עִם-עֲנָנֵי(임 아나네이)라는 아람어는 AV, ASV, RSV에서 사용된 번역대로 "구름과 함께"라고 번역하는 것이 좋으며 이 번역은 자유주의 주석가와 보수주의 주석가들이 다 같이 일률적으로 채용한다(카일, 루폴드, 영, 몬트고메리, 히튼, 로울리).

이 구절의 뜻은 특히 인자를 누구로 보느냐 하는 문제가 많은 토론의 대상이 된다. 인자와 하늘 구름과의 관계는 무엇인가? 앞에서 언급한 바와 같이 인자에 관해서 영(Young)이 그의 강의 시간에 가르친 주석이 필자가 지금까지 보아 온 주석 가운데서 가장 완전한 것이다.[48]

자유주의적인 성격이 짙은 주석가들은 이 어구가 인자와 네 짐승들을 대조하는 일부분이라고 기꺼이 동의한다. 몬트고메리는 "구름은 짐승들이 나온 바다와 대조된다. 즉, 하늘나라와 이 세상 나

48) *Ibid*, pp. 10-16.

라와의 대조이다."라고 말한다. 한 각주(脚註)에서 로울리도 같은 뜻으로 말하기를 "다른 나라들은 바다-즉, 밑에서부터 오는 것이나 이 나라는 구름-즉, 위에서부터 오는 것이다."[49]라고 한다. 자유주의자들이 가지고 있는 유일한 문제점은 구름 속에 내포된 의미를 얼마나 더 잘 강조할 수 있는가에 있다.

몬트고메리는 구름과 "함께" 오는 것과 구름을 "타고" 오는 것 사이에 있는 차이점을 강조하고 있다. 그는 구름을 타고 온다면 그 위치가 신성(神性)을 상징하는 것이며 (사 19:1, 시 104:3 참조). 다니엘은 여기서 특별히 이 용어를 피하고 있다고 주장한다. 그러므로 이 구절은 신성을 표시하는 것으로 사용될 수 없으며 인자라는 인물을 개인적인 메시야적 해석을 옹호하는 구절로 사용될 수도 없다고 한다.

영은 이 점을 아주 강력하게 반대하고 있다. 그는 여기에서 몬트고메리가 그 상징을 너무 지나치게 강조하고 있다고 주장한다. 순전히 언어학적 견지(사전적인)에서 볼 때 "함께"라고 번역된 전치사 עִם(임)은 몬트고메리가 주장하는 바와 같이 그처럼 엄격하게 신성(神性) 개념에 반대되는 것으로 볼 수 없다. 논쟁점이 되는 이 말은 단순히 연관성을 지적하는 말 이외에 아무것도 아니다. 이 문제는 순전히 언어학적인 면에서보다 다른 면에서 해결되어야 할 문제이다. 이와 같은 관련에서 볼 때 "타고"라고 번역된(7:13) 전치사 עִם(임)은 이 전치사 자체가 신성을 주장하지는 않는다. 단순히 위치만을 지적할 뿐이다. "아람어 원문이 의미하는 것 전부는 인자의 오심이 하늘 구름과 관련된다는 것이

---

49) Rowley, *op. cit.*, p. 42.

다."50)

그러나 이 말은 인자의 오심이 구름과 관련되었다는 상징이 중요하지 않은 것은 아니다. 그 상징은 아주 명확한 뜻을 가지고 있다. 구약의 상징적 의미로서 구름은 종종 하나님과 관련되어 사용되었다. 구름은 하나님의 좌소(座所), 그의 임재의 표, 그를 가리우는 것, 그의 능력의 표상 등으로 되어 있다. 즉, "그가 흑암 곧 모인 물과 공중의 빽빽한 구름으로 둘린 장막을 삼으심이여" (삼하 22:12), "빽빽한 구름이 그를 가린즉 그가 보지 못하시고 둥근 하늘을 거니실 뿐이라 하는구나"(욥 22:14)(또한 출 13:21 이하, 19:9 이하, 왕상 8:10 이하, 시 18:10-18, 104:3, 사 19:1, 렘 4:13, 나 1:3, 겔 10:4 참조).

신성(神性)과 구름 사이에 있는 이 관계는 또한 유대 주석가들도 인정한다. 유대 인들에게 있어서 메시야는 "구름의 사람" 혹은 "구름의 아들"이라고 알려져 왔다. 예를 들면, 로울리는 다니엘 7장에 있는 이 말이 메시야 개인을 의미한다고 믿지는 않으면서도 이러한 해석이 초기에 발달되어 있었음을 인정한다. 그는 그 예로서 에녹 1서 46:2 이하, 48:2을 들고 있다.

그러나 이 구절이 신성과 관련이 되어 있다는 가장 포괄적인 주장은 신약의 몇 구절과 우리 주님이 사용하신 말씀 가운데서 발견된다. 그리스도께서는 그의 재림을 언급하실 때 이 하늘 구름의 상징을 대단히 유효하게 사용하여 재림의 초자연적 성질을 강조하신 것이 분명하다(마 24:30, 26:64, 막 13:26, 14:62). 영이 그의 연구에서 지적하는 바와 같이 주님이 자기를 '인자'라고

---

50) E. J. Young. *op. cit.*, p. 12.

하고 그가 구름과 함께 오실 것을 말씀하시는 구절에서 주님은 희랍어 전치사를 구름 "타고" 오시는 재림이 아니라 구름과 "함께" 오시는-즉, 구름과 관련되어 오시는 재림이라는 뜻으로 사용하고 있다(막 13:26에서는 ἐν, 막 14:62에서는 μετὰ, 마 24:30과 26:64에서는 ἀπι로 사용된 것을 참조) "구름 타고" 오신다는 것이 오직 신성의 표현이라고 몬트고메리는 말했다.

이 구절에서 예수님은 "구름과 함께" 오심을 말하고 신성을 가지고 오시는 것과 그 모든 기능을 관련시켜 말씀하신 것이다. 바꾸어 말하면 다니엘 7:13에 "구름을 타고 (함께) 오신다."는 개념은 인자 같은 이가 바로 메시야 개인임을 강력하게 주장하는 것이다. 신약과 구약에 사용된 이 표현은 인자의 하늘의 기원(起源)이나 초자연적 영기(靈氣) 이상의 것을 보여 준다. 즉, 그것은 신성을 보여 준다. 하늘 구름은 신적 인간의 동반자를 위한 수레로 표현되었다. 인자를 지극히 높은 자의 성도들로 해석하는 집합적 견해는 여기서 강력한 난관을 만난다. 이 견해에서 성도들이 하나님의 백성이었다는 의미에서 하늘의 존재들로 생각될지 모른다. 그러나 구름과 함께 오는 상징은 단순히 하늘의 기원보다도 더 강력한 어떤 사실을 지적하고 있는 것 같다. 그것은 신성을 지적하고 있는 것이다.

(2) 인자 같은 이가 "옛적부터 항상 계신 이에게 나아가 그 앞으로 인도되매"(7:13): 우리는 지금 한 궁중을 구경하고 있는 관객(觀客)과도 같다. 인자 같은 이는 궁중의 관습대로 옛적부터 항상 계신 이 앞에 나아온다. 이 출현의 목적은 14절에서 분명히

밝혀져 있으니 곧 인자는 왕의 권위를 받은 인물이다. 옛적부터 항상 계신 이의 심판은 세상 권세의 멸망으로 끝나지 않으며 영원하고 우주적인 하나님의 나라를 세우심으로 끝난다. 네 나라 왕들의 심판과 멸망은 오직 다른 나라를 위한 준비인 것이다. 인자와 관련된 그 새로운 나라가 이제 시작되었다는 것이다.

어떤 주석가들은 바벨론 왕의 즉위(卽位) 축제에 관한 막연한 암시나 직접적인 언급까지도 여기에서 발견한다고 한다. 히튼은 그의 조그마한 책자에서 이 사실을 암시했다. 즉, "만약 그의 즉위가 바벨론에서와 같이 히브리인의 축제의 일부라면 13절에 있는 개념의 직접적인 근원은 명백할 것이다."(p. 183) 이러한 견해에서 그는 벤첸(A. Bentzen)의 학설을 추종하고 있다.[51] 벤첸은 다니엘 7장이 "고대 왕의 즉위 축제(Enthronement Festival)의 종말론적인 표현이다. 이것은 세계 시대에 관한 개념으로 말미암아 특별히 적절한 종말론에 영향을 끼쳐 왔다. 이것은 결국 인자로 대표된 유대 민족의 세계를 통치함으로 완결된다."고 주장했다.

그러나 그것이 이스라엘에서 연초에 거행된 즉위 축제였던가 하는 문제는 명확하지가 않다. 더욱이 7장에는 고대 바벨론 축제의 일부를 이스라엘에서 채택하여 실시했다는 사실을 지지할 만한 아무런 증거도 없는 것으로 보인다.[52] 이러한 해석은 다니엘 7장의 강조-즉, 환상의 내용이 하나님께로부터 직접 계시 받는

51) A. Bentzen, *King and Messiah* (London, 1955), p. 75.

52) Edward J. Young, *The Book of Isaiah*, Vol. I (Grand Rapids : Eerdmans Publ. Comp., 1965), pp. 494-499에서 이 바벨론 왕의 즉위 축제설에 관한 논평을 볼 수 있음.

환상이라는 것을 손상시킨다.

그러나 형식적인 의미에서 볼 때 이 즉위의 개념은 특정한 진리의 요소를 가지고 있다. 이 광경은 왕적 권위를 가진 인자와 같은 이의 취임식을 묘사한 것이다.

(3) 인자에게 수여된 이 새로운 나라의 성격(7:14): 특별히 두 가지 특징이 강조되었으니 곧 그 나라는 우주적인 나라이며 영원한 나라라는 것이다. **"그에게 권세와 영광과 나라를 주고…"**(7:14) 여기에 사용된 말은 신성과 직접 관련된 나라의 번영이다. 이 말은 바벨론 나라를 묘사한 다니엘 2:37에서 처음으로 사용되었다. 그러나 2장에서는 인간의 군주 국가를 말하는 것이지만 이 말은 **"나라와 권세와 능력과 영광"**(2:37)의 근원이 하나님께 있다는 의미이다. 하늘의 하나님이 느부갓네살에게도 이 것들을 일과성이었지만 한때 주셨다. 4:30에서 느부갓네살 왕은 그의 "권세"와 "위엄"을 자랑하였는데 이 자랑 때문에 하나님께서는 그를 낮추시고 심판하셨다. 그 권세의 원천이며 창시자이신 하나님께만 돌려야 마땅한 권세를 자기의 것인 것처럼 말한 그 왕의 교만 때문에 하나님께서는 그를 심판하셨던 것이다. 그가 영광과 찬양과 통치권을 하나님께만 돌렸을 때 그는 다시 회복함을 받았다(4:34).

이 말은 6:26에서 다시 사용되었는데 그때 다리오는 다니엘이 사자 굴에서 풀려 나온 것을 찬양하면서 "…그는 살아 계시는 하나님이시요 영원히 변하지 않으실 이이며 그의 나라는 멸망하지 아니할 것이요 그의 권세는 무궁할 것이며"라고 하나님을 찬양하였다. 후반절 말씀은 특별히 흥미가 있는 것이다. 즉, 비록 그가 다니엘의 하나님을 유일한 참 하나님이라고 고백은 하지 않았을지라도 이방의 왕이 "통치"와 "나라"를 하나님께 돌린 이 태도는 다른 신들 위에 하나님을 가장 확실하게 높인 것이다. 다니엘서에서 "나라와 권세와 영광"과 신성과의 밀접한 관련은 **인자가 메시야 개인이라는 것을 강력하게 논증**하는 것이다.

(4) 그 나라는 우주적인 나라이다 : "모든 백성과 나라들과 다른 언어를 말하는 모든 자들이 그를 섬기게 하였으니" 7:14) 여기에서도 인자에게 주어진 이 나라와 네 짐승의 나라들과의 사이에 뚜렷한 대조가 나타난다. 앞서 온 네 나라들은 모두 그들의 권위가 지역적이었고 엄격하게 제한되었었다. 곰 같은 짐승은 하나님의 주권적인 명령 하에서 고기를 먹었다. 그 짐승은 그 자신의 권위를 실시하는 것으로 먹은 것이 아니고 "일어나서 많은 고기를 먹으라."(7 : 5b)고 했으니 다만 하나님의 명령으로 허락을 받고 먹은 것이다. 셋째 짐승의 권세도 무제한적인 것은 아니었다. 즉, "권세를 받았더라."(7 : 6b)고 했은즉 이 나라들이 우주적인 나라라고 말 할 수는 없고 인자의 나라만이 오직 우주적인 나라였다. 세상 나라들은 우주적인 통치를 성취하려고 노력했지만 성취할 수 없었다. 인자의 나라는 다른 나라들이 성취할 수 없었던 우주적인 주권을 받았다.

이 말과 연결하여 볼 때, 이 말은 "지극히 높으신 이의 성도들"(7:18)을 포함하지 않는 것일까? 이 말은 성도들과 모든 백성들 사이의 대조라기보다는 오히려 모든 백성들과 나라들과 다른 언어를 말하는 모든 자들과 신적 메시야이신 예수 그리스도를 대조한 것이라고 보는 것이 더욱 타당하다. 이것은 인자를 가장 높으신 이의 성도들로 보는 개념을 반대하는 다른 논점이 아닐까? 어떻게 모든 성도가 모든 성도들을 섬길 수 있겠는가?

모든 백성들과 나라들과 각 방언하는 자가 그를 "섬긴다"고 말한다. 여기에 있는 아람어 פְּלַח(페라)라는 이 말은 강조형이다. 카일과 영은, 이 말은 하나님께만 돌려질 봉사와 충성에 관한 말로서, 아람어 성경에 사용되었다고 똑같이 주장하고 있다. 그 개념은 곧 종교적인 봉사나 예배를 말하는 것이다. 7장 외에 이 말은 다니엘 3장(3:12, 14, 17 이하)과 에스라 7:19에만 사용되었다. 다니엘 3장에 사용된 예는 이 말이 느부갓네살이 세운 신상(神像)에 예배하는 것에 쓰였다. 이 우상을 "섬기는 것"은 존경을 표시하는 그 이상의 것이었으며 이것은 신성(神性)과 예배를 의미하는 것이었다(단 3:13, 14, 18에서는 신(神)이라는 말이 우상의 섬김과 관련되어 사용되었음을 참조하라). 에스라 7:19에 언급된 이 말은 하나님께 예배하는 데 사용되었던 기명(器皿)에 관한 것이다. 이 기명을 지적하는 목적은 하나님의 전에서 "섬기는 일"을 위한 것이라고 말했다.

어떤 학자들은 이 말이 신적 의미에서만 독점적으로 사용된다는 것을 반대한다. 몬트고메리는 이 동사가 인간을 섬기는 것과 신을 섬기는 것에 같이 사용되며 다니엘 7:27에서는 특별히 지극히 높으신 이의 거룩한 백성들을 섬기는 일에 사용되었다고 주장한다. 그러나 27절은 몬트고메리가 주장하는 것처럼 예외는 아니다. 영은 백성들이 지극히 높으신 이의 거룩한 백성들을 섬기는 것인 만큼 곧 그들은 이 거룩한 백성들의 왕을 섬기는 것이다. 백성들이 그들 가운데 있는 거룩한 백성들에게 종교적인 봉사를 하는 것이 아니고 오직 거룩한 백성들의 머리가 되시고 주가 되시는 분에게 종교적인 봉사를 하는 것이다."[53]라고 말한다. 영은 느부갓네살 왕이 다니엘에게 엎드려 절하였다는 다니엘 2 : 46에서 이와 동일한 점을 설명하고 있다. 사실상 왕이 다니엘에게 예배한 것이다. 이 점은 이방인들이 하나님의 백성에게 굴복하여 말하기를 "하나님이 과연 네게 계시고, 그 외에는 다른 하나님이 없다 하리라."고 말할 것이라는 이사야 45:14에서도 동일하다. 이방인들이 하나님의 백성을 경배한 것은 참되신 하나님이 그의 백성들 가운데 계시는 것을 깨달았기 때문이다. 하나님의 백성들에게 절한 것은 곧 하나님께 절한 것이다.

거듭 말하거니와 **하나님 나라의 우주적 특징을 볼 때, 우리들은 인자를 집단적인 단체로 보는 것보다는 신적인 개인으로 해석할 수밖에 없다.** 이 우주적 나라를 받으신 분은 공적 예배를 받기에 합당한 분이다. 지극히 높으신 이의 거룩한 하나님의 백성들이 아무리 높게 된다고 할지라도 공적 예배를 받기에 합당치 못하다. 모든 백성들이 거룩한 하나님의 백성들을 섬기는 것은 사실이지만(단 7 : 27) 이것은 찬송과 영광을 홀로 받으시기에 합당한 그 왕의 백성들이기 때문이다.

(5) 이 신적 나라는 또한 영원한 나라이다 : "그의 권세는 소멸되지 아니하는 영원한 권세요 그의 나라는 멸망하지 아니할 것이니라."(7 : 14) 그 나라의 영원성은 또다시 세상 나라와의 날카로운 대조를 나타낸다, 앞서 온 짐승들의 나라 왕은 권세를 얻

---

53) E. J. Young, *Daniel's Vision of the Son of Man. Op. cit.*, p.24

어 흥했으나 결국은 다 사라져 버렸다. 그들의 권세는 일시적인 것이었다. 그러나 여기에 적극적으로, 소극적으로 묘사된 하나님의 나라는 영원한 나라이다. **"그의 권세는 소멸되지 아니하는 영원한 권세요"**라는 말은 적극적인 긍정이며 **그의 나라는 멸망하지 아니할 것이니라."**는 말은 소극적인 말로 묘사된 동일한 진리인 것이다. 그 나라는 변화와 부패가 결코 존재하지 않는 완전한 나라이다.

이 속성은 또한 신적인 구세주 한 분을 지적하는 것이고 집합적인 단체를 지적하는 것이 아니다. 카일은 "본서에서는 그 권세의 기간에 관한 영원성은 하나님의 나라와 그의 기름 부으신 메시야의 나라임을 한결같이 예언한다."(단 2:44, 4:34 참조)고 말한다.

다니엘이 본 환상의 극치는 성취 또는 적어도 그 성취의 역사상에 나타난 표명의 시작을 나타낸다. 인자와 같은 인물에 대한 다니엘의 환상은 예수 그리스도의 인격과 사역에서 가장 깊은 뜻을 실현하였다. 그것은 예수님의 메시야 의식에서 가장 명백하게 나타나 있다. 이것을 묘사하는 인자라는 칭호가 다른 어느 칭호보다도 복음서에 많이 사용되었다. 보스는 공관복음서와 요한복음 가운데 이 말이 81번 나온다고 말한다. 더욱이 이 칭호는 예수님이 항상 자기에게 사용하셨으며 항상 자기를 나타내는 직접적인 방법이었다.

바꾸어 말하면, 사실상 예수 그리스도는 다니엘 7장에 나타난 이 초자연적인 인물이 바로 자기 자신이라고 언급하셨다. 구약에 나타난 인자의 초상의 의의와 조건들이 예수 그리스도 안에서 성취되었다. 그 초상의 어떤 부분은 예수님으로 말미암아 변화되었다. 다니엘서와 그리스도가 말씀하신 구절 사이에는 차이점이 있다. 다니엘서에서는 심판이 인자보다 먼저 나타난 옛적부터 항상 계신 이에게 속한 것이다. 그러나 예수님께서 권세와 영광 가운데 오실 그의 재림과 관련하여 그 칭호를 사용하신 구절에서는 인자 자신이 심판을 행하시는 것으로 나타나 있다. 더욱이 다니엘서에서는 "인자 같은 이"라는 말이 공식적인 칭호라기보다는 보다 형식적으로 서술되어 있다. 그러나 예수님이 사용하신 구절에서 그 말은 더욱 공식적인 어조로 나타나 있고 하나의 칭호로 되어 있다.54)

그러나 예수님이 자신을 가리킨 칭호와 다니엘서에 나타난 칭호가 같은 의미를 가진다. 그 칭호의 강조점은 초자연적, 초월적인 메시야의 영광과 권세에 있는 것이다. 예수님께서 이 칭호를 사용하실 때는 영광과 찬송과 축복을 받으실 만한 하늘에서 오신 메시야의 높은 성격을 밝히 드러낸다. 특별히 4복음서에 사용된 '인자'란 칭호는 예수님의 신비적인 존재에 관한 천상적이고 초자연적인 면을 내포하고 있으며 특히 요한복음에서는 영원전부터 계신 분이라고 고전적 표현을 하고 있다(요 1:1-3).

7:14은 이 환상의 내용에 관한 근거를 결론짓고 있다. 이제 15-28절에서는 꿈과 환상 속에서 그 꿈의 해석을 받는다. 이 환상에 관한 신적인 주석은 15절과 16절에서 다니엘이 그 환상의

---

54) Geerhardus Vos, *The Self-Disclosure of Jesus* (Grand Rapids : Eerdmans Publ. Comp., 1953). pp. 227-254.; Richard Longenecker, "Son of Man as a Self-Designation of Jesus." *Journal, of the Evangelical Theological Society*, Vol. XII, Part III, pp. 151-158.

뜻에 관한 무지와 두려움을 고백함으로써 시작된다. 그 꿈이 하나님이 주신 꿈인 만큼 그 해석도 하나님의 계시를 통해서만 알 수 있다. 인간은 미래를 볼 수 없을 뿐만 아니라 미래에 관한 하나님의 계시를 해석할 능력도 없다. 인간은 오직 하나님께서 인간에게 주신 역사의 문을 열어 주시기를 필요로 하는 것처럼 또한 인간에게 주신 역사의 해석도 해 주시는 것을 필요로 하고 있다.

환상으로 인한 다니엘의 근심과 번민

7:15. 나 다니엘이 중심에 근심하며 내 머리 속의 환상이 나를 번민하게 한지라.

다니엘은 여기서 그의 연약함과 무지함을 자백함으로 신적 해석의 필요성을 강조한다. 이 환상은 다니엘에게 커다란 충격을 주었다. 다니엘은 근심하여 번민케 되었다. 영과 카일이 주의 깊게 고찰한 바와 같이 다니엘이 이렇게 고민한 이유는 단순히 환상의 신비함 때문이 아니다. 그는 해석을 받은 후인 28절에서까지도 마음과 신체에 괴로움이 있었다. 다니엘의 마음을 그처럼 번민케 만든 것은 그 환상의 내용이었다. 넷째 짐승의 그 놀라운 모습, 영광스러운 심판 광경, 보좌에서 나오는 심판하는 불…, 이 모든 것은 그 일에 대해서 알지 못하는 다니엘을 번민케 하고 공포를 가져왔을 것이다.

이 고통은 또한 육체적인 면에도 미쳤다. 우리 한역은 "중심"과 "머리"라는 말을 사용하고 있다. 이 번역에 의하면 다니엘의 근심과 괴로움은 단순히 정신적, 감정적인 것이라고 할 수 있다.

그러나 우리 한역에 "중심"이라고 번역된 아람어는 강력하게 육체적인 뜻이 포함되어 있다. 이것은 문자적으로 번역하면 "내 칼집에 든 나의 정신"이다. 이 개념은 그의 몸 안에 있는 정신이라는 말로 칼집에 들어 있는 칼과 같다는 말이다. 그의 이 육체적인 번민에 대한 이 말을 AV와 ASV에는 "나의 몸 안에 있는 나의 정신"이라고 번역하였다.

영은 다니엘의 근심에 관한 이 육체적인 면에 주의를 기울이고 있다. 하나님의 계시는 가끔 계시를 받는 사람에게 육체적인 영향을 미치게 했다. 발람은 눈이 감겨 넘어진 자로 묘사되었고, 사울은 하나님의 신이 그에게 임할 때 종일 종야 벌거벗고 누웠었다. 영은 이렇게 말했다.

> 하나님의 예언자들은 알지 못하는 힘에 이끌려 인도하심을 받는 사람들이다. 그들은 바벨론의 제사장들처럼 인간이 자발적으로 한 단체나 계급의 회원이 된 사람이 아니다. 예언자가 전문적인 예언자의 단체에 입회(入會)하는 의식을 통하여 그 임무를 시작하는 것도 아니었다. 하나님께서 예언자의 직무를 주시기 위해서 예언자들을 부르실 때, 많은 예언자와 심지어는 모세까지도 입이 무거운 것이 그 특징이었다고 나타낸다. 이 침묵은 대개가 예언자들의 특징인 열등감과 겸손 때문임이 틀림없다. 다른 한편으로는 예언자가 계시를 받았을 때에 그 예언자에게 육체적으로 영향을 미쳤는지도 모른다. 하나님을 선포하는 예언자는 그에게 미친 하나님의 압도적인 계시의 능력의 결과로 특정한 육체적인 고통을 겪는다.[55]

---

55) E. J. Young, *Messianic Prophecies of Daniel,* pp. 49-50.

다니엘의 질문과 하나님의 해답

7:16. 내가 그 곁에 모셔 선 자들 중 하나에게 나아가서 이 모든 일의 진상을 물으매 그가 내게 말하여 그 일의 해석을 알려 주며 이르되.

다니엘은 본 절에서 그 보좌 곁에 서 있는 시종 중 한 사람에게 이 일에 관한 설명을 해 달라고 요청한다. 다니엘에게 직접 질문을 받은 자를 AV, ASV, RSV 번역만은 "곁에 서 있는 자"라고 번역하고 있다. 우리 한역에는 그는 "그 곁에 모셔 선 자들"이라고 묘사되었다. 여기에 나타나 있는 개념은 하늘나라의 왕을 시종한다는 사상을 보다 더 강조하는 것 같다. 몬트고메리는 이 용어가 궁중 생활에서 온 것이라고 지적한다. 이 말은 바벨론 왕궁에서 왕을 모실 소년들의 성격을 묘사한 다니엘 1:4에도 사용되었다. 아마도 이 시종들은 옛적부터 항상 계신 이의 보좌 곁에 서서 시종하는 천사였던 것 같다.

이 말들은 특별한 특징을 강조하고 있다. 다니엘 자신은 그 환상에 참가하여 그 환상에서 활동하는 일원(一員)이 된다. 다니엘과 그 환상 중에 있는 시종인 사이에 실제적인 사상의 교환이 있었다. 다니엘은 자신이 그 환상의 실제 인물과 지적인 대화가 가능한 것을 깨달은 환상임을 지적하고 있다. 어떻게 이러한 일이 있을 수 있는지 우리는 알지 못한다. 그러나 이 일이 있었다는 사실을 받아들여야만 한다. 이 사실을 지원하는 칼빈의 건전한 견해를 인용해 보면 "환상을 배척하지 않고 하나님께 그 해석을 해 달라고 간구한(하나님 곁에 모셔 선 자 곧 천사를 통해) 다니엘의 실례를 보고 배우게 된다. 하나님께서 오늘날에는 환상을 통해서 우리들에게 말씀하시지 않지만 그의 율법과 복음으로 말씀하시기를 원하신다. 우리는 우리의 죄 때문에 어두워져서 성경을 밝히 알지 못하므로 다니엘이 사용했던 그 방법을 배워야 한다. 즉, 우리들에게 밝히 나타내 주지 못하는 천사들로 하여금 말씀을 이해하려고 하지 말고 그리스도에게 친히 배워야겠다. 그리스도께서는 오늘날 그가 세우신 목사와 복음의 사역자들을 통하여 우리들을 친절하게 가르치신다."라고 하였다.

네 큰 짐승 = 네 왕

7 : 17. 그 네 큰 짐승은 세상에 일어날 네 왕이라.

본 절과 18절은 이 세상의 뜻에 관한 간단한 개요를 말하고 있다. 네 짐승의 본질이 일반적인 해석 방법으로 간단하게 설명되었다. 19절 이하에서는 천사가 넷째 짐승의 성질, 특히 작은 뿔의 성질에 관해서 설명하고 있다. 본 절에서 그 시종인은 네 짐승들이 땅 위에서 일어날 네 왕들이라고 대답한다. 우리는 여기에서 다시 한번 2장에서는 나라를 취급하였으나 본 장에서는 왕들(개인들)을 강조하고 있음을 알게 된다. 네 짐승들은 나라들이 아니고 왕들이라고 한다. 동시에 그 왕은 세상 나라의 건설자와 대표자들이다. 영 박사는 말하기를, "구체적인 왕은 추상적인 나라에 관해서 사용되었다. 물론 그 왕은 그 나라의 대표자요 표명자이며, 그 나라의 특징을 나타내는 자이다." 56) 라고 했다

3장에서 그들의 근원이 바다와 관련되었다고 하는 그 네 왕들이 여기에서는 "세상에서" 일어날 것이라고 한다. 3절을 고찰할

---

56) *Ibid.*, pp. 50 - 51.

때 우리가 충분히 지적한 바와 같이 3장과 본 절 사이에는 모순이 없다. 우리는 본 절을 3절에 있는 환상의 뜻에 관한 신적인 주석이라고 보는 것이다. 그 왕들은 하나님을 반역하는 상태에 처해 있는 세상 나라에서 온다. 그들은 옛적부터 항상 계신 이와 아주 밀접한 교통 가운데 있는 인자와 매우 날카롭게 대조되어 있다. 그 왕들은 세상에서 왔고 인자는 하늘에서 오셨다.

본 절에 사용된 **"일어날"**이라는 동사의 미래 사상에 관해서 몇 사람들의 주목을 끌어 왔다. 힛치그와 같은 몇몇 주석가들은 그 첫째 나라도 아직 오지 않은 미래의 나라라고 주장했다. 일반적으로 이 해석은 본문을 비판하는 자유주의자들이나 보수주의자들 그 어느 편에게도 인정을 받지 못해 왔다. 루폴드는 이 말을 "일어나도록 작정되었다."라고 해석한다. 클리포드와 카일은 그 미래형은 "이 환상이 네 개의 계승적인 단계에 전개되는 것과 같이 전체적인 것으로서의 세상 권력의 발전을 나타낸다고 하는 것을 선언하려는 목적에서 사용되었다. 그러므로 천사가 예언자에게 이 환상을 개괄적으로 해석하고 있다.…"라고 주장한다. 바꾸어 말하면 이 미래형은 이 계시 전체의 개요를 말하는 천사의 목적과 완전히 일치한다.

성도들이 누릴 영원한 나라

7:18. 지극히 높으신 이의 성도들이 나라를 얻으리니 그 누림이 영원하고 영원하고 영원하리라.

본 절의 말씀을 보면 그 시종인은 다니엘이 보았던 다섯째 나라에 대해 설명한다. 이 나라는 특별히 먼저 나온 네 나라와 대조되는 이 나라의 독특성을 두 가지 면에서 강조한다.

첫째로, 이 나라는 **"영원하고 영원하고 영원히"** 지속될 나라라는 것이다. 즉, 완전한 영원성을 강조하는 것이다. 앞에 나왔던 나라들은 일시적이고 없어졌다. 그러나 이 나라는 변화나 중단이 없이 지속될 것이다.

둘째로, 이 나라는 **"지극히 높으신 이의 성도들"**이라고 불리운다. 이 구절은 단지 다니엘 7장(22, 25, 27절)에서만 발견되는 독특한 용어이며 분명히 위엄을 나타내기 위해서 사용된 말이다. 이 말은 하나님에 관한 언급이다. 처음의 네 짐승들은 지상의 왕들이었다. 그러나 이 왕은 하나님 자신이며 그의 나라는 하늘나라이다.

인자의 성질에 관한 앞서 고찰에서 우리는 "지극히 높으신 이의 성도들"이란 구절의 가장 인기 있는 해석 중의 하나를 이미 지적한 바 있다. 자유주의 학파에 속한 비평가들은 이 말이 "인자"란 말을 설명하는 주석이라고 한결같이 긍정하는 것으로 보인다. 이 학파는 작은 뿔을 일반적으로 안티오커스 에피파네스로 보기 때문에 지극히 높으신 이의 성도들은 유대인의 신앙을 이교화하려는 안티오커스의 모든 노력을 반대했던 신실한 유대인들일 수밖에 없다고 한다.

우리는 이미 이 해석을 반대한다고 밝혔다. 우리는 이 해석이 그 구절의 환상을 바로 취급하지 않는다고 본다. 우리가 이미 언급한 것에 부가해서 여기에서는 다른 점이 강조되었다. 이 성도들은 작은 뿔의 역사와 멸망과 함께 다니엘 7장에 가장 밀접하게 관련되어 있다. 21절에서는 작은 뿔이 이 성도들과 더불어 싸우며 한때는 작은 뿔이 우세할 것이라고 말해 준다. 25절은 성도들과 싸우는 동안에 작은 뿔이 우세한 시기를 강조한다. **"그가 지극히 높으신 이의 성도를 괴롭게 할 것이며"**라고 말한다. 그러나 결국은 성도들이 작은 뿔을 이길 것이다. 심판은 성도들에게 행해질 것이며 성도들은 그 나라를 얻게 될 것이다(22절). 바꾸어 말하면 성도들이 가지는 작은 뿔의 궁극적인 목적과 멸망과의 밀접한 관련은 동일하게 시간적인 문제라고 생각하게 만든다. 그러므로 만약 다니엘 7장에 있는 작은 뿔이 안티오커스 에피파네스를 가리키는 것이 아니라면 지극히 높으신 이의 성도들도 안티오커스 당시의 유대 인이나 유대 인의 어떤 일부분도 아니다. 우리는 이미 2장을 고찰할 때에 7장에 나오는 작은 뿔과(8, 11절) 8장에 나오는 작은 뿔의(9절) 상징이 다르다는 것을 주목해 왔다. 그리고 8장에 나오는 작은 뿔이(9절) 분명히 안티오커스 에피파네스라고 생각하기 때문에, 7장에 나오는 작은 뿔은 안티오커스 에피파네스가 아닌 것이 분명하다고 생각한다. 그러므로 만약 7장의 작은 뿔이 안티오커스를 언급하는 것이 아니라면 7장에서 언급된 지극히 높으신 이의 성도들은 안티오커스 치하(治下)에서 고난을 당하던 유대 인들일 수가 없다. 그러면 지극히 높으신 자의 성도들은 누구를 가리키는 것일까? 어원상(語原上)으로 볼 때 이 문제를 해결할 만한 것은 없다. "성도들"이라고 번역된 이 용어는(21, 22, 25, 27에 반복된) 문자 그대로 "거룩한 백성들"을 의미하여, 이 말이 이스라엘을 묘사하는 말로는 본 장(本章) 이외에서 오직 3 번밖에 나오지 않는다 (단 8:24, 시 16:3, 시 34:9). 일반적으로 말하면 자유주의적 비평학파들 외에 이 구절의 의미에 관하여 언급한 두 학파의 견해가 있다.

그 두 학파 중 하나는 세대주의와 관련된다. 이 학파는 교회의 성도들과 유대인의 남은 성도들 사이를 주의 깊게 구별한다. 다니엘 7 : 18 이하에 나오는 성도들은 유대 인의 남은 성도들에 속한다고 한다. 게이블라인은 다니엘서에 나오는 이 성도들은 "대환난을 이기고 하나님께서 예언자들을 통해서 그들에게 주신 축복과 약속을 상속 받은 하나님을 두려워하는 유대 인들"이라고 말한다. 본질적으로 이와 동일한 견해를 필립 뉴웰의 저서에서 발견하게 된다. 이 견해에 의하면 교회 시대 전부는 다니엘의 모든 예언을 무시하는 삽입구이기 때문에 다니엘 7장에 나오는 성도들은 교회의 성도들일 수가 없다. 그들은 교회의 공중 잔치 후에 지상에 남아 있는 유대 인들이라고 한다. 다니엘 7장 계시에서 이 유대 인들은 작은 뿔이나 재생 로마 제국의 왕의 핍박인 대환난을 통하여 천 년 왕국에 들어간다. 18절을 보면 그들은 그 나라를 받아 소유하게 된다. 반대로 교회의 성도들은 작은 뿔이 지배하는 대환난을 당하지 않는다. 그들은 이미 주님을 맞으려고 비밀리에 공중에 올리움을 받았기 때문이라고 한다(다니엘서에 관한 세대주의자들의 교훈보다 충분한 설명은 9장 해석으로 미룬다).

이 견해는 큰 난점이 있다. 본문 자체만 봐도 이 견해를 받아들이는 데는 난점이 있다는 것을 알 수 있다. 다니엘이 여기에서 천 년 왕국을 언급하지 않은 것은 명확한 사실이다. 여기 있는 성도들은 게이블라인이 주장하는 것처럼 마지막 천 년 동안 계속되는 천 년 왕국을 받는 것이 아니다. 반대로 그들은 영원한 나라를 받는다. 그들이 이 나라를 누리는 것이 영원하고 영원하고 영원하리라고 했기 때문이다. 여기에는 이 성도들이 천년 왕국을 받을 유대 인 성도들이라는 언급이 없다. 그들이 지극히 높으신 이의 성도들이라는 언급뿐이다. 그리고 그들에게 주신 그 나라의 누림은 영원한 누림이다. 본문에는 그 환상의 자료가 없으며 그 나라의 영원성에 관한 강력한 특징은 단지 천년 동안만 그 나라를 누릴 유대 인의 남은 성도들이라기보다는 일반적인 성도들을 지적하는 것일 것이다.

이 견해에 또 다른 문제가 앨리스에 의해서 제기되었다. 앨리스는 그의 세대주의적 연구서에서 이 문제를 제기했다.

> 이 성도들이 교회의 성도들인가, 그렇지 않으면 유대인들의 남은 백성들인가? 전적으로 세대주의자들이 구분한 시대설이 타당한가, 그렇지 못한가에 달려 있다.…만약 교회 시대 전체가 다니엘의 모든 예언을 "뛰어넘은(skip over)" 시대라면 그들은 교회의 성도들일 수가 없으며, 그들은 교회의 공중 잔치 후에 지상에 남은 유대 인들임에 틀림없다.[57)]

앨리스는 이 구절(18절)에 관한 세대주의적 곤경을 언급하고 있다. 근본적으로 이 구절에 관한 해석은 세대주의의 괄호 시대설을 받아들이는가, 거절하는가에 달렸다. 우리가 2장을 고찰하면서 지적한 바와 같이 우리는 교회의 괄호 시대설(301쪽 이하 참조)을 받아들이기에 가장 큰 난점을 가지고 있다. 그리고 이 난점은 또한 지극히 높으신 이의 백성들이 유대 인의 남은 성도들이라는 것을 반대하는 또 다른 이유이다.

---

57) O. T. Alis, *op. cit.*, p. 126.

이 문제에 관한 해석의 또 다른 학파는 오늘날 널리 인정을 받고 있다. 이 해석에 의하면, 이 성도들이란 "유대인이나 이방인이거나 관계없이 이스라엘인 모든 시대에 걸친 하나님의 참된 백성이라고 본다."(루폴드). 카일은 말하기를 "지극히 높으신 이의 성도들이란 이방인들과 대조되는 유대인도 아니요 회개하고 천년 왕국에 들어간 이스라엘을 말하는 것도 아니며 우리가 출애굽기 19 : 6과 신명기 7 : 6에 근거를 두고 주장하는 바와 같이 언약의 나라의 참된 백성들, 신약적인 하나님의 성민-즉, 이스라엘과 모든 열방들의 신실한 자들로 구성되는 새 언약의 백성들이다."라고 한다. 애드워드 영도 이 견해에 동조한다.

물론 이 해석은 세대주의자들의 해석보다 받을 만하다. 그러나 이 해석에도 난점이 있다. 다니엘 7 : 21, 25에 의하면, 작은 뿔이 성도들로 더불어 싸우리라고 하였고, 작은 뿔은 얼마 동안 이 성도들을 이기기까지 한다. 바꾸어 말하면 우리 본문에서는 작은 뿔과 성도들 사이에 극히 짧은 기간 동안 잠깐의 관계가 있다. 그러므로 우리들이 믿는 바와 같이 만약 작은 뿔이 그리스도의 재림 전에 잠깐 동안 일어날 것이라고 말하는 적그리스도라면 그를 대항하여 싸우는 이 성도들은 일반적으로 "마지막 날"이라고 언급되는 그 기간에 해당되는 성도들이다. 카일과 오늘날 그의 지지자들이 가지고 있는 난점이 바로 여기에 있다. 성도들의 성격에 관한 그들의 해석은 시대적인 범위가 너무 광범하여 성도들을 적그리스도와 같은 시대 사람들로 볼 수가 없다. 바꾸어 말하면 적그리스도와 지극히 높으신 이의 성도들과의 전쟁은 종말론적인 전쟁이기 때문에 우리는 성도들이 "모든 시대에 걸친"

하나님의 참된 백성이라고 믿을 수 없다. 시간적인 요소가 그러한 광범한 견해에는 너무나 제한되어 있다는 말이다. 그보다는 지극히 높으신 이의 성도들은 마지막 날에 적그리스도가 일어나는 시대에 살고 있는 유대인들과 이방인들을 포함한 하나님의 참 백성이라고 이해해야 할 것이다. 이 적그리스도는 그리스도께서 택하신 하나님의 백성들을 대항하여 전쟁을 일으킬 것이다. 적그리스도의 통제 하에서 대환난이 교회를 휩쓸 것이다. 다니엘은 말하기를, 적그리스도가 "성도를 괴롭게 할 것"(7:25)이라고 한다. 우리 주님은 말씀하시기를 "이는 그때에 큰 환난이 있겠음이라. 창세로부터 지금까지 이런 환난이 없었고 후에도 없으리라. 그 날들을 감하지 아니하면 모든 육체가 구원을 얻지 못할 것이나 그러나 택하신 자들을 위하여 그 날들을 감하시리라."(마 24:21-22)고 하셨다.

18절은 마지막 날에 하나님의 백성들을 위한 승리의 개가(凱歌)이다. 17절에는 세상에서 일어날 네 짐승들의 무서운 광경이 나타나 있다. 이 구절에서 그 환상의 처음 부분에서 나오던 눈부신 권세와 공포는 초자연적인 해석으로 축소되었다. 그러나 그 결과에 대해서 염려할 필요는 없다. 네 짐승들이 있지만 성도들이 이길 것이다. 그 나라를 받게 될 자는 네 짐승이 아니라 성도들이며 이 성도들은 이 어두운 세상의 권세가 아닌 그 나라를 영원히 누릴 것이다.

"나라를 얻으리니" 성도들이 그 나라를 얻는다고 말한다. 네 짐승들과 관련된 나라들은 그들의 힘으로 세워지고 건설되었다. 그러나 이 영원한 나라는 성도들이 아닌 어떤 다른 분에 의하여 세워지고 건설될 것이다. 그 나라는 하나님께서 인자에게 주신 나라이며 인자가 성도들에게 주실 나라이다(14절). 이 성도들은 이 세상의 통치자들이 하는 것처럼 그 나라를 얻으려고 싸우지 않을 것이다. "그러나 그들이 누리는 그 나라는 실제적으로 그들의 소유가 아닌 (인자의 것인 만큼) 하찮은 것이 아니다. 그들은 그 나라를 실제적으로 '통치한다.'… 통치와 권위의 척도는 그들에게 있다. 그들이 그 나라를 누리는 것은 실질적인 것이며 꼭두각시 놀음이 아니다."(루폴드)

넷째 짐승과 또 다른 뿔(작은 뿔)

7 : 19-20. 이에 내가 넷째 짐승에 관하여 확실히 알고자 하였으니 곧 그것은 모든 짐승과 달라서 심히 무섭더라 그 이는 쇠요 그 발톱은 놋이니 먹고 부서뜨리고 나머지는 발로 밟았으며 또 그것의 머리에는 열 뿔이 있고 그 외에도 또 다른 뿔이 나오매 세 뿔이 그 앞에서 빠졌으며 그 뿔에는 눈도 있고 큰 말 하는 입도 있고 그 모양이 그의 동류보다 커 보이더라.

이 부분에서 다니엘은 또다시 의문을 가지고 환상을 중단시킨다. 그는 특별히 넷째 짐승, 특히 넷째 짐승의 작은 뿔("또 다른 뿔")에 관한 뜻을 알고자 하여 관심을 가지고 있다. 그 짐승의 독특성이 다른 짐승보다도 더욱 다니엘의 관심을 끌었다. 히튼은 "다니엘과 그의 시대에 살던 사람들이 이 넷째 짐승의 핍박을 겪어야 하겠기 때문에 다니엘이 넷째 짐승에 관한 진리를 알고자 한 것은 놀라운 일이 아니다."라고 말했다(p.187 / 참고 도서 15)번 참조). 그러나 우리는 다니엘과 그 당시의 사람들이 이 넷째 짐승과 싸워야 했기 때문에 다니엘이 여기에서 넷째 짐승에게 집중한 것이 아니라고 생각한다. 그러한 해석은 다니엘서를 자유주의적 비판의 입장에서 취급하는 견해이다. 그러므로 이 견해는 우리가 취할 수 없는 것이다. 더욱이 다니엘의 관심에 대한 충분한 실마리로 볼 수 있는 것은 "넷째 짐승에 관하여 확실히 알고자 하였으니 곧 그것은 모든 짐승과 달라서 심히 무섭더라."는 19절 말씀에서 7절의 반복임을 발견하는 사실이다. 작은 뿔에 대한 다니엘의 호기심은 또한 그의 중단에 대한 아주 적절한 설명을 우리에게 제공해 준다.

19절과 20절은 이미 7절과 8절에 기록된 묘사에다 한두 가지 부가적인 특징을 첨가하여 주의 깊게 되풀이하고 있다. 그 부가적인 특징 가운데 하나는 19절에 있는 **"발톱은 놋이니"**라는 말인데 이것은 그 짐승의 파괴적인 성질을 강조하는 부가적인 말이다. 또 다른 부가어는 20절에 나오는 다니엘이 묘사한 "또 다른 뿔"에 관한 것이다. 이 새로운 특징은 우리 한역에 **"그 모양이 그의 동류보다 커 보이더라."**고 한 것이다. 영은 이 말을 오래 전에 이미 이렇게 번역한 바 있으며, 몬트고메리와 RSV도 역시 영과 같이 번역하였다. 루폴드는 "더 강한"이란 번역을 지지하는 것 같다. 8절에서는 작은 뿔이 큰 말을 하였다는 이 "큰"이란 원어는 아람어 רַבְרְבָן(라브라브 : 거대한, 오만한, 큰)인데, 20절에서는 "또 다른 뿔"의 입이 그의 동류보다 커 보인다는 이 "큰"이란 원어는 רַב(라브 : 크다, 튼튼하다, 위대하다)로 사용되었다. 번역 면에서 볼 때 가장 적합한 번역은 영 박사의 것이라고 생각된다.

그러면 '크다'는 뜻은 무엇인가? 우리는 그 강조점이 월등한 크기에 있다고 생각하지 않는다. 뿔이 육체적으로 크다는 의미는 없는 것 같다. 앞에서 언급한 구절에도 "작은"이란 말로 묘사되었으며 여기에서도 성장했다는 뚜렷한 언급은 없다. 오히려 같은 말이 이 구절에 두 번이나 사용된 것으로 보아서 우리는 동일한 강조가 거듭된 것이라고 생각한다. 작은 뿔의 큰 말이 자랑, 불복종, 자만심을 표시하는 것과 같이 작은 뿔의 거만함은 다른 짐승들보다 훨씬 뛰어난 자만과 자찬(自讚)을 표시한다. 바꾸어 말하면 20절에 있는 그 뿔의 거대함에 관한 다니엘의 묘사는 실제적으로 육체적인 크기를 말하는 것이 아니고 작은 뿔의 오만불손한 거동에 관한 언급이다.

성도들이 원한을 풀고 나라를 얻음

7:21-22. 내가 본즉 이 뿔이 성도들과 더불어 싸워 그들에게 이겼더니 옛적부터 항상 계신 이가 와서 지극히 높으신 이의 성도들을 위하여 원한을 풀어 주셨고 때가 이르매 성도들이 나라를 얻었더라.

19절과 20절에 관한 다니엘의 질문에 대하여 해답이 있기 전에 21절과 22절에서 그 환상의 움직임이 간단하게 계속된다. 우리는 이 구절들을 시종인에 의해서 받은 환상의 해석 부분이나 다니엘의 질문이라고 생각하지 않는다. 이 구절들은 그 환상 자체의 일부인 것 같다. 이것은 21절의 초두에서 "내가 본즉"이라고 사용된 말을 보아 분명한 것 같다. 이 말은 7장의 여러 곳에서 발견되며(2, 4, 6, 7, 8, 9, 11, 13, 21절) 이 말이 나올 때마다 환상이 계속되는 것을 보게 된다.

우리는 이 구절들을 "무의미한 개요(bald summary)"라고 말하는 히튼의 견해와 일치할 수 없다. 이 점에서 볼 때 이 환상은 진정한 발전이 있다. 작은 뿔에 관한 새로운 특징이 분명해진다. **"이 뿔이 성도들과 더불어 싸워 그들에게 이겼더니"** 이것은 앞서 나왔던 계시에는 없었던 것으로 그 이야기 가운데 처음으로 나타난 환상의 모습이다. 다니엘이 이 계시를 전에 보았으나 이제 진술하는 것인지 혹은 그가 그것을 보는 것이 지금 처음인가 하는 것은 흥미 있는 문제이며 또한 알기 어렵다.

여하튼 그 뿔은 지혜와 교만한 말로 지극히 높으신 이의 성도들과 더불어 싸운다는 사실이다. 그 뿔은 교만하게 뽐내면서 하나님의 백성들에게 싸움을 건다. 그 작은 뿔이 미워하는 특별한 대상은 "성도들"이라고 말한다. 아람 어에는 "성도들"이란 말에 정관사가 없다. 루폴드는 정관사가 붙지 않은 것은 이 사람들의 성품 – 즉, 그들의 거룩함을 강조하는 것이라고 주장한다. 이것은 성도들의 부류에 속하는 것은 무엇이든지 이 뿔이 싫어한다는 의미이다.

이 뿔이 성도들을 **"이겼다"**고 한다. 하나님은 이 악한 세력이 거룩하지 않은 싸움에서 어느 정도 성공하도록 허락하신다. 영(Young)은 "교회가 자체의 힘으로는 전쟁에서 사탄의 방법을 사용하는 자들의 계략과 세력을 이길 수 없다."고 했다. 그러나 그 뿔의 승리는 잠깐이며 궁극적인 승리는 교회에 돌아간다. 22절은 이 궁극적인 승리를 보여 준다.

"옛적부터 항상 계신 이가 와서" 그 뿔은 옛적부터 항상 계신 이가 올 때까지만 승리할 것이다. 옛적부터 항상 계신 이는 성도들을 신원할 것이며, 성도들은 그들의 영원한 나라를 받을 것이다. 교회 자체는 비록 약할지라도 지옥의 문들이 교회를 이

기지 못하는 것이다. 교회가 가장 암흑기에 봉착했을 때 하나님의 빛은 승리를 가져오게 하시며, 하나님의 간섭하심으로 구원을 주신다.

"지극히 높으신 이의 성도들을 위하여 원한을 풀어 주셨고" 교회의 승리가 22절에서 옛적부터 항상 계시던 이의 오심과 밀접하게 관련되어 있음을 고찰해 보는 것은 중요한 일이다. 7장의 환상에 관한 언급에서 볼 때 그의 오심은 심판과 신원의 때이다(13, 14절 참조) "지극히 높으신 이의 성도들을 위하여 원한을 풀어 주셨고"라는 우리 한역은 아람어 원문을 가장 적절하게 번역한 것이다. 헹스텐베르크는 이 아람어 원문을 "지극히 높으신 이의 성도들에게 심판권을 주신다."라고 번역해야 된다고 주장한다. 바꾸어 말하면 성도들이 심판을 행한다(고전 6:2 참조). 그러나 한역 성경은 문맥에 더욱 충실하다. 다니엘 7:9-11의 묘사를 보면 하나님 자신이 심판을 집행하신다고 한다. 하나님의 심판으로 말미암아 하나님의 백성은 불의한 심판자의 압제에서 풀려 나게 된다. 바꾸어 말하면 여기에 있는 심판은 성도들이 집행하는 심판이 아니라 성도들을 대신하여 하나님이 집행하시는 심판이다.

에드워드 영은 여기에 언급된 심판은 11절과 26절에 있는 심판과는 별개의 것이라고 주장한다. 그는 22절에 있는 심판은 마지막 심판이며 11절과 26절에 있는 심판은 지나간 세상 국가들에 대한 모든 심판을 언급한 것이라고 주장한다. 우리는 다니엘 7장을 하나의 심판이라고 하지 않고 두 가지로 구별하는 이 견해에 찬성할 수 없다. 우리는 오히려, 11, 22, 26절에 있는 심판들은 모두 근본적으로 종말론적인 사건에 관련된 것으로 본다. 특별히 11절에는 하나님의 완전한 승리와 네 짐승-네 짐승이 가지고 있는 뿔-의 완전한 실패를 강하게 강조하고 있다. 즉, **"주목하여 보는 사이에 짐승이 죽임을 당하고, 그의 시체가 상한바 되어 타오르는 불에 던져졌으며"**라고 했으니 말이다. 만약 심판들 사이에 있는 차이점을 밝히려면 11절은 마지막 심판이고, 22절에 있는 심판은 심중에 있었던 다른 묘사를 한 것이라고 주장하는 것이 좋을 것이다.

그러나 이러한 견해는 영 박사의 주장은 아니다. 11절에 있는 넷째 짐승의 완전한 멸망은 강력한 마지막 심판의 표현인 것 같다. 이와 비슷하게 26절에서도 작은 뿔의 권세가 **"빼앗기고 완전히 멸망할 것이요"**라는 말씀을 볼 수 있다.

넷째 짐승과 작은 뿔이 그처럼 밀접하게 관련되어 있기 때문에 그 전자의 멸망은 후자의 멸망을 내포해야만 한다.

그리고 26절은 우리에게 이 멸망이 "완전히" 혹은 "영원히" 멸망하리라고 말해 준다. 영 박사와 필자의 해석에 의하면 작은 뿔이나 적그리스도의 영원한 멸망은 확실히 성경 가운데서 만물의 마지막에 관련된 여러 사건들에 속하는 하나의 사건이며 최후의 심판이다.

필자가 보기에는 영 박사가 다니엘 7장에 나타나는 심판들을 여러 가지 심판으로 구분하는 것은 7:13-14의 환상과 심판과 인자의 오심으로 실시되는 즉위식과의 밀접한 관계를 적절하게 취급하지 못한 것이다. 이 환상은 오직 옛적부터 항상 계신 이와 인자의 즉위식에 관련되었다는 점에서만 밀접하게 묘사된 것은 아닌 것처럼 보인다. 다니엘 7장에는 신약의 완전한 성경적 계시에 이르기까지는 두드러지게 나타나지 않은 광범위한 예언적인 전망이 있다.

21절과 22절은 작은 뿔의 마지막 심판을 위한 여러 가지 이유에 관하여 새로운 전망을 전개하는 것 같다. 7장 초두에서 작은 뿔에 관한 강조는 다른 뿔에서보다도 더욱 그의 용모에 집중되고 있다. 지금은 다니엘 자신의 질문에 대한 해답으로서 그 광경은 확대되고 있으며 그 뿔에 대한 강조는 반유신론적(反有神論的) 활동에 집중되고 있다. 이 강조와 관련해서 21절과 22절에서 마지막 심판이 있기 전에 성도들과 싸우는 뿔의 활동에 관한 확대된 표현을 보게 된다. 이것은 영 박사가 생각하는 것과 같이 심판에 대한 하나의 종합적인 새로운 광경이 아니다. 이것은 오히려 11절에서 이미 선언되었고 26절에서 반복된 동일한 심판에 관한 확대된 표현이다.

온 천하를 파괴하는 넷째 짐승 - 넷째 나라

7 : 23. 모신 자가 이처럼 이르되 넷째 짐승은 곧 땅의 넷째 나라인데 이는 다른 나라들과는 달라서 온 천하를 삼키고 밟아 부서뜨릴 것이며.

본 절은 다니엘이 19-20절에서 요청했던 넷째 짐승과 그 뿔에 관한 설명이 소개된다. 한역 성경은 여기에서 말한 자가 누구인가에 대해 특별한 주의를 기울이고 있다. 그 사람을 특별히 "모신 자가"라고 말하고 있는데 아람어로는 보다 일반적인 "그 이가"라는 말이다.

넷째 짐승은 넷째 나라를 나타내는데 이 나라는 그 앞의 모든 나라들보다 다른 점을 보여 준다. 그것은 그 나라가 온 세상을 먹으며 파괴한다는 것이다. 아마도 그 나라의 독특성은 모든 나라를 정복할 것이라는 사실에서 분명하게 나타난다. 그 나라는 앞서 나온 모든 나라들보다 정복하는 데 강할 것이다. 그 정복 방법의 철저함과 잔인함이 또한 속담이 될 만큼 유명할 것이다. 23절에는 바로 이 점을 강조하기 위하여 3개의 동사가 사용되었다. 그 동사들은 비슷한 말들이다. 그 나라는 다른 백성들을 **"삼킬 것"** 직역하면 **"먹을 것"**이라는 말이다. 그 나라를 **"밟을 것"** 이라고 했는데 토기장이가 진흙을 밟음과도 같다(사 41 : 25). 그 나라를 "부서뜨릴 것"이다. 이러한 용어가 거듭 나오는 것은 완전하고도 무자비한 멸절이라는 무서운 인상을 주는 것이다. 역사적인 견지에서 볼 때 헬라보다 로마가 이 생생한 묘사에 더욱 적합한 것 같다.

넷째 짐승의 열 뿔 - 열 왕을 이은 또 하나의 왕

7 : 24. 그 열 뿔은 그 나라에서 일어날 열 왕이요, 그 후에 또 하나가 일어나리니 그는 먼저 있던 자들과 다르고 또 세 왕을 복종시킬 것이며.

본 절은 우리의 주의를 재빠르게 열 뿔과 세 뿔(세 왕)을 제압하고 일어난 뿔에 대하여 집중시킨다. 7절을 해석할 때에 우리는 열 뿔이 누구를 가리키는가를 고찰했다. 우리가 그때 언급한 바와 같이 열이란 숫자는 단순히 완전성을 의미하는 것뿐이며, 반드시 문자 그대로 이해될 성질의 것은 아니다. 루폴드는 열 뿔이 "로마 제국에서 일어날 어떤 연속적인 열 왕이나, 나라들을 묘사하는 것이 아니다."라고 말한다. 과연 열 뿔은 역사상 로마 제국 시대부터 적그리스도가 올 때까지 나타날 인간 정권의 총체를 가리킨다.

또 하나의 왕 : 작은 뿔

여기에서 제기되는 큰 문제는 작은 뿔의 정체이다. 이 이야기를 하는 동안에 여기서부터는 독자들이 작은 뿔에 주의를 집중시킨다. 작은 뿔은 누구인가, 작은 뿔은 무엇을 의미하는가? 명백히 말하자면 여기에 대하여 오늘날에는 3가지 견해가 최근의 저자들에게 인기가 있다.

자유주의적 비판학파는 일반적으로 작은 뿔을 안티오커스 에피파네스라고 한다. 안타오커스 에피파네스는 주전 2세기경에 팔레스타인의 셀류시드 통치 하에서 유대 인들을 무섭게 핍박한 폭군이었다. 안티오커스 4세는 에피파네스('빛난다'는 뜻으로 거의 신성(神性)에 가까운 칭호이다)라는 성(姓)을 가진 가문에 태어났다. 유대 인들은 그에게 "에피마네스"('미친 사람'이라는 뜻)라는 별명을 붙여서 그들의 "증오심"을 나타냈다. 그 별명은 그가 유대 인들에게 비친 인상을 보여 주는 것이다. 아덴에서 출생한 그는 12년 동안 로마에 인질(人質)로 있으면서 세계를 휩쓰는 권력자를 존경하는 것을 배웠다. 그는 깊은 사명감을 가지고 결국은 팔레스타인을 자기 수중에 넣어 그 땅의 그리스화(化)를 꾀했다. 유대 인들은 이것을 이교화(異敎化)라고 부른다. 안티오커스의 압제는 이스라엘의 역사가 시작된 이후 가장 암흑한 시대 중의 하나였다. 그는 성전 의식을 멈추게 하고 성경을 없애고 안식일과 모든 절기를 더 이상 지키지 못하도록 명령을 내렸다. 엄격한 음식물에 대한 율법이 폐지되었으며 할례 의식을 중단시켰다.

주전 167년 12월에는 그 절정에 달했는데 그때 그는 성전의 번제단 자리에 새 제단을 세워 제우스 신을 예배하도록 하였다. 이 예배는 유대인들이 더럽다고 생각하는 동물들의 고기로 제물을 드리게 하였다. 여기에 범죄의 목록은 끝이 없을 정도로 많았다. 안티오커스는 예루살렘에 모여서 예배 드리는 것을 금지했다. 헬라 신의 영예로운 제단인 제우스 신당을 팔레스타인 각처에 세우도록 하여 여기에 제사하지 않는 자들에게 극형을 가하였다. 어린 자녀에게 할례를 행하는 자나 이교의 제단에 바쳤던 돼지 고기 등 동물의 고기 먹기를 거절하는 자나 율법책을 소지하고 있다가 발견된 자 등은 모두 으뜸가는 범죄자로 간주되었다. 역사적인 관점에서 볼 때는 우리도 작은 뿔을 안티오커스 에피파네스와 관련시키는 자유주의 학파의 견해에 찬동할 수 있다.

그러나 해석적인 관점에서 볼 때 우리는 계속하여 이 해석이 약점이 있다고 생각한다. 다니엘 7장의 문맥을 보아 그 뿔을 안티오커스 에피파네스라고 해석하는 것을 반대한다.

(1) 그 뿔은 분명히 종말론적 의미를 가지고 있는 것 같다. 옛적부터 항상 계신 이의 심판하심과 그의 파멸은 영원한 하나님의 나라가 임하심을 알리기 위해서 바로 앞서 오게 된다(단 7:11-14, 26-27 참조). 그 뿔은 다니엘이 마지막 심판을 네 짐승들과 대항하는 것으로 관련시킨 여러 사건의 뚜렷한 부분을 차지하고 있다. 세상 권세에 대한 다니엘의 역사는 뿔의 운명과 함께 그 시대도 끝난다. 그러나 우리는 안티오커스 에피파네스를 종말론적 인물이라고 말할 수는 없다. 안티오커스의 멸망이 영원

한 하나님의 나라가 임하도록 안내한 것은 아니다. 이 종말론적인 계시의 의미에서 볼 때 작은 뿔을 적그리스도라고 보는 견해보다도 자유주의자들의 해석은 몹시 빈약하다.

(2) **이와 유사하게 그 뿔은 인자와 옛적부터 항상 계신 이에게 밀접하게 관련되었다.** 그 뿔의 마지막 심판은 인자의 취임 직전에 오는 행동이다(7:11-14). 물론 만약에 인자를 메시야 개인-즉, 예수 그리스도로 해석하지 않고 지극히 높으신 이의 성도들인 하나의 집단으로 본다면 그 뿔이 안티오커스 에피파네스를 가리키는 것이라고 보는 것은 논리적인 귀결이다. 그러나 구약의 여러 구절과 그리스도 자신이 정확 무오하게 하신 해석상의 인자는 그러한 일반적인 집단이 아니다. 인자란 말은 메시야 자신을 묘사하기 위하여 사용된 말이다. 이 견해에서 그 뿔을 안티오커스라기보다는 적그리스도로 보는 것이 더욱 자연스럽다. 그리스도의 마지막 즉위식과 신약에 관련된 사건들의 복잡성은 안티오커스 에피파네스보다도 적그리스도라고 보는 것이 더욱 타당한 배경을 가지고 있다.

(3) **그 뿔의 우주적 의미를 보아 안티오커스 에피파네스보다도 적 그리스도라고 이해하는 것이 더욱 적절하다.** 그 뿔은 다니엘 7장에서 넷째 나라와 밀접하게 관련되었다. 7장 가운데서도 특별히 23절에 나타난 넷째 짐승의 독특한 특징은 그 권세가 보편성을 띠고 있다는 것이다. "온 천하를 삼키고 밟아 부서뜨릴 것"이라는 말이다. 즉, 열국(列國)의 총체적인 역사적 서클이 그의 통치와 지배 아래 있게 될 것이다. 역사적으로 볼 때 헬라보

다는 로마가 더욱 보편적인 특성을 가지고 있다. 이러한 이유에서 넷째 나라의 뿔인 적그리스도는 헬라와 관련된 안티오커스 에피파네스라고 보는 것보다 로마라고 보는 것이 더욱 적절하다.

(4) 그러나 이 견해를 반대하는 가장 강력한 논거는 신약이다. 신약은 작은 뿔을 적그리스도와 동일시하는 주장을 가장 강력히 나타내고 있다. 특별히 바울이 적그리스도의 특징을 묘사하는 신약의 여러 구절들을 보면 바울의 묘사에는 다니엘적(的)인 특성이 반영되어 있다. 바꾸어 말하면 적그리스도에 대한 바울의 묘사는 다니엘 7장에 있는 작은 뿔의 묘사에 근거를 두고 있다. 적그리스도에 대한 신약의 해석은 근본적으로 다니엘 7장에 있는 작은 뿔에 근거를 둔 해석이다. 바울은 다니엘서 7장에 있는 작은 뿔을 적그리스도라고 해석했다.[58)]

"큰 말을 하는 입"(단 7 : 8, 20)은 데살로니가후서 2장에서 바울 사도가 불법한 사람의 모든 불경스러운 언행을 책망할 때 원용(援用)한 근거로 보아진다. 단 7 : 24과 살후 2 : 4에서 바울이 개괄적으로 언급한 적그리스도의 사역 사이에는 유사점이 있다. 특별히 불법의 사람을 묘사한 반종교적(反宗敎的) 불경스러운 특징은 다니엘의 작은 뿔에 관한 환상에서 그 근거를 찾아야만 한다. "그는 대적하는 자라 신이라고 불리는 모든 것과 숭배함을 받는 것에 대항하여 그 위에 자기를 높이는 하나님의 성전에 앉아 자기를 하나님이라고 내세우느니라."(살후 2 : 4 ; 단 7 : 20, 21, 11 : 31, 36 - 40참조).

---

58) G. Vos, *Pauline Eschatology, op. cit.* 제5장을 참조.

신약에서 바울과 요한의 적그리스도에 대한 언급이 우리는 다니엘서에 나오는 작은 뿔에 대한 모든 현저한 특징을 완전히 구비하고 있다는 것을 의미하지는 않는다고 본다. 여기에 대한 보스의 말은 아주 적합하다.

> 다니엘의 환상과 바울의 계시는 지도를 아주 명확하고도 세밀하게 복사하기 위해서 복도지(複圖紙)를 그 지도 위에다 놓은 것처럼 전자를 후자 위에다 올려놓을 수는 없다. 전자와 후자는 유사한 점도 많으나 차이점도 많다. 오히려 유사점이 많이 결여되어 있다.[59]

보스는 다니엘서에 나타난 작은 뿔은 데살로니가에서처럼 명백하고 생생하게 부각된 인물로 나타나지는 않았다고 계속하여 주장한다. 그러나 다니엘이 작은 뿔의 성격을 전혀 모른 것은 아니다. 세상 권세를 가진 왕들이 거의가 동일하게 사악하고 혹독하고 참람한 특징을 가지고 있다는 것을 인정한다.[60]

이것은 성취되지 아니한 예언 가운데서 지금은 가리어진 인물이지만 바울 서신에서는 보다 명백하게 나타난 인물이다. 바울은 이 예언이 안티오커스 에피파네스라는 인물에게서 성취된 것으로 보지 않는다. 그는 아직도 인류 역사라는 무대에서 자신을 나타내지 않은 인물이다. 그것은 하나님의 교회를 파괴하기 위하여 만물의 마지막 직전에 잠깐 동안 일어날 악과 사탄의 세력의 축도(縮圖)인 적그리스도이다.

이 입장은 다니엘 7장에 있는 작은 뿔에 관한 제2의 견해이다. 이 견해는 클리포드, 카일, 영, 루폴드 등이 주장한다. 이 해

---

59) G. Vos, *op. cit.*, p. 105.
60) *Ibid.*, p. 106.

석이 작은 뿔을 종말론적인 인물로 보는 점에서 제3의 학파인 세대주의자들과 대단히 비슷하다.

세대주의 학파의 견해는 이 문제에 관해서 전통적인 보수주의 학파의 견해와 공통되는 점이 많다. 양 학파가 다 함께 이 작은 뿔을 그리스도의 재림과 밀접하게 관련된 인물로 생각한다. 세대주의 학자들 중 대다수가 이 인물을 적그리스도라고 해석한다. 최근의 주석가들 중에서 뉴웰과 러크가 이 입장을 취한다. 그러나 전통적인 학파와 해석을 달리하는 세대주의자들의 특징은 다음과 같다. 즉, 작은 뿔은 다니엘 7장의 70이레에 회복될 재생 로마 제국의 왕이나 독재자이다. 열 왕과 열 나라들은 한때 로마가 통치했던 영토에서 일어날 것이다. 이 재생 로마 제국은 사탄이 직접 만들어 내었으며 다니엘의 제 70이레-즉, 그리스도가 그의 성도들을 데리고 공중 재림하시는 7년 동안에 나타날 정치적 재현일 것이다. 작은 뿔은 다른 열 왕들과는 다른 통치자일 것이며 열 왕 중에 세 왕을 정복할 통치자일 것이다. 불신 유대인들은 이 재생 로마 제국의 왕과 언약을 맺을 것이며 후 삼년반에 가서는 이 왕이 언약을 깨트릴 것이다("단 9:27의 그 이레의 절반"). 이때 이 왕이 유대인들을 가혹하게 핍박함으로써 그의 참 성격을 드러낼 것이다. 작은 뿔이 득세하고 유대인들이 예루살렘에 감금될 때 그리스도가 재림하여 아마겟돈 전쟁에서 적그리스도와 그의 군대를 멸망시키고 유대 인들을 구원하여 천년왕국을 세우실 것이다.

세대주의자들이 이상과 같이 주장한 재생 로마 제국에 관한 이 특징은 분명히 다니엘의 환상에 부합되지 않는다.

(1) 이 학설은 열 뿔을 재생 로마 제국의 열 왕이나 열 나라라고 하는 데 강력한 초점을 두고 있다. 우리는 본 장 초두에서 이미 이 해석의 큰 난점을 지적한 바 있다(7:7 해석 참조).

(2) 이 학설은 7:23과 24절 사이에 "큰 괄호 시대(greet parenthesis)"가 있다고 주장한다(301쪽 이하 참조). 이 학설에 의하면 7장 23절(넷째 짐승…)은 역사상 로마 제국을 묘사하는 것이고, 24절(열 뿔…)은 처음부터 약 1600-1900년이라는 긴 세월의 거리가 있는 재생 로마 제국을 묘사한다는 것이다. 그러나 그렇게 막연한 기간을 개입시키지 않고 이 두 구절을 한 시대에서 다른 시대로 직접 들어가는 것으로 보는 것이 더욱 자연스럽지 않겠는가? 그 상징은 로마 제국이 멸망하고 수백 년 후에 재생된다는 사상을 지원해 주는 것 같지는 않다. 영 박사는 이 점에 관한 다니엘의 상징을 다음과 같이 아주 효과 있게 취급하고 있다.

> 열 뿔은 살아 있는 짐승으로 나타난다. 그 짐승은 죽지 아니하고 열 뿔 가운데서 다시 살게 된다. 오히려 이 뿔은 산 짐승의 상징이다.…게이블라인과 세대주의 학파의 다른 주석가들은 그 상징에 대한 이 점을 간과하고 있다.

여기에서 우리는 작은 뿔이 적그리스도를 가리킨다는 사실을 부인하지 않는다. 이것은 바울의 견해이다. 우리는 그의 영감에 찬 판단을 믿는다. 우리는 간단한 본문의 묘사를 가지고 재생 로마 제국을 부가시키는 세대주의 학파의 설명에 난점이 있다고 본다.

그 작은 뿔이 하나님을 대적하며 성도를 괴롭게 함

7:25. 그가 장차 지극히 높으신 이를 말로 대적하며 또 지극히 높으신 이의 성도를 괴롭게 할 것이며 그가 또 때와 법을 고치고자 할 것이며 성도들은 그의 손에 붙인 바 되어 한 때와 두 때와 반 때를 지내리라.

본 절은 작은 뿔이 하는 일에 대하여 집중적으로 진술한다. **"그가 장차 지극히 높으신 이를 말로 대적하며"** 우리 한역에서는 **"장차"**라는 말을 사용해서 이 사역의 미래 면을 강하게 강조하고 있다. 그러나 그 동사의 미래 사상은 충분한 것이다. 적그리스도가 하나님을 대적하는 말을 할 것이다. 이 말은 호세아 10:4에 있는 유사한 말로 미루어 봐서 악한 뜻을 가진 것이다.

여기 적그리스도가 악한 말로 하나님을 대항한다는 내용에서 우리 한역 성경에 "대적하다"라고 번역된 아람어 원동사는 대단히 강한 말이다. '레차드'라는 말을 문자적으로 말하면 "…에 비하여"라는 뜻이다. 즉, 적그리스도가 하나님에 비하여 말할 것이라는 말이다. 이 말은 대단히 생생한 표현이다. 작은 뿔은 자기 자신을 지극히 높으신 이만큼 높다고 높일 것이라는 말이다. 그는 하나님을 제외시키고 자신을 하나님으로 높이는 말을 할 것이다. 데살로니가후서 2:4에 보면, 그는 하나님에게만 속하는 특권을 제 것인 체할 것이다. 이러한 이유 때문에 작은 뿔이 신약에서는 적그리스도라고 불리운다. 그를 적그리스도라고 부르는 것은 그가 그리스도를 반대한다는 이유만이 아니고, 그리스도에게만 속하는 영광을 자기의 것인 체하는 행동을 하기 때문이다. 그는 하나님을 폐위시키고 자기가 하나님의 자리에 앉으려고 할 것이다.

"지극히 높으신 자의 성도를 괴롭게 할 것이며" 그 뿔은 자기가 하나님이 되려고 지극히 높으신 이의 성도를 괴롭힐 것이다. 이것은 하나님의 성도들을 괴롭히려는 그의 계속적인 목적이다. 그는 하나님의 무서운 대적이기 때문에 하나님의 백성의 대적자이다. 그가 하나님의 백성을 지배하려고 운동하는 시기가 바로 성도들에게는 환난의 때일 것이다.

"그가 또 때와 법을 고치고자 할 것이며" 그 뿔의 권세와 거만함이 여기에 강력하게 나타난다. 그의 노력은 자연 법칙까지도 조종하고 지배하려는 데 이를 것이다. 클리포드는 그 뿔의 권세자 자신을 하나님과 동등한 지위에 놓으려는 노력은 한결같이 나타났다고 하면서 다음과 같이 말했다.

> 그 뿔은 자연계에 있어서도 하나님이 정하신 본래의 법칙을 인정하지 않고 그 대신에 자기 마음대로 규칙을 만들어 인간의 법칙을 변경시킨다. 그는 이렇게 함으로 자기를 하나님과 동등한 위치에 서는 것으로 간주한다.

그 뿔은 하나님의 백성을 통치하고 주장할 뿐 아니라 그의 맹목적인 교만은 하나님의 세계까지도 지배하고 주장하려고 한다.

"때와 법"이란 말은 해석상 불일치를 가져온 문제이다. 넷째 짐승을 헬라로 보는 학자들은 이것이 유대 종교를 탄압하기 위해 내린 안티오커스의 칙령을 언급하는 것이라고 한다. 히튼과 몬트고메리는 이 학파의 대표적 인물이다. 히튼은 말하기를 "여기에 있는 "때"라는 말은 유대 인 달력의 종교적 절기를 가리키고 "법"이란 말은 포로 후 시대 종교의 기초를 이룬 모세의 율법이다."라고 한다(p.188/참고 도서 15)번 참조).

그러나 우리는 "때와 법"이라는 말이 그렇게 제한된 뜻을 가졌다고 생각하지 않는다. 예를 들면, 몬트고메리가 생각하는 것처럼 "때"라는 말의 근본적인 뜻은 반드시 일정한 종교적 절기를 의미하는 것은 아니다. 그 때는 오히려 하나님께서 정하신 때와 계절을 가리킨다(창 1:14, 17:21, 18:14 등 참조). 이와 같이 여기에서 "법"이라는 아람어 דָּת(다트)도 반드시 종교적인 법만을 의미하는 것은 아니다. 오히려 몬트고메리가 제시한 바와 같이 그 근본적인 관용어는 일반적인 법칙(또는 명령)과 의식을 의미하는 것이다. 이 말이 다니엘서에서 10번 나오는데(2:9, 13, 15, 6:5, 8, 12, 13, 15, 16, 7:25) 그중 한 번만 종교적 법을 의미하고(6:5) 그 밖에는 일반적인 법칙을 의미하는 데 사용되었다 우리는 단 7:25의 때와 법은 하나님이 제정하신 것으로 이 세상에서 살고 있는 인간의 생애와 활동의 근본 원리와 규례라고 하는 카일, 칼빈, 루폴드, 영 등의 견해를 취한다.

적그리스도는 인생의 근본적 규례들을 변경시키고자 한다. 바울은 살후 2:9에서 적그리스도의 놀라운 권세를 설명했다. 즉, 악한 자의 임함은 사탄의 역사를 따라 모든 능력과 표적과 거짓 기적으로 임할 것이라고 한다. 큰 적대자의 임함은 많은 사람들을 미혹하기 위해서 놀랄 만한 이적을 동반할 것이며 악한 자의 능력은 불법한 사람들을 통하여 불법한 자들에게 적용할 것이다.

"성도들은 그의 손에 붙인 바 되어 한 때와 두 때와 반 때를 지내리라." 지금까지 우리는 적그리스도의 무자비하고 신격화(神格化)한 권세를 강조해 왔다. 그러나 이 말씀 가운데서도 우리는 또한 소망과 위로의 메시지를 발견하게 된다. 때와 법을 변개시키려는 적그리스도의 노력은 실패로 돌아갈 것이다. 그는 그 변개를 위해 "꾀하는 것"뿐이다. 앞에 나온 구절에서 동사의 시제는 그가 실제로 변개시키지 못할 것이라는 내용이 내포되었다. **"그의 손에 붙인 바 되어"** 즉, 때와 기한을 주장하시는 분은 오직 하나님 한 분뿐이시며 작은 뿔의 손에 그들을 잠시 동안 붙이신 것도 하나님이 허용하신 지혜로운 섭리로 된 분이다. 사탄의 도구인 그의 맹렬한 권세도 하나님의 허용적인 작정하심에 의하여 한정되어 있다. 대환난과 적그리스도의 핍박도 택하신 자들을 구원하시기 위하여 중지되고 그 날들이 단축될 것이다(마 24 : 22).

적그리스도가 시험하는 이 시기가 **"한 때와 두 때와 반 때"**라고 한다. 자유주의 학자들은 이 기간을 전통적으로 유대 인의 신앙을 혹독하게 핍박하던 안티오커스의 시대와 관련시킨다. 예를 들면, 몬트고메리는 이 기간이 안티오커스 에피파네스의 칙령 하에서 예배의 금지와 성전이 황폐되었던 주전 168년부터 시작하여 유다 마카비가 성전을 중수한 주전 165년까지(3 년 간)를 가리킨다고 말한다.

그러나 이 해석은 난제가 많다. 몬트고메리 자신도 그 해석이 가지고 있는 많은 난제를 인정하고 있다. 이 해석이 한 때와 두 때는 해결할지 모르나 반 때는 어디에 있는가? 바꾸어 말하면 한 때가 1 년에 해당한다고 가정한다면 몬트고메리의 해석은 3 년이 된다. 그렇다면 반 년은 어디로 갔는가? 몬트고메리는 이것을 "반 십년", "반 세기"라고 말하는 것처럼 안식하는 5 년의 반(half a sabbatic lustrum)이라는 현대어라고 주장한다. 우리가 마카비전서에서 보아 아는 것처럼 안식년은 챠시드 백성(Chasids)으로 말미암아 농업에서 엄격하게 준수되었다고 한다.

더 나아가서 몬트고메리의 학설은 이 기간을 마카비전서의 신뢰성에 근거하여 계산한 것이다. 마카비전서에 의하면 그 핍박은 2년에 끝났다고 한다. 몬트고메리는 이 점에 관하여 마카비후서보다도 마카비전서를 더욱 신뢰성이 있는 것이라고 보았다. 그 이유는 무엇인가? 그 판단의 기준은 무엇인가? 본문에는 아무런 언급도 없다.

우리는 또한 몬트고메리가 주장하는 전제를 세대주의자들이 완전히 받아들인다는 사실을 발견하게 된다. 이것은 "때"라는 말을 1년이라는 정확한 기간으로 보는 사상이다.

다시 말하면 "한 때와 두 때와 반 때"란 단순히 1년과 2년과 반 년 혹은 전부 3년이라는 의미라고 본다. 몬트고메리는 "때"라는 말을 단 4:23에 있는 "일곱 때"라고 해석해야 한다고 주장한다.

그는 또한 이것이 단 9:27에 나오는 "이레의 절반"과 같은 것이며 단 8:14에 나오는 2300 주야와도 비슷한 것이라고 주장한다.

우리는 이 문제에 관하여 카일과 견해를 같이한다. 그는 이렇게 말했다.

> 이 구절들을 검토하는 데 충분한 증거가 되는 것은 아무것도 없다. 단 4:23에 있는 일곱 때를 7년으로 해석하는 가정은 있을 수 없는 것이고 증명될 수도 없는 것이다. 그리고 단 12:7과 계시록에 있는 **한 때와 두 때**의 의미도… 그 주간들과 날들이 통상적인 연수에 따른 주간이며 주간에 따른 날들인지 심히 의심스러우며 또한 그 때의 기간이 연대기적으로 계산되어야 할지는 심히 의문이다. 양 구절들이 동일 사건을 취급하지 않고 기간도 일치하지 않기 때문에 한 때와 두 때와 반 때를 단 8:14의 2300 주야에서 유래된 것이라고 설명할 수 없다.

이 점에 있어서 몬트고메리와 세대주의 학파의 견해는 다니엘의 환상을 바로 취급하지 못한다는 것을 발견하게 된다.

이러한 견해에서 볼 때, 다니엘의 환상에 관한 몬트고메리와 세대주의 학파의 해석에 대하여 또 다른 반대가 제기된다. 만약 다니엘이나 지금 말하는 초자연적 해석가가 한 때와 두 때와 반 때가 3년 반을 의미하였다면 왜 그가 단순히 3년 반이라고 하지 않았을까? 그는 이 기간을 3년 반이라고 하지 않았고, 세 때 반이라고도 하지 않았으며 대단히 조심스럽게 이 기간을 "한 때와 두 때와 반 때"라고 구분하였다. 몬트고메리나 세대주의 학파의 해석에서 이 기간을 세 부분으로 나눈 이유를 찾아볼 수 없다. 그러므로 단순히 1년을 의미하는 것으로 보기보다는 상징적인 의미를 가진 것으로 보는 것이 나을 것이다. 바꾸어 말하면 상징 자체는 정확한 기간에 대해서가 아니라 적그리스도의 활동 단계에 주의를 집중시키고 있다는 것이다.

25절 전체 상징과 일치하여 다니엘은 작은 뿔의 통치 기간과 강도(强度)를 강조하고 있는 것 같다. 영이 잘 말한 바와 같이 한 때와 두 때와 반 때라는 이 기간은 선택 받은 하나님의 백성들을 구원하시기 위하여 단축시키실 환난과 심판의 기간을 나타낸다. 칼빈, 클리포드, 카일, 루폴드, 영 등과 같이 우리는 "때"라는 말이 하나님의 은밀한 계획 가운데 있는 어떤 기간을 의미하는 용어이고(칼빈) "두 때"는 그 때의 계속을 의미한다고(칼빈) 생각한다. 이렇게 작은 뿔은 한 때 권세를 얻을 것이고 그의 권세는 점차 강화될 것인데 이것을 "두 때"라고 표현하였다. 하나님이 이 땅에 존재하도록 허락하실 작은 뿔의 권세는 하나님의 백성을 대적하는 강도가 증가할 것이다. 적그리스도는 과도하지 않게 시작하지만 ("한 때") 확실히 보다 영속적인 성공을 향유하려 할 것이다("두 때"). 다시 말하면 처음에는 지나치지 않은 권세를 사용할 것이지만 나중에는 핍박 행위가 강화될 것을 의미한다. 그가 이미 한 때를 지난 후에는 그의 통치권이 배가(倍加)할 것이라는 사실을 생각할 수 있다("두 때"). 그리고 이 배가한 권세로 그의 통치는 완전한 궤도에 달하게 될 것이다. 그러나 이제 하나님이 간섭하시고 그의 때가 "반 때"가 되리라는 갑작스러운 말씀을 보게 되는데 이것은 그의 권세가 왕성하여 완전해질 것같이 보이는 바로 그때에 작은 뿔의 권세가 꺾인다는 것을 말하는 것이다. 또 다른 두 때라는 말 대신에 단지 반 때라는 말이 나와서 그의 권세가 꺾일 것을 말해 준다. 적그리스도가 승리하는 것처럼 보이는 바로 그때에 모든 것이 붕괴될 것이다. 반 때란 말은 작은 뿔의 극악한 권세가 붕괴될 것을 지적하는 것이다. 칼빈은 이 입장을 잘 요약하고 있다.

> 하나님께서는 "반 때"를 부가시킴으로 그들의 슬픔을 완화시켜 주시려고 하셨다. 그래서 큰 재난을 감하시고 중지하시기로 약속하신다. 우리 주님이 세상의 여러 가지 혼란에 관하여 그의 제자들에게 말씀하시기를 "난리와 난리 소문을 듣겠으나 끝은 아직 아니니라."고 하셨다. 또한 주님께서는 큰 환난이 임한다고 선포하시며 뒤에 이어서 "이 날들을 감하지 아니하셨더라면"(막 13 : 20)이라고 덧붙여 말씀하신다(마 24 : 6, 막 13 : 7, 눅 21 : 9). 여기에서 이 날들을 감한다는 말은 주님께서 이 난리가 계속하는 것을 중단시킨다는 말과 같다. 포악한 폭군의 횡포가 심하게 나타날 때 아무도 기대하지 않은 갑작스러운 때 하나님께서는 그의 교회를 구원하신다. … 그러므로 하나님께서는 그의 선민을 위하여 그 날들을 감하실 것인데 이 말은 "반 때" 라는 마지막 말이 설명해 준다.

넷째 짐승의 완전 멸망

7 : 26. 그러나 심판이 시작하면 그는 권세를 빼앗기고 완전히 멸망할 것이요

이러한 입장은 우리들이 26절과 27절로 아주 자연스럽게 넘어가도록 해 준다. 25절은 적그리스도의 권세가 갑자기 단축되는 것을 보여 주고, 본 절은 적그리스도의 종말과 심판을 묘사해 준다. 심판의 결과는 그 권세를 멸망시키는 것이다. 넷째 짐승의 권세가 최고조에 달하게 되는 그때에 그 뿔의 권세는 빼앗기고 완전히 멸망한다. 그 멸망은 "완전히" 계속하는 것이다. 이 개념은 단 6 : 27 에서와 같이 시간에 관한 개념(영원, 무궁)이다. 즉, 세상 끝까지 영원히 멸망한다는 말이다. 바울은 살후 2 : 8에서 더욱 완전한 해석을 하고 있다. "주 예수께서 그 입의 기운으로 그를 죽이시고 강림하여 나타나심으로 폐하시리라."는 말씀이다. 모든 것이 잃어버림을 당할 때 하나님의 아들이 재림할 것이요 작은 뿔의 권세는 영원히 제거될 것이다. 주님은 그의 백성을 도우시기 위하여 간섭하실 것이다. 다니엘서와 데살로니가후서 두 곳에서 모두 작은 뿔의 완전한 멸망을 강조하고 있다. 다니엘은 그 멸망이 "완전히" 계속되리라고 강조하며 바울은 이 인물을 더욱 놀랄 만큼 묘사하고 있다. 메시야의 입 기운으로 그의 재림이 시작되자마자 적그리스도는 여지없이 멸절될 것이라는 말씀이다. 그것은 순식간에 되어질 것이다. 주 예수님은 단숨에 결정적으로 적그리스도를 멸망시키시고 그의 계획을 이루실 것이다.

성도들이 누릴 영원한 나라

7:27. 나라와 권세와 온 천하 나라들의 위세가 지극히 높으신 이의 거룩한 백성에게 붙인 바 되리니 그 나라는 영원한 나라이라 모든 권세 있는 자들이 다 그를 섬기며 복종하리라.

본 절은 7:22 나오는 환상에 관한 신적 주석을 보여 주며 특별히 성도들이 누릴 영원한 나라의 성격을 보여 준다. 적그리스도가 멸망 받을 뿐 아니라 성도들은 영원히 그 나라를 누릴 것이다. 적그리스도가 배교함으로 행하려 했던 그 통치권은 필경 하나님의 성도들에게로 넘어가 하나님의 성도들이 거룩하고 권세 있게 실행할 것이다. 23절은 넷째 짐승의 나라가 보편적인 나라라고 말했으나 본 절에서는 성도들이 받은 하나님의 나라의 보편성을 그것과 비교하고 있다. 이제 우리는 이 성도들의 나라가 우주적인 나라라는 것을 고찰코자 한다. **"온 천하 나라들의 위세가 지극히 높으신 이의 거룩한 백성에게 붙인 바 되리니."** 이 말씀은 놀라운 위로와 승리의 말씀이다. 적그리스도는 파괴와 증오와 자기를 신성시함으로써 우주적인 나라를 건설하려고 노력했었다. 그의 실패는 곧 성도들의 승리를 의미한다. 성도들은 인자와 관계를 가진 것 때문에 영원히 왕들이 될 것이다. 모든 권세가 그들의 발 아래 속하게 될 것이고 그들은 인자의 영원한 나라의 백성들이 된다. 서도들은 고난과 환난 대신에 그리스도와 함께 다스릴 것이다.

환상의 결론

7 : 28. 그 말이 이에 그친지라 나 다니엘은 중심에 번민하였으며 내 얼굴빛이 변하였으나 내가 이 일을 마음에 간직하였느니라.

본 절은 이 환상의 마지막 진술이다. 그 개념을 "이와 같이 그 말이 끝났다."라고 의역할 수도 있지 않을까? 히튼은 본 절 말씀이 7장의 환상과 해석의 결론이 될 뿐 아니라 다른 형태로 말한다면 다니엘서 전체의 결론이라고 말한다. 그러나 이 표현은 이 특별한 환상의 개요적 설명임을 쉽게 알 수 있다. 이 구절에 관한 뜻을 해석하면서 다니엘서의 단일성을 파괴하는 경향을 가진 해석가들의 해석을 따라갈 필요가 어디에 있는가? 더욱이 동일한 말은 본 장 초두에도 나타나 있다(7 :1). 저자가 이 말을 사용함으로써 그가 같은 용어로 소개했던 환상을 이제 마치고자 하는 것이 자연스러운 가정이 아닌가? 바꾸어 말하면 본 장의 처음과 마지막에서 동일한 관용구를 사용하는 것은 본 장의 통일성을 파괴하지 않는 것이다. 이것은 오히려 본 장의 통일성을 강조하는 것이다.

여기에는 다니엘에 관한 모든 결과들이 조심스럽게 기록되어 있다. 그의 모든 생각은 7 : 15에서 말한 바와 같이 아직도 그를 괴롭히고(근심, 번민) 있다. 우리는 여기에서 또한 환상에 대한 육체적 반응을 보게 된다. 아마도 28절에서 더욱 강렬한 반응을 강조하고 있는 것 같다. **"내 얼굴빛이 변하였으나"** 다니엘은 육체적으로도 몹시 지쳐 있었다. 하나님의 계시를 받는다는 것은 육체적으로도 쉬운 일이 아니다. 그리고 다니엘은 마음속 깊이 이 환상을 간직하고 명상했다. 하나님은 다니엘에게 하셨던 것처럼 우리에게도 이 소망과 진리의 말씀을 간직할 수 있도록 은혜를 주신다. 매튜 핸리(Matthew Henry)는 이 점에서 7장에 관한 적절한 결론을 다음과 같이 내렸다.

> 이 구절이 가르치는 것은 하나님의 선지자들이나 교역자들이 하나님의 말씀을 그들의 마음에 간직하고 음미하여야 된다는 것이다. 만약 필요할 때는 하나님의 말씀을 우리의 입에 준비해야 하지만 항상 마음속에 그 말씀을 간직해야 된다.

제 5 부

칠십 이레

(단 9 : 24-27)

이 부분은 구약 전체를 통하여서 가장 어렵고 가장 중요한 구절 가운데 하나이다. 몬트고메리는 "70이레의 해석사(海石史)는 구약의 음울한 늪지"라고 말했다. 다니엘서 9장에 관한 상이한 해석을 다음과 같이 간단하게 분류할 수 있을 것이다.

1. 다니엘 9:24-27에 관한 해석파들

(1) 전통적인 메시아적 해석

성 어거스틴은 이 견해가 본질적인 견해라고 진술했으며, 헹스텐베르크는 그의 『구약의 기독론』이라는 책에서 이 견해를 가장 충분하게 해설하였다.

퓨지와 윌슨도 또한 이 견해를 주장했다. 최근에 와서 에드워드 영 박사는 이 견해의 가장 유능한 대표자가 되었다. 이 학파에서는 이 부분의 예언이 육신을 입고 오시는 그리스도의 초림을 가리키는 것이라고 하며, 초림의 중심점은 그의 죽음이라고 주장한다. 또한 주후 70년에 로마에 의해서 예루살렘이 멸망된 사건도 말하고 있다고 주장한다.

(2) 비판적인 자유주의자들의 해석

이 견해는 다니엘 9:24-27 말씀이 주로 안티오커스 에피파네스를 가리킨다고 한다. 몬트고메리, 로울리, 포르티어스(Norman Porteous), 히튼 등의 주석가들이 이 학파에 속한다. 물론 이 학파에 속하는 학자들 사이에 해석상 서로 다른 점이 있지만 근본적으로 이 부분의 말씀이 메시야를 가리키지 않는다는 점에서 서로 일치한다.

이 해석은 다니엘서 9:24-27이 미래를 알리는 예언이 아니라는 가정에 근거를 두고 있다. 그들은 역사적 배경을 고찰해 볼 때 다니엘서가 아마도 6세기에 기록된 것으로 추측된다고 주장한다. 그러나 사실상 다니엘서는 주전 3세기에 기록되었다. 히튼은 그의 입장을 다음과 같이 대단히 명백하게 진술했다. 즉, 히튼은 다니엘이 대단히 확신을 가지고 매우 상세하게 미래를 예언하는 의장(意匠)에서 실패했다고 해석한다. 다니엘의 예언은 그가 다니엘서를 기록하던 동안인 마지막 "이레의 절반에 관한 일 외에는 과거 역사이다."라고 했다(p. 210 / 참고 도서 15)번 참조).

예를 들면, 히튼은 이 부분의 예언을 다음과 같이 분해하여 이 이론을 완성시켰다.

① 7이레는 예루살렘 멸망(586 BC)부터 49년 후에 고레스 왕이 바벨론을 정복하고 추방당한 유대인들을 예루살렘으로 귀환

하라는 명령을 내린 주전 583년까지라고 한다.

② 둘째 기간인 62 이레는 주전 583년부터 대제사장 오니아 3세가 죽은 해인 주전 171년까지이다.

③ 셋째 기간인 마지막 한 이레는 안티오커스 에피파네스에 대한 언급이라고 한다.

몬트고메리도 70 이레가 시작되는 적절한 연대로 주전 586년을 채용한다. 그는 대부분의 비평가들과 같이 이 기간의 끝에 해당하는 기름 부음 받은 자 곧 왕은 여호수아(예수아)일 것이라고 추측한다. 여호수아는 포로 귀환 후에 첫 대제사장이었고 선지자 학개와 스가랴의 지도를 받은 사람이다(학 1:1, 슥 3:1, 스 3 : 2 참조). 마지막 한 이레(70 이레)에 관한 그의 해석은 안티오커스 에피파네스의 전제 정치 기간이라고 해석하는 이 학파에 속한 모든 학자들의 견해와 일치한다.

여기에서 이 기간의 역사에 관하여 특히 안티오커스 에피파네스에 관하여 살펴보는 것이 유용하리라고 본다.[61] 다니엘 8 : 5에 숫염소의 큰 뿔로 비유된 헬라는 알렉산더 대제의 지도하에서 강대한 나라가 되었다. 알레산더 대제는 세계적인 제국과 세계적인 문화를 이룩했다. 그러나 주전 323년에 그가 죽고 이 제국은 망하고 넷으로 갈라졌다.

주전 198년에 팔레스타인은 알렉산더를 계승한 한 왕조의 손

---

61) 이 기간의 역사에 관하여는 C. F. Pfeiffer, *Between the Testaments* (Baker Book House, 1961), pp. 67 이하와 F. F. Bruce, *Israel and the Nations Op. cit.*, pp. 134 이하를 참조하라.

에 들어갔다. 팔레스타인을 정복한 시리아는 유대 인의 역사상에 신기원을 이룩했다. 유대인 의 이전 정복자는 관대했었다. 그러나 새로운 정복자들과 셀류시드는 유대 인들이 헬레니즘을 받아들이도록 강요했다. 물론 유대 인들은 그것을 원하지 않았다.

유대 인들은 특별히 안티오커스 에피파네스의 통치 하에서 고통을 받았다. 유대 인들을 헬라화시키려는 노력은 안티오커스 에피파네스가 왕위에 올랐을 때에도 계속되었다. 대제사장 오니야 3세의 동생인 여호수아의 지도 하에서 많은 유대 인들이 안티오커스의 헬라화(化) 정책을 기꺼이 채용했다. 마침내 여호수아(나중에는 그를 야손이라고 불렀다)는 안티오커스에게 많은 뇌물을 바치기로 약속하고 대제사장으로 임명 받는데 성공했다. 3년후에 또 하나의 헬라화한 유대인 메넬라우스(Menelaus)가 동일한 방법으로 대제사장이 되었다. 메넬라우스는 성전의 기구를 도둑질하였기 때문에 폐위된 대제사장 오니야 3세에게 꾸지람을 들었으며 이 일 때문에 오니야 3세는 헬라화한 도당들에게 피살되었다. 비평학자들은 오니야 3세의 죽음을 가리켜서 단 9：26에 있는 "기름 부음 받은 자로서 62 이레 끝에 끊어질 자"라고 주장한다. 그들은 단 9：25에 있는 기름 부음을 받은 자 곧 왕은 대제사장 여호수아를 가리킨다고 주장한다.

마침내 여호수아와 메넬라우스 사이에 싸움이 일어나서 이스라엘의 가장 암흑한 시대가 시작되었다. 안티오커스는 유대주의를 완전히 멸절시키기로 작정하고 조직적으로 폭력을 사용하여 유대 민족을 헬라화하려고 시도했다. 그는 유대인들이 반드시 헬라 신들을 숭배하도록 하였고 이 명령을 준행케 하기 위하여 아데네의 노련한 철학자를 보내어 감독하게 하였다. 그는 주피터를 이스라엘의 하나님이라고 하고 성전의 제단에 수염이 달린 이교(異敎)의 신상을 세웠는데 일반적으로 유대 인들이 이것을 "멸망할 가증한 것"이라고 말했다. 이러한 이유로 자유주의 학파에 속한 많은 비평학자들은 이 기간을 다니엘 9장에 있는 마지막 한 이레라고 한다. 그때에 헬라 군인들은 성전에서 음탕한 이교 의식을 거행하였고 제단에는 돼지를 제물로 드렸으며 이방 주신(酒神)을 예배하기 위한 광무(狂舞)의 의식을 강요했다. 유대 인들은 죽음의 고통 아래서 할례의 시행, 안식일 준수, 유대 인의 축제 등을 금지당했고 히브리 성경의 사본도 파괴당했다.

유대 인들을 헬라화하기 위하여 공포된 이러한 법들은 극도로 잔인하였다. 늙은 서기관 엘르아살(Eleazar)은 돼지고기를 안 먹는다고 채찍질하여 죽였고, 한 어머니와 그의 일곱 아들은 우상에게 절하지 않는다고 총독의 임석 하에서 한 명씩 한 명씩 찔러 죽였으며, 두 어머니는 갓난아이에게 할례를 주었다는 이유로 축출되어 벼랑에서 거꾸로 떨어뜨림을 당했다. 안티오커스 에피파네스의 통치 시대는 이렇게 유대 인의 신앙을 계획적으로 파괴하기 위하여 많은 사람들을 학대한 시대 중에 하나였다.

자유주의 학자들은 이 시대가 단 9 : 24 - 27의 시대와 부합한다고 주장한다. 이 주석가들 가운데 대다수는 이 말씀을 주전 2세기에 안티오커스 에피파네스의 압제 하에 살았던 이름 모를 유대 인이 기록하면서 6세기의 경건한 유대 인인 다니엘의 이름을 사용했다고 주장한다. 따라서 이 책은 6세기의 역사적인 옷을 입고 있었으나 저작자의 목적은 5세기가 아니라 주전 2세기의 유대 인들의 신앙을 강화하는 데 있었다고 한다. 저자는 실제적으로 이미 지나간 역사를 가지고 예언자의 옷을 입혔다는 것이다.

우리는 이미 이 학설에 대하여 분명하게 많이 반대해 왔다. 우리는 여기에서 다니엘서가 진실한 역사의 기록을 목적하고 있다는 사실을 강조하려고 한다. 본서는 그 자체가 사람들과 국가들의 장래 행복에 관한 하나님의 계시인 것을 주장한다. 만일 마카비 시대에 살고 있던 사람이 유대 인들의 신앙을 강화시키기 위하여 6세기에 살고 있었던 다니엘이라는 사람의 이름을 사용하여 이 책을 기록하였다면 우리가 좋아하든지 싫어하든지 간에 이 책은 위작(僞作)이다. 만일 이름 모를 사람이 다니엘의 이름으로 이 책을 기록하였다면 이 저작자는 사기꾼이다. 그러나 우리는 다니엘서를 미혹하는 책이라고 생각할 수 없으며 지금도 정확무오한 하나님의 말씀이다.

(3) 기독교회의 해석

많은 보수주의 학자들이 취하는 또 다른 일반적인 해석을 기독교회의 해석이라고 부른다. 이 해석을 가장 잘 설명하는 사람은 독일의 루터파 학자인 클리포드이다. 오늘날에 와서 카일과 루폴드의 주석들이 그의 해석을 따르고 있다.

그는 "미래"라는 말을 연수(年數)를 지시하는 주간(週間)으로 생각하지 않고 상징적인 숫자로 생각한다. 그의 견해는 다음과 같다. 70년 포로 생활을 끝낸 후에 하나님께서 그 백성의 구원을 성취하실 불확정한 기간이 온다는 것이다. 이 기간은 현세(現世)가 존속할 동안이다. 이 기간은 세 부분으로 나누어진다.

①이 처음 기간인 일곱의 일곱들은 고레스의 칙령(558 BC)에서 시작하여 기름 부음을 받은 자요 왕이신 그리스도의 출현에 이르기까지이며,

②여기에 뒤따라 오는 시기가 62이레이다. 이 시기는 중건과 귀환의 시기일 것이다. 클리포드는 이 시기를 복음 전파와 죄인이 회개하는 시기라는 상징적인 표현으로 해석한다. 이것은 기독교회 시대이며 기름 부음 받은 자가 끊어질 때까지 계속하는 시대이다. 즉, 이 시대는 메시야이신 그리스도가 그의 능력을 잃어버리고 세상에서 그 이상 능력과 영향을 미칠 수 없게 된다는 것이다. 그래서 메시야의 지위를 가진 왕이 나타날 것이며 이 사악한 왕의 백성이 하나님의 성전과 하나님의 도시를 파괴할 것이고 전쟁을 일으킬 것이며 황폐함으로 끝날 것이다.

③마지막 한 일곱은 이 사악한 왕의 통치 시대 곧 적그리스도의 통치 시대이다. 그 끝에 세계의 종말이 임한다는 것이다. 클리포드는 단 9:24-27이 다니엘 2장, 7장과 동일하다고 한다. 오늘날에 와서는 카일과 루폴드가 근본적으로 이와 동일한 입장을 취한다.

(4) 세대주의 해석

넷째 학파의 해석은 다니엘서의 예언을 해석함으로써 오늘날 널리 보급되었다. 이 학파를 때때로 "세대주의" 혹은 "괄호 시대 해석(The Parenthesis Interpretation)"의 학파라고 부른다(301쪽 이하 참조). 이 학설을 역사적 전천년기설과 혼돈하면 안 된다.

이 학파는 20의 이레를 연수(年數)를 나타내는 주간(週間)으로

해석했다. 70 이레의 각 일곱 날을 7년으로 보았다. 그래서 70의 일곱들을 490년이라고 해석한다. 24절에 기록된 일들은 70 이레가 끝난 뒤에 일어날 사건 곧 천년 왕국에서 될 일들이며, 특별히 유대 인들과 유대 나라에만 국한된 언급이라고 한다.

이 학파에서는 490년이 주전 445년 곧 아닥사스다 왕 제20년(느 2장)에 시작한다고 가정한다. 따라서 490년을 세 부분으로 나눈다.

① 일곱의 일곱은 포로 귀환 후에 예루살렘을 재건한 기간인 49년 동안을 가리킨다고 가정한다.

② 위의 사항을 인정하면 62 이레 혹은 434년은 에스라 때부터 그리스도의 예루살렘 입성 때까지 이르는 기간이라고 한다. 그리스도가 승리의 입성을 하신 주간은 그가 죽으신 죽음의 주간이다.

③ 7년이라는 70 이레는 69 이레 다음으로 직접 연속하는 것이 아니라고 한다. 그 대신에 69 이레와 70 이레 사이에는 벌써 거의 저물어 가는 2,000년에 해당하는 공백 혹은 괄호가 삽입되어 있다고 한다. 아이론사이드는 말하기를 "70 이레는 백성들의 죄악 때문에 시간과 계절을 변동시키는 하나님 자신에 의하여 연기되었다. 내가 다른 곳에서도 말한 바와 같이 메시야가 십자가에서 죽은 순간부터 그 예언적 시계는 중단되었다. 이 시계는 19세기 동안 움직이지 않았다. 이것은 현세가 끝날 때까지 재출발하지 않을 것이며 하나님께서 다시 한 번 이스라엘을 세우실 것이다."라고 하였다. 교회 시대-즉, 세상을 위한 하나님의 계획을 괄호라

고 강조하기 때문에 이 견해를 가끔 "다니엘의 괄호 시대설"이라고 부른다.

예수 그리스도가 그의 성도들을 위하여 공중 재림하실 때 70이레가 시작된다고 말하는데 70 이레는 그의 성도들을 위한 그리스도의 재림과 그의 성도들과 함께 오시는 지상 재림 사이의 7년이라는 기간을 의미한다고 한다. 70 이레가 시작할 때 땅에서는 로마 제국의 왕이 일어나서 처음에는 유대 인들과 친구가 되려는 듯이 "7 년 동안 그들을 본국으로 돌아가도록 약속하고 그들을 보호하고 종교의 자유를 허락하는 계약을 그들과 맺을 것"이라고 하며 그들이 귀환하여 예루살렘에서 충성스러운 예배를 드리기 위해 성전을 중건하도록 허락할 것이라고 한다. 그러나 그 이레의 절반 - 즉, 전 삼년 반 끝에 가서는 그가 언약을 깨뜨리고 유대인의 예배를 금지할 것이며 후 삼 년 반 동안 - 즉, 예수님이 그의 성도들을 데리고 재림하심으로 70 이레가 끝날 때까지 커다란 고난을 당할 것이라고 한다. 이렇게 예수님이 재림하심으로 천 년 왕국이 설립된다고 한다.

이상과 같은 세대주의의 견해를 도표로 그리면 다음과 같다.

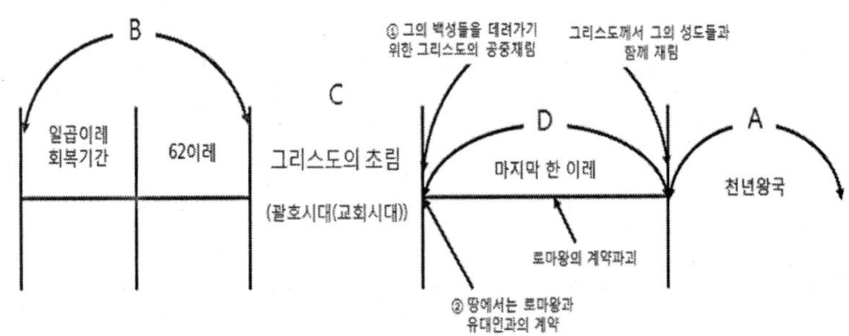

A-24절

B-25절

C-26절 그리스도의 죽으심과 예루살렘의 멸망이 포함됨.

D-27절

2. 이 계시가 다니엘에게 임하게 된 경위

바벨론이 망하고 메대 사람 다리오가 갈대아 나라의 왕이 되었을 때 다니엘은 그의 선배인 예레미야의 예언서를 연구하고 있었다. 렘 25:11-12에 보면 "…이 민족들은 칠십 년 동안 바벨론의 왕을 섬기리라. 여호와의 말씀이니라. 칠십 년이 끝나면 내가 바벨론의 왕과 그 나라와 갈대아 인의 땅을 그 죄악으로 말미암아 벌하여 영원히 폐허가 되게 하되"라고 예언되었다. 만일 다니엘이 포로로 잡혀간 연대를 주전 605년이라고 한다면 그가 이 글을 읽은 때는 70년이 거의 끝난 시기였겠다. 아마도 포로 생활 69년이 지나간 때인 듯하다.

이때에 다니엘은 이미 예레미야의 예언의 일부가 성취된 것을 깨달았다. 예레미야의 예언 가운데서 중심 되는 하나는 바벨론의 멸망(25장, 29장)이었다. 다니엘은 예레미야서를 읽었을 때 그는 이미 바벨론이 멸망하고 메대 바사가 일어난다는 것을 깨달았으며, 다음 단계로 이스라엘 포로가 해방되리라는 예언의 성취를 깨달았고, 그 자유가 이미 현존하는 환경 속에 시작되고 있다는 것을 깨달았을 것이다.

그래서 다니엘은 하나님 앞에 나아가 기도했다. 그는 자신과 유대 나라와 성전과 예루살렘을 대신하여 중재(仲裁)하는 기도를 할 수밖에 없었다. 그의 기도는 죄와 사악함을 고백하는 기도였다. 요컨대 유대 인들이 포로가 된 이유는 그들의 사악함 때문이라는 것이다. 다니엘은 이 겸손한 죄의 고백으로 하나님이 하시고자 하시는 일을 아는 준비가 되었다(단 9 : 3-19).

예레미야의 예언에 관하여 기도하는 중에 다니엘의 마음속에는 다음과 같은 생각도 있었을 것이다. 곧 예레미야가 예언한 70년의 포로 생활이 끝난 뒤에는 '영광스러운 메시야의 구원이 오지 않을까? 미래의 이 구원은 유대 민족에게만 올 것인가? 이 구원은 또한 하나님의 공의와 죄를 미워하시는 새로운 계시를 가지고 올 것인가? 이 구원은 언제 올 것인가?' 하는 것이다.

그때 하나님의 응답은 왔다. 그것은 천사 가브리엘이 다니엘에게 알려 준 대로 70 이레에 대한 예언이다. 성경에 가브리엘은 계시의 전달자로서 하늘에서 결정된 사실을 다니엘에게 알려주도록 파견되었다(9 : 21-23). 그것은 유대 민족과 성읍과 성전이 완전히 핍박 받는 70 년이 지나면 새로운 생활의 놀라운 시대가 온다는 것이다. 그 시대는 전에 있었던 어느 시대보다도 더욱 영광스럽다는 것이다. 그 시대는 꼭 70 년이 아니고 70의 7 배가 되는 기간이며 그 시대의 끝에는 하나님의 자비가 고갈되지 않고 충만한 은혜가 모든 것 위에 임한다는 것이다. 그때에는 선지자들로 약속하신 사죄의 은혜가 임하여 영원한 의와 구원의 축복이 온다는 것이며 마침내 참으로 즐거워할 수 있다는 것이다.

예레미야는 단지 유대 민족이 가나안에 들어가 제일 먼저 성읍을 재건하리라는 의미의 회복을 말하는 정도였으나 다니엘은 예루살렘이 이전의 영광과 넓이로 회복할 것이라고 말한다. 다니엘은 가브리엘을 통하여 기름 부음 받은 자로 말미암아 임할 계약의 축복을 예언한다. 다시 말하면 기름 부음 받은 왕의 죽음으로 말미암아 은혜 계약이 실시된다는 것이다. 다니엘은 자신과 그의 민족을 대신하여 사죄의 기도를 했다. 그러나 그들은 하나님의 나라와 그 나라의 축복에서 끊어짐을 받는 자들일 것이다. 그들은 예루살렘과 성전을 완전히 훼파할 이방 왕과 군대의 전리품이 될 것이다. 다니엘은 보복하시는 하나님의 손길의 도구로서 활동할 것이다.

70 이레에 대한 개요

9:24. 네 백성과 네 거룩한 성을 위하여 일흔 이레를 기한으로 정하였나니 허물이 그치며 죄가 끝나며 죄악이 용서되며 영원한 의가 드러나며 환상과 예언이 응하며 또 지극히 거룩한 이가 기름 부음을 받으리라.

24절은 70 이레에 대한 일종의 개괄적인 진술이다. 본 절은 하나님의 백성들을 속박에서 회복시키는 데 필요한 모든 성취를 위하여 일정한 기간이 작정되었다는 신적 계시이다. 포로 생활 70 년은 끝나고 이제 또 하나의 70이란 말로 표시된 놀라운 시대가 시작된다는 것이다. 이 시대는 다니엘이 상상하였던 것보다도 더 놀라운 것이다. 바로 이 시대에 하나님이 그의 메시야를 통하여 구속을 가져오실 것이며 하나님은 그의 신적인 구속의 프로그램을 전개시킬 것이다.

하나님의 백성들과 예루살렘에 관한 70 이레의 기간이 작정되었거나 따로 두었다고 말했다. 여기에서 당면하는 문제는 우리말로 “칠십 이레”로 번역된 히브리 용어 שָׁבֻעִים שִׁבְעִים(샤부임 쉬브임의 정확성 여부이다. 이 말은 보통 영어 성경이나 한역 성경에서 “칠십 이레”로 번역되었다. 그러나 이 말의 실제적 의미는 문자 그대로 ‘칠십의 일곱들’이라고 번역할 수 있다. 보통 “이레”라고 번역된 이 말은 히브리 원문에서 강조를 나타내기 위하여 70이란 말보다 앞에 기록했다. 이 말이 가지고 있는 의미를 해석한다면 “사실상 일곱들과… 일곱들의 칠십은… 작정되었다.” 이다. 이 구절에서 위대한 주제는 칠십들이 아니고 일곱들이다. 이러한 이유 때문에 원문에서는 ‘칠십’이라는 숫자를 형용사처럼 ‘일곱’이라는 명사 뒤에 배열했다. 히브리어 관용법에서는 항상 수사가 명사보다 앞선다. 그러나 여기에서는 순서가 바뀌어졌다. 즉, 강조점을 70에 두고 있는 것이 아니라 7에 두고 있기 때문이다.

몬트고메리는 שָׁבֻעִים(샤부임)이라는 말을 보통 7일 - 즉, 일주간 혹은 사물의 일곱으로 나누는 기간에 대한 언급이라고 해석한다. 다시 말하면 시간의 단위라고 해석한다. 이 말은 창 29 : 27, 출 34 : 22, 신 16 : 9에 이러한 방법으로 사용되었다. 그러나 이 말이 항상 이와 같은 의미를 가질 필요는 없다. 이 말은 항상 여성 복수인 שָׁבֻעוֹת(샤부오트)의 형태를 취하지만, 여기 단 9 : 24에서는 남성 복수인 שָׁבֻעִים으로 되었다. 다니엘이 여기에서 통상적인 여성 복수 대신에 남성 복수를 사용한 것은 아마도 이 말이 “주간들”이라는 통상적인 관념과는 다른 특별한 의미를 가졌다는 것을 이해시키려고 하는 듯하다. 여기에 사용된 이 형태는 실제로 “일곱 되는” 혹은 “일곱 되는 기간”이라는 의미를 가지고 있는 분사(分詞)이다. 그러므로 이 말 자체는 조금도 시간의 길이를 의미한다고 지시하지 않는다.

그렇다면 일곱이란 얼마나 긴 기간인가? 오늘날에 와서는 보통 이 질문에 관한 두 가지 해석을 받아들이고 있다. 그 하나는 여기에서 "일곱"이라고 번역된 그 말은 단순히 7년을 의미한다는 것이다. 즉, 일주일 중의 하루가 1년이라는 의미이다. 각 이레는 7년과 동등한 기간이라는 의미이고 70이레는 490년이라는 것이다. 칼빈과 헹스텐베르크 같은 사람이 이 견해를 취했다. 세대주의학파도 일반적으로 이 견해를 따르며 영역 Revised Standard Version도 이 구절을 동일한 방법으로 번역하였다. 즉, "연수에 따르는 70이레"로 번역하였다.

이 해석을 정당시하는 사람들이 옳다고 말하는 이유는,

① 예레미야가 예언한 70년이라는 관설에 호소하는 것이라고 보인다. 헹스텐베르크는 인용하기를 "이것은 하나님의 진노에 대한 하나님의 은혜를 계시하는 것이 명확하다고 지적했다. 즉, 2절에 예루살렘의 황무함이 70년 만에 마치리라는 언급과는 반대되는 또 다른 70년을 말한다. 즉, 예루살렘을 재건하는 기간이 '70번씩 일곱 해들'이다."라고 했다.

② 이 해석을 지지하는 둘째 논거는 희년이 암시해 준다는 것이다(레 25-26장 이하). 희년이란 7년씩 7번 지나서 임하는 해(제50년)이다. 그때에는 모든 부채를 탕감시키고 종을 해방시키며 모두 속량하는 해이다. 70이레의 마지막 해는 모든 것에 걸쳐서 최대의 안식일이요 모든 종류의 부채를 속량해 주고 탕감해 주는 기간이었다. 그러나 희년에 이루어지는 일들이 아무리

좋아도 하나님이 그리스도를 통하여 행하시는 메시야적 구속보다 더 좋은 것일 수가 있겠는가?

③ 이 해석이 뚜렷하게 우세하다는 것을 나타내는 셋째 이유는 490 년이라는 기간이 예루살렘을 중건하라는 명령이 내린 때부터 계산하여 거의 그리스도의 초림 시기에 이른다는 것이다.

그러나 필자는 이 셋째의 해석이 부적절하다고 생각하며 둘째 해석이 더욱 좋다고 생각한다. 둘째 해석은 에드워드 영, 카일, 루폴드 등과 같은 학자들이 취하는 해석이다. 70의 일곱들이란 부정확한 기간이라는 것이다. 즉, 일곱이라는 숫자는 또 다른 근거에서 결정되는 연대기적 존속 기간이라는 것이다. 이 특정한 기간은 메시야적 구속을 하기로 작정된 기간이지만 그 기간은 불확정하고 하나님만 아신다는 것이다.

이 학설을 지지하는 이유는 다음과 같다.

① 예레미야의 70 년 예언과 다니엘의 70의 일곱들 사이에는 명백한 대조가 있다. 그러나 이것은 단순히 연수를 염두에 두고 대조시킨 것이 아니고 예레미야의 심판에 관한 예언과 다니엘의 구속에 관한 축복을 나타내는 예언을 대조시킨 것이다. 바꾸어 말하면 이것은 연대기적인 대조가 아니라 영적인 대조이다. 이것은 수학적(數學的)인 대조가 아니라 초자연적 사건의 대조이다.

② 만일 예레미야의 70 년 예언을 정확한 연대기적인 대조라고 주장한다면 이 대조는 의미가 없어진다. 앞에서 언급한 대로 다니엘의 예언은 70이라는 숫자에 강조점이 있는 것이 아니고 7이라는

숫자에 강조점이 있다. 바로 이 이유 때문에 본문에 7이라는 숫자가 어순상(語順上) 앞에 놓여 있다. 만일 예레미야의 예언이 연대기적인 대조에 있다면 그것은 확실히 대조가 아니다. 이 대조는 70과 70의 대조에 있는 것이 아니고 70과 7의 대조에 있다.

③ 다니엘이 이 예언에서 희년을 생각했을지 모르나 연대기적인 대조를 한 것은 아니다. 연대기적이란 것은 영적인 일차적 강조를 반대하는 단순한 준거들이나 배경에 불과하다. 더 나아가서 단 9:24에 사용된 히브리 말은 결코 희년과 연결되어 사용되지 않았다. 희년 제도에서 말하는 문자적 7년에 사용된 말은 שַׁבָּת (샤바트)이고 여기에 사용된 말은 שָׁבֻעִים(샤부임)이라는 전혀 어근(語根)이 다른 말이다.

④ שָׁבֻעִים(샤부임)이라는 표현 자체에는 전혀 시간적인 의미가 없다. 단 10:2,3에는 "일곱"이라는 말이 시간적 의미를 가지고 있기 때문에 "날들"이라는 히브리 어가 첨가되어 있다. 그래서 단 10장은 통상적인 일곱 날들을 가르치는 주간들로 이해하게 된다. 또한 8:14에서도 문자적으로 일정한 기간을 의미하기 위하여 '주야'라는 말이 첨가되어 있다.

⑤ 연수(年數)를 주간으로 계산하는 사상은 구약의 다른 곳에는 없다.

⑥ 이 특별한 예언은 '일곱들'이 7년을 의미한다는 암시가 없고 이러한 해석상의 요구를 지지하는 내증(內證)도 없다. 최근에 와서 루폴드는 이 말씀을 해석하는 옳은 견해를 발표했다. 그는

"하나님의 창조 주간 이후로 '일곱'은 항상 신적 활동 혹은 신적 사역을 의미하는 상징수이다. 70은 일곱을 10으로 곱한 것인데 완전수를 의미하는 상징수이다. 그러므로 70의 일곱(70 이레)은 가장 중요한 신적 사역을 완성하는 기간이다."라고 지적했다. 결론적으로 이 숫자들은 기간을 나타내기 때문에 시간의 길이를 말하는 것이 아니고 이 숫자들이 상징적이기 때문에 일곱이라는 정확한 길이를 안다는 것은 적합하지 않으며 또 알 수도 없는 것이다.

이 칠십의 일곱은 하나님의 백성과 하나님의 거룩한 성(9 : 24)을 위하여 정하신 것이다. 이것은 하나님의 심판적인 결정 사상이다. 이 시간은 하나님이 그의 구속적인 목적을 성취하시기 위하여 작정하신 것이다. 하나님이 70의 일곱을 정해 놓으신 것은 그의 완전한 지혜의 섭리에 의한 것이다. 그의 백성을 위한 그의 구속 목적에 소요되는 기간은 하나님만 알고 계신다.

이 신적 작정은 그의 백성과 거룩한 성을 **'위한'** 것이다. 한역에 "… 을 위하여"라고 적절하게 번역된 히브리 어는 법률적인 부채를 의미하는 "대하여"라는 의미가 아니다. 이 작정은 그 백성들에게 커다란 짐과 같은 것도 아니다. 이것은 오히려 "관하여 혹은 위하여"라는 의미이다. 가브리엘은 다니엘에게 70의 일곱이 포로 생활 70 년과 같은 고통스러운 시간이라고 말하지 않았다. 이 말은 단순히 그 기간이 거룩한 성과 이스라엘을 위하여 계획된 기간이라는 것을 시사하고 있다.

다니엘이 그 백성과 도시를 하나님의 백성과 하나님의 성이라고 부른 사실에(9 : 18) 주의를 기울여 보자. 심지어는 멸망한 예루살렘까지도 예루살렘의 과거와 미래의 역사의 힘에 의하여 **거룩한 성**이라고 불리었다. 게이블라인과 다른 세대주의 주석가들은 이 언급이 오직 육체를 따라 사는 이스라엘 사람들에게 한정된 것이라고 한다. 그래서 "이 사건들은 다니엘 당시의 백성들에 관한 사건이지 이방인에 관한 사건은 아니다."라고 한다. 이것이 일차적으로는 육체를 따라 사는 이스라엘 사람들과 역사적 예루살렘에 대한 언급인 것이 사실이지만 바로 이 구절이 메시야적 사역을 묘사하고 있기 때문에 이것은 또한 사죄함과 깨끗함을 받은 하나님의 참 백성에 관한 언급이다(갈 6:16).

본 절은 6가지 진술로 끝을 맺고 있는데 이것은 70이레 동안에 이루어질 6가지의 결과를 표시한다. ①"허물이 그치는 것, ②죄가 끝나는 것, ③죄악이 용서되는 것, ④영원한 의가 드러나는 것, ⑤환상과 예언이 응하는 것, ⑥지극히 거룩한 이가 기름 부음 받는 것 등을 위하여 70이레라는 기간을 작정해 놓으셨다."고 해석할 수 있다. 즉, 이것은 70이레라는 기간이 지난 후에 되어지는 일이 아니고 바로 이 기간의 끝이 오기 이전에 이루어진다는 의미이다.

이레가 9:24에 대한 이 주장은 세대주의 해석과는 굉장히 반대된다. 그들은 이 6가지가 모두 70이레 후에 오는 천년 왕국 시기에 관한 언급이라고 한결같이 해석한다. 그러나 이 문맥은 이 6가지 목적들이 70이레라는 기간에 성취된다는 것을 나타낸다. 70이레라는 기간은 실제적으로 이 축복들을 성취시키기 위하여 작정된 것이다. 그래서 이 축복들이 이 기간에 소개된 것이며, 세대주의 학자들이 주장하는 것처럼 이 기간이 지난 후에 이루어질 것이 아니다.

이 6가지 결과들은 대단히 재미있는 대구법(對句法)을 이루고 있다. 이것은 두 개의 그룹으로 이루어져 있고 각 그룹은 3개의 항목으로 되어 있다. 처음 3가지 진술은 죄를 제거시키는 소극적 방면이고 나중 3가지 진술은 영원한 의(義)가 드러나는 적극적 방면이다. 이 6가지 결과들은 또 다른 대구법을 이루고 있다. 즉, 첫째 진술은 넷째 진술과, 둘째 진술은 다섯째 진술과, 셋째 진술은 여섯째 진술과 조화를 이루고 있다. 심지어 둘째 진술과 셋째 진술은 원문에 동일한 동사로 사용되었다. 이상의 것들을 간단하게 도표로 요약하면 다음과 같다.

소극적 방면	적극적 방면
1. 허물이 그치는 것 2. 죄가 끝나는 것 3. 죄악이 용서되는 것	4. 영원한 의가 드러나는 것 5. 환상과 예언이 응하는 것 6. 지극히 거룩한 이가 기름 부음 받는 것

3. 9:24의 예언이 성취될 소극적 결과들

(1) 허물이 그침

여기에서 **"그치며"**라는 동사는 히브리 원어로 **כָּלָא**(칼라)인데 참으로 번역하기 어려운 말이다. 어떤 사람들은 이것을 "그친다"는 말로 번역하고, 다른 사람들은 이것을 "억제한다"라고 번역한다. 우리 한역은 전자를 택한 것이고 칼빈과 같이 대부분의 복음주의 해석가들은 "억제한다"는 번역을 택한다. 이 말은 "숨기다, 가두다, 체포하다. 감옥에 가두다, 가두어 넣다. 못 들어오게 한다"라는 뜻을 포함하고 있다. 이러한 의미는 위의 목록 가운데서 소극적 방면의 둘째 번 진술인 "죄가 끝나며"와 같은 뜻이다.

바꾸어 말하면 거룩한 하나님 앞에서 환하게 드러나는 죄는 하나님의 자비에 의해서만 가리어질 수 있고 또 숨겨지는 것이다. 그래서 죄가 더 이상 존재하지 않는 것으로 간주되는 것이다. 죄 사함이라는 단순한 성경적 표현은 "죄로부터 얼굴을 감추다" 혹은 "죄를 멀리 보내다"라는 비슷한 구절도 있다. 죄는 하나님의 사랑과 자비로만 용서되는 것이다.

여기에 사용된 **"허물"**이라는 말은 매우 강한 말이다. 인간의 불선(不善)을 묘사하는 세 가지 말들 중에서 가장 강한 말이다. 그래서 루폴드는 이 처음 결과는 소극적인 결과들을 요약한 것이고 의가 드러난다는 넷째 결과는 70 이레의 적극적인 결과들을 요약한 것이라고 생각한다.

첫 번째 결과에 사용된 이 말에는 변절과 반역이라는 사상이 결합되어 있다. 이 말은 "반역하다"라는 어근(語根)에서 왔다. 그래서 죄라는 강한 말이 되었다. 소극적 방면의 세 말들 가운데서 이 말에만 관사가 있다. 그러므로 이 말은 모든 형태의 죄를 총망라하는 용어로 사용된 것이라고 볼 수 있다.

언제 이 허물이 제거되었는가? 죄를 제거시키는 일은 오직 전능하신 하나님만이 하시는 사역이다. 이것은 위대한 구속자 그리스도에 의해서 이루어졌다. 즉, 기름 부음 받은 이인 그리스도의 죽으심으로 허물이 제거되었다. 이것은 말씀을 의미하는 그대로

이다. 즉, 그리스도가 제거시킨 허물은 세대주의자들이 주장하는 것처럼 천 년 왕국 시대에 살고 있는 유대 인의 허물에만 한정된 것이 아니고 일반적인 허물을 의미한다. 왜냐하면 허물이란 말이 관사를 가지고 있기 때문에 어떤 특수한 사람들의 허물만이 아니고 일반적인 허물을 총칭하기 때문이다.

(2) 죄가 끝남

70 이레의 둘째 목적에서 사용한 동사는 우리 한역에 "끝나며"라고 번역되었다. 그러나 이 번역은 원본의 재미있는 대구법을 잘못 번역한 것이다. 여기에 사용된 동사는 24절의 다섯째 목적으로 사용된 동사와 동일하다. 그러므로 "밀폐하다"라고 번역하는 것이 더 좋다. 이것은 죄를 제거하다, 혹은 죄를 시야 밖으로 옮기다라는 뜻이다. 죄는 밀폐되었다. 왜냐하면 하나님의 시야 밖으로 완전히 옮겨 버렸고 완전히 제거시켰기 때문이다. 무엇을 봉헌한다는 것은 안전하게 보존되도록 가둔다는 것이다. 하나님이 죄를 가두어 두시기로 작정하셨기 때문에 죄가 마음대로 돌아다니며 죄악스러운 일을 하지 못하도록 하셨다. 하나님은 죄의 종말을 작정하셨다.

(3) 죄악이 용서됨

여기에 사용된 히브리 어 동사 כִּפֵּר(키페르)는 문자 그대로 "덮는다"는 뜻인데 우리 한역에는 "용서하다"라고 번역되었다.

드라이버는 이 동사의 사용에 대하여 다음과 같이 말했다. 즉, 만일 그 덮어 주는 자가 제사장인 경우에는 희생을 드려서 죄인의 죄를 덮어 준다는 뜻이다. 바꾸어 말하면 속죄 혹은 화목시켜 준다는 뜻이다. 또 만일 덮어 주는 자가 하나님인 경우에는 용서한다-즉, 도말한다, 사(赦)한다는 의미이다(렘 18:23, 시 65:3 참조). 이 본문에서는 어느 경우를 가리키는지 분별하기 어렵다. 그러나 이 말이 죄에 대한 언급이든지 죄인에 관한 언급이든지 간에 신약에서는 "속죄" 혹은 "화해"라고 불러서 항상 효과적으로 덮어 주는 것을 암시한다. 만일 사람의 죄를 덮어 줄 때는 그 모든 죄가 정죄함을 받지 않고 그 사람과 하나님 사이에 화목이 성립된다. 다니엘이 "죄"라는 말을 사용하면서 죄를 덮어 주는 것은 하나님의 구속적인 자비라고 강조한다. 이것은 "죄" 개념을 강조하는 것과 동시에 하나님의 덮어 주심-즉, 그리스도의 속죄 사역으로 인하여 죄가 제거된다는 강조이다.

여기에 사용된 세 가지 용어들은 인간의 부패됨을 잘 묘사해 주는 말이다. 곧 허물, 죄, 죄악은 인간이 하나님을 떠남으로 당한 저주의 성격을 차분하게 보여 준다. 70 이레라는 기간을 작정하신 첫째 목적은 죄의 저주를 제거하는 것이다. 하나님께서 더 이상 저주가 존재하지 않는다고 간주하심으로 저주가 제거되는 것이다. 저주는 끝나고 더 이상 저주에 속박을 받지 않는다. 하나님의 구원 사역으로 인하여 가려졌기 때문에 저주는 사라지게 된 것이다. 그러면 어떻게 이 일이 성취되었는가? 그것은 물론 예수 그리스도께서 자신을 단번에 제물로 드려 죄를 없이하시려고 세상 끝에 나타나셨기 때문에 이루어졌다(히 9:26).

4. 9:24의 예언이 성취될 적극적인 결과들

(1) 영원한 의가 드러남

가브리엘 천사는 위에 설명된 세 가지 소극적 결과들과 대조되는 세 가지 적극적 결과들을 알려 준다. 죄는 완전히 제거되고 영원한 의가 소개되었다.

여기에 사용된 동사는 강력한 말이다. 그것은 의(義)가 인간의 주관적인 의가 아니고 자기 밖에서 하나님이 메시야를 통하여 주신 것임을 강조한다.

원문에 사용된 "의"라는 말은 צֶדֶק(체데크)인데 사죄와 밀접하게 관계된 말이다. 그러므로 문맥상 매우 적합한 말이다. 이것은 첫째 결과를 진술하는 적극적인 보충어이다. 죄가 완전히 제거된 자리에 완전한 의를 채워 준다는 뜻이다. 이 의는 단순한 풍성함이 아니고 하나님께로부터 오는 것이며(시85:11-13, 사 51:5-8) 하나님을 두려워하는 자들에게 태양과 같이 떠오르는 것이며(말 4:2) 하나님과 올바른 관계를 누리는 축복을 받은 상태이다.

본문에 **영원한 의**라고 하였는데 헹스텐베르크는 두 가지 이유에서 영원하다고 말한다. 즉, 의의 출처가 영원하신 하나님의 영원하신 계획에서 왔으니 영원하고, 그 의의 존속 기간으로 볼 때에 모든 피조물과 대조적으로 썩지 않는 것이니 영원하다(사 51:5-8, 45:17).

의가 하나님의 선물이라는 것은 완전히 메시야 시대의 특징이다. 의는 하나님이 메시야를 통해서 주시는 것이다. 렘 33:16에는 예루살렘을 "여호와는 우리의 의라"는 이름을 얻으며, 렘 23:6에는 주님의 이름을 "여호와 우리의 공의라"고 일컬음을 받으리라고 함으로써 메시야의 날을 예언했다. 사 61:3에는 하나님의 나라 성도들을 "의의 나무"라고 하였고, 사 53:11에는 고난 받는 하나님의 종이 많은 사람들을 의롭게 하리라고 예언하심으로 의를 결정하는 원인을 지적했다. 위의 모든 말씀을 신약의 표현으로 말하자면 죄인이 예수 그리스도를 믿음으로 하나님과 의로운 관계를 가지는 상태를 의미한다. 그리스도의 은혜를 통하여 하나님은 인간을 더 이상 죄인으로 취급하지 않으신다. 우리가 그리스도 안에 있으므로 하나님께서 우리를 의롭다고 취급하신다.

(2) 환상과 예언이 응함

우리 한역의 이 부분 번역은 대단히 부정확하다. 여기에 사용된 동사는 소극적 방면의 둘째 결과와 확실히 병행하는 동일한 동사이다. 그러나 한역은 전혀 동일한 관용법적 표현이 아니다. 일반적으로 오늘날에 와서는 이 동사를 "봉인하다(seal up)"라고 번역한다. 이 번역이 적합하다.

이 동사는 자주 확인하는 의미로 "날인하다"는 의미를 가진다. 다시 말하면 하나님이 환상과 예언을 인정하는 의미에서 봉했다는 것이다. 더욱이 환상은 하나님의 인정하는 표로 도장을 찍었다고 말한다.

그러나 구약은 이러한 의미를 지지하지 않는다. 구약에서는 결코 이런 의미로 사용되지 않았다. 더욱이 동일한 동사로 사용된 같은 절에 있는 병행된 말과도 그 의미가 다르다. 70이레의 둘째 결과("죄가 끝나며")에서는 이 말이 끝나다 혹은 마치다라는 의미로 사용되었다. 그러나 여기에서는 끝내다 혹은 정지하다는 뜻으로 결국 성취된 사건의 범주에서 취급한 것이다. 환상과 예언은 끝났다. 이것이 더 이상 필요하지 않으며 환상과 예언을 하는 시기는 지나갔다는 의미이다. 예언의 직무는 끝났으며 이후로는 예언이 필요 없다는 의미이다.

기독교회의 해석을 지지하는 카일과 클리포드와 루폴드는 환상과 예언이 미래에 끝난다고 주장한다. 그들이 이렇게 주장하는 이유는 예언이 그리스도의 초림에만 관련된 것이 아니고 재림에까지 관계되기 때문이라고 한다. 다시 말하면 모든 예언의 말씀들이 그리스도의 초림으로 완성된 것이 아니고 초림 후에도 넓은 의미에서는 예언이 계속되기 때문이라고 한다.

그러나 특별히 여기에서 말하는 환상과 예언은 분명히 구약 시대의 것을 가리킨다. 환상(예언)이란 구약 시대의 선지자들에게 임한 계시를 의미하는 특유한 명칭이다(사 1 : 1, 암 1 : 1 참조). 한역에 부적절하게 번역된 다른 말은 히브리 어로는 "예언자"라는 말이다. 예언자란 환상을 받은 사람을 지칭한다. 그러므로 환상과 예언자라는 두 말은 구약의 예언적 계시와 구약 계시의 매개체를 의미한다. 이 계시는 일시적, 예비적, 모형적이었다. 이 계시는 앞으로 위대한 예언자인 그리스도가 오실 것을 가리키는 것이었고(신 18 : 15) 그리스도가 오신 다음에는 구약적 의미의 예언적인 계시가 더 이상 필요하지 않았다. 그 목적이 완성되었으므로 예비적으로 모형적인 기간은 끝났다. 메시야 시대가 온 이후에는 그 계시가 필요치 않으며 그 사역은 끝났다. 바꾸어 말하면 이 말씀들은 그리스도의 초림으로 성취되었다. 하나님이 일시적이고 예비적인 방법으로 구약의 선지자들을 통하여 하신 말씀은 바로 그리스도로 완성된 말씀이다(히 1:1-2).

(3) 지극히 거룩한 이가 기름 부음을 받음

여기에 있는 "지극히 거룩한 이"라는 말을 문자 그대로 번역하면 "거룩한 것들의 거룩한 것"이다. 이것은 무엇을 의미하는가? 이 질문에 대한 대답은 여러 가지가 있다. 자유주의 비평가들은 이 구절이 안티오커스 에피파네스의 시대를 가리킨다고 한다. 즉, 그들은 이것이 안티오커스가 더러운 제물을 태워서 신성을 더럽힌 제단을 다시 신성케 하는 것을 의미한다고 한다. 이 해석의 가장 중심 되는 난점은 본 절에 있는 모든 다른 부분들이 다 메시야의 사역을, 특별히 하나님의 초자연적인 구속 사역을 가리켰는데 여기서는 그것을 완전히 무시하고 있다는 점이다. 루폴드는 마카비전서 4:14 이하에 제단을 봉헌한 묘사가 있으나 거기에도 제단에 기름 부었다는 말은 전혀 없었다고 지적했다. 그리고 성전 청결에 대한 요세푸스(Josephus)의 기록에도 이 기간의 고대 유대 인의 역사에도 기름 부음에 관한 언급은 없다.

카일과 클리포드는 이 말씀이 그들의 학설에 맞추어서 재림과 거룩한 성 하늘의 예루살렘을 의미한다고 한다. 우리는 이 학설을 받아들일 수 없다. 루터와 칼빈, 헹스텐베르크와 영과 같이 우리는 이 말씀이 예수 그리스도와 성령으로 말미암은 그의 기름부음 받음을 의미한다고 생각한다. 구약에서 관유는 성령을 상징했다(슥 4장). 그래서 삼상 10:1 이하에서 사울이 기름 부음을 받은 후에 사무엘이 사울에게 말하기를 "여호와께서 네게 기름을 부으사…"(1절), "네게는 여호와의 영이 크게 임하리니…"(6절)라고 했다. 비슷한 말씀은 "주 여호와의 영이 내게 내리셨으니 이는 여호와께서 내게 기름을 부으사…"라고 한 사 61:1 말씀에서 발견한다. 메시야가 "성령으로 기름 부음 받았다."고 하는 것은 메시야의 사역과 메시야의 독특한 성격에 대한 구약적 표현이다(사 11:1, 42:1, 61:1). 예수 그리스도에게는 이 성령의 선물이 독특하게 주어졌다. 즉, 행 10:38은 "하나님이 나사렛 예수에게 성령과 능력을 기름 붓듯 하셨으매"라고 기술(記述)했다.

그리스도에 대하여 "거룩한 것들의 거룩한 것"이라는 용어를 사용하는 것은 때때로 문제가 되어 내려왔다. 그러나 대상 23:13을 보면, 아론과 그의 아들들을 거룩한 것의 거룩한 것으로 성별했다. 이 구절을 보아서 이 표현은 사람에게도 적용된 것이 분명하다. 눅1:35을 보면 그리스도를 "거룩한 이"라고 묘사했다. 신약에서는 자주 그리스도를 "거룩한 이"이라고 묘사하고, 또 그렇게 불렀다(행 3:14, 4:30, 요일 2:20, 계 3:7).

9장 26절과 27절에 언급된 지극히 거룩한 이의 기름 부음 받음과 성소의 훼파됨 사이에 있는 대조가 나타나 있다고 생각된다. 이전 성전은 훼파되었다. 왜냐하면 그 성전은 알맹이 없는 껍질만의 성전이었기 때문이다. 이 성전에 주님이 임재하셨으나 유대 인들의 죄와 죄악 때문에 하나님께서 떠나셨다. 지금은 새로운 지극히 거룩한 이가 그 자리에 기름 부음을 받아서 임하셨다. 메시야이며 지극히 거룩하신 이인 예수 그리스도 자신이 이젠 성전의 완전한 성취자로서 임하셨다. 그가 오셔서 낡은 성전 대신에 참되고 의미 있는 성전이 되어 주셨다. 그의 안에 하나님께서 살아 계셔서 사람들과 교통하신다.

본 절에 있는 6가지 항목도 모두 메시야를 가리킨다. 이 사실은 이 예언의 종결점을 결정한다. 70이레가 끝나는 것은 안티오커스 시대와 관계없고 그리스도의 재림이나 천 년 왕국과도 부합하지 않는다. 그것은 다만 그리스도의 초림에 관계된 일이다. 다니엘은 그의 기도의 응답으로서 하나님께서 그의 백성을 잊어버리시지 않는다는 계시를 받았다. 사실상 70이레는 우리에게 명확하고 확실하게 그 기간을 계시해 주시지는 않았지만 하나님께서 정하신 기간이며 메시야의 구속 사업의 완성을 목적한다. 하나님께서는 그 백성들을 모으시고 그들이 그때까지 맛보지 못한, 보다 큰 신적 구속의 프로그램을 실시해 주신다. 예레미야의 예언은 다니엘이 상상할 수 있었던 것보다도 더욱 풍성하고 훌륭하게 성취될 것이다.

7이레와 62이레

9:25. 그러므로 너는 깨달아 알지니라 예루살렘을 중건하라는 영(令)이 날 때부터 기름 부음을 받은 자 곧 왕이 일어나기까지 일곱 이레와 예순두 이레가 지날 것이요 그 곤란한 동안에 성이 중건되어 광장과 거리가 세워질 것이며.

다니엘은 여기에서 잘 깨달아 알라고 하는 명령을 받았다. **"너는 깨달아 알지니라."** 여기에는 특별히 같은 뜻을 가진 두 동사가 사용되었다. 이것은 이 아래에 나오는 예언이 어렵다는 것을 강조하는 것이다. 그래서 잘 훈련된 영적 마음을 요청한다. 예수님께서도 가끔 이와 유사한 말씀을 하셨다. 곧 "읽는 자는 깨달을진저"(마 24 : 15)라고 하셨으며, 또한 "귀 있는 자는 들으라."(마 13 : 9)고도 하셨다.

여기에서 다니엘은 70 이레의 출발점을 알게 되었다. 그 출발점은 곧 **"예루살렘을 중건하라."**는 명령이 날 때부터이다. 우리 한역에는 영(令) 곧 명령의 뜻으로 번역되었으나 원래 דָּבָר(다바르)라는 히브리 용어는 단순히 말씀을 의미한다. 하나님은 예루살렘을 중건하라는 말씀을 하셨다. 이 말씀의 창시자는 바로 하나님이시다. 그것은 단순히 바사 왕을 작정했다는 말만이 아니라 하나님의 말씀을 선포하는 이것과 동일한 말이 23절에도 나온다. 이 말씀의 내용은 예루살렘의 복구와 건축이다.

말씀(명령) 공포(公布)의 때와 70 이레의 출발점

여기에서 중심 되는 문제는 '언제 이 말씀이 공포되었는가?' 하는 점이다. 동시에 '70 이레의 출발점이 언제인가?' 이 문제에 관해서는 다음과 같은 해석들이 있다.

(1) 몬트고메리의 견해 : 여러 가지 면에서 이 문제에 대한 비평가들의 전형적인 견해이다. 몬트고메리는 예레미야가 예언한 신적 명령을 발표하는 말씀과 단 9 : 2에 언급된 예루살렘의 황무함이 칠십 년 만에 그치리라는 말씀을 동일시한다. 그러나 그는 이 구절을 해석하는 데 두 가지 다른 주장이 있다는 것을 발견한다. 그 하나는 이 예언의 포로 귀환이 성취된 기간인 49 년 동안으로 해석하는 것이고, 다른 하나는 예레미야가 예언한 예언의

성취가 실패로 돌아갔다는 해석이다. 이 둘째 해석은 주전 586년을 예레미야의 예언이 시작된 해로 이레를 연수로 계산하는 해석이다. 즉, 상징적으로 예레미야의 예언을 해석한다. 이 학설은 주전 586년을 이 말씀이 시작된 해로 생각한다.

이 해석은 다음과 같은 강력한 반대를 받고 있다.

a) 예레미야의 예언은 예루살렘을 중건하기 위하여 귀환하라는 이 말씀이라고 생각할 수 없다. 예레미야는 포로 생활 기간이 70년이라고 선포했으나 포로 생활을 떠나서 예루살렘으로 귀환하고 예루살렘을 중건하는 사역에 관한 말씀을 여호와의 이름으로 선포하지 않았다.

b) 주전 586년을, 예루살렘을 중건하라는 말씀이 공포된 연대로 생각할 수 없다. 주전 586년은 예루살렘이 멸망하고 그 주민들이 바벨론 포로로 잡혀간 연대이다. 따라서 주전 586년에는 예루살렘이 중건된다는 생각은 없었고 다만 예루살렘을 위한 애가(lamentation)가 있었을 뿐이다.

c) 이 견해는 다니엘서에 심각한 오류가 있다는 가정에서 나온 것이다. 만일 다니엘서가 몬트고메리, 프린스 등과 같은 여러 학자들이 생각하는 것처럼 실제적으로 심각한 역사적 오류를 포함하고 있다면 우리는 다니엘서를 하나님의 말씀으로 신뢰할 수 없다. 만일 우리가 다니엘서가 말하는 역사적 문제에 관한 시기를 믿을 수 없다면 어떻게 다니엘서가 말하는 메시야 나라가 임하는 시기를 믿을 수 있을 것인가?

(2) **헹스텐베르크와 세대주의 학파의 해석** : 주전 445년을, 이 말씀을 공포한 연대로 주장한다. 이것은 느 2:7-8에 공포된 아닥사스다 왕 20년이라고 한다. 느 2:7-8에 보면 아닥사스사 왕은 "전에 속한 영문의 문과 성곽과 느헤미야의 거할 집을 위하여 들보를 만들" 재목을 달라는 느헤미야의 청원에 허락을 했으며 아닥사스다 왕은 느헤미야에게 조서를 주었다. 그래서 헹스텐베르크는 사실상 예루살렘의 복구는 이때 이전에는 시작하지 않았고 느헤미야가 시작했다고 주장한다.

그러나 이 학설은 몇몇 성경 말씀에 위반된다. 첫째로 선지자 학개는 이때보다 70년 전에 이미 예루살렘 백성들이 판벽한 집에 거했다고 말했다(학 1 : 2 - 4). 이사야도 또한 바벨론 왕인 고레스 왕 때에 예루살렘 성이 건설될 것이라고 예언했다(사 14 : 1 - 2, 44 : 26 -28, 45 :1 - 3, 13). 에스라서에서도 역시 느헤미야의 귀환 전에 이미 중건되었다고 기록하고 있다(스 4 : 12, 9 : 9). 바꾸어 말하면 이러한 모든 말씀들을 예루살렘 성이 주전 445년 이전에 재건되었다는 것을 효과적으로 지적하고 있다.

(3) **우리가 수용할 학설** : 우리가 받아들이는 학설은 요한 칼빈, 클리포드, 카일, 루폴드, 영 등이 주장한 학설이다. 이 말씀이 공포된 해를 포로 생활이 끝나고 본국으로 귀환하도록 명령을 내린 고레스 왕 원년(주전 538년)이라고 간주한다.

다니엘서에 의하면 포로 생활을 하고 있는 하나님의 백성들에게 가장 결정적인 해는 고레스 왕 원년이다. 단 1 : 21에 있는 "다니엘은 고레스 왕 원년까지 있으니라."고 하는 말씀은 이상한 말이다. 단 10 : 1에 "바사왕 고레스 제 삼 년에 한 일이 … 다니엘에게 나타났는데"라는 말씀을 볼 때 사실상 다니엘은 고레스 왕 원년 이후에도 거기에 있었다는 것을 알 수 있다.

그러면 왜 다니엘 1장에서는 고레스 왕 원년까지 있으니라고 말했는가? 이것은 고레스 왕 원년이 포로 생활이 끝난 해이고, 포로들이 귀환하도록 허락 받은 해이기 때문이다. 고레스 왕 원년은 하나님의 백성들이 행운을 받은 유명한 전환의 해이며 새로운 질서가 시작된 해이다. 그것은 주전 538년이었다. 바꾸어 말하면 그 출발점은 고레스 왕이 포로 된 이스라엘 백성들을 귀환하도록 허락한 중대한 사건이요 유대 민족 역사의 새로운 사건에 있다는 것이다. 지금까지 사로잡힌 백성이요 추방되었던 민족이 그들을 포로로 사로잡던 자 혹은 새로운 이웃들이 병합함으로 인해서 허물어졌다. "말씀이 공포된 것"은 유대 인들이 예루살렘으로 돌아가도록 고레스 왕이 칙령으로 허락함으로써 성취되었다(스1:1-4). 이 작정이 이렇게 중요한 사건이기 때문에 성령의 영감으로 된 성경에 두 번씩이나 축어적(逐語的)으로 기록되었다(대하 36:22, 23과 스1:1-4).

더욱이 그 위에도 이 칙령은 예레미야의 예언이 성취되는 시작이었다. 그 칙령은 너희는 가서 예루살렘 중건 가운데 첫째 단계며, 가장 중요한 단계인 "예루살렘 성전을 건축하라."고 분명히 말했다. 이것에 관해서는 이사야도 이렇게 예언했다. 이사야 44:28에서 고레스 왕을 "예루살렘에 대하여는 이르기를 중건되리라 하며 성전에 대하여 네 기초가 놓여지리라 하는 자니라."고 묘사했다. 마찬가지로 이사야 45:13에서도 고레스 왕에 관하여 "그가 나의 성읍을 건축할 것이며 사로잡힌 내 백성을 값이나 갚음

이 없이 놓으리라."고 분명히 명시했다.

한 세대주의 주석가는 "고레스 왕의 칙령이 특별하게 성전 중건에만 국한된 것이고, 예언서는 예루살렘의 중건 - 즉, 도시 중건에 관한 것이라."고 하면서 위의 견해를 반대한다. 고레스 왕이 내린 칙령의 중심이 성전 건축을 의미하는 것은 사실이다. 그러나 성전 건축은 도시 건설의 첫 단계임에 틀림없다. 도시 건설과 성전 건축 사이에 지나치게 날카로운 선을 긋는 것은 정당하다고 할 수 없다. 확실한 것은 만일 유대인들이 성전을 중건하기 위하여 예루살렘으로 귀환하라는 허락을 받았다면 그들은 또한 그들 자신의 집을 짓는 것도 허락 받은 것이다.

루폴드의 말은 수긍이 되다. "약 43,000 명이나 되는 포로들이 예루살렘에 돌아가서 단순히 성전만 건축하고 그들의 집을 건축할 희망은 가지고 있지 않았겠는가? 그것은 있을 수 없는 일이다. 한 장소에 43,000 명의 포로들이 살기 위한 집을 짓고…그들 대부분이 한 장소에 정착했다. … 이것은 곧 하나의 도시를 건설한 것이다."라고 말했다. 이 백성은 학개 1 : 2 - 4에 지적된 바로 그 일을 이룩한 것이다. 여기에서 학개는 성전이 황무하였거늘 이 백성이 판벽한 집에 거하고 있다고 책망하고 있다. 이와 동일한 강조를 이사야의 예언에서도 볼 수 있는데 이 강조는 단순히 성전 중건에 관한 것만이 아니라 동시에 파괴된 도시 중건도 말하고 있다. 이사야 44 : 28에 고레스가 "예루살렘이 중건되리라."고 예언했으며 이사야 45 : 13에는 "그(고레스)가 나의 성읍을 건축할 것이며…"라고 했다.

이러한 모든 요인들을 고찰해 볼 때 칠십 이레의 출발점을 고레스 왕 원년-즉, 실제적으로 포로 생활이 끝난 해인 주전 538년이라고 간주하는 것이 가장 적합한 성경적 증거로 보인다.

본 절은 또한 처음 69 이레가 지나면 완전한 사람이 온다고 한다. 그는 **"기름 부음 받은 자 곧 왕자"**이다. 처음 69 이레의 최고점은 기름 부음 받은 왕자가 오시는 것이다. 여기에 사용된 왕자라는 말은 한역에 번역된 것처럼 왕이라는 말이 아니다.

이 기름 부음 받은 왕자는 누구인가? 보수적인 다니엘 해석가들은 이 문제에 대하여 일반적으로 거의 일치한다. 즉, 그는 메시야시요 왕이신 예수 그리스도라는 것이다. 여기에서도 의견을 달리하는 자들은 세대주의 학파이다. 그들은 이것이 그리스도가 예루살렘에 승리의 입성을 하시는 것을 의미한다고 주장한다. 헹스텐베르크는 예수님의 세례 받으심과 그의 공생애에 들어가는 것을 의미한다고 주장하며 영과 다른 사람들은 일반적으로 그리스도의 초림을 의미한다고 하는데 필자의 견해도 이 견해와 일치한다. 어쨌든 위의 모든 학자들은 주님의 초림에 관한 일부분 혹은 십자가 이외의 모든 부분을 의미한다는 데에 일치한다.

여기에서 의미하는 것은 기름 부음을 받은 왕자나 "왕자가 기름 부음 받은 때까지"가 아니라 "기름 부음 받은 자"가 동시에 "왕자"라는 의미이다. 구약에서는 왕과 제사장이 기름 부음을 받았다. 그러므로 여기에서 우리가 생각하는 것은 제사장(기름 부음 받은 자)뿐만이 아니고 왕(왕자)도 생각하는 것이다. 드라이버는 고레스가 기름 부음 받은 왕자라고 제시했다. 이사야 45:1에서 고레스를 가리켜 "나의 기름 부음 받은 고레스"라고 부른 것은 사실이다. 그러나 이 해석은 마땅치 않으니 "기름 부음 받은 자"를 그리스도라고 하는 학설이 가장 믿을 만하다.

①단 9:24은 명백하게 메시야적 성격을 가졌다. 24절에 약속된 축복은 원칙적으로 구주요 임마누엘이신 예수 그리스도로 말미암아 성취될 것으로 생각된다. 고레스는 사죄와 영원한 의를 사람들에게 줄 수 없다.

② 24절의 축복과 25절의 기름 부음 받은 자 사이에는 밀접한 관계가 있다. 24절 끝에 "지극히 거룩한 이가 기름 부음을 받으리라."는 말씀이 그리스도를 가리킨 말씀인 만큼 거기에 직속하는 본 절의 "기름 부음 받은 왕자"란 말씀도 기름 부음 받은 그리스도를 의미한다. 기름 부음에 관한 이 예언 전체는 약속된 구주와 밀접하게 관계되어 있다.

③기름 부음 받은 왕자는 신정국(神政國)의 왕이고 고레스와 같은 이방 왕이 아니다. 25절의 기름 부음 받은 이 거룩한 왕은 26절의 "한 왕의 백성이 와서"라는 문구에 들어 있는 왕과 명백히 대조된다. "한 왕은 영원한 축복을 가져올 것이나, 다른 한 왕은 파괴와 핍박과 학살을 가져올 것이다. 한 왕은 신정국의 왕이요 다른 한 왕은 이방인의 왕이다. 고레스를 신정국의 왕이라고 부를 수 없다.

기름 부음 받은 왕자의 일을 행한 자는 역사상의 한 분뿐이다. 그분만이 죄를 용서하시며 영원한 의를 가져오신다. 그분은 곧 왕이요, 제사장이요, 선지자이신 예수 그리스도이다. 그는 다윗에게 허락한 확실한 은혜를 하나님의 택한 백성에게 실현시키시는 분이다(사 55:3-4, 61:1-3). 이 말씀의 공포로부터 예수 그리스도가 출현하기까지는 일곱 이레와 62 이레가 지날 것이라고 말씀했다. 이 기간을 둘로 나눈 이유를 이해하기는 조금 어렵다. 도합 69 이레라는 기간을 왜 길이가 다른 두 기간-즉, 일곱 이레와 62 이레로 나누었는가? 그 이유가 무엇인가? 한역에는 "그"라는 용어가 덧붙여져서 곤란한 동안에 성이 중건되어 광장과 거리가 세워질 것이라는 말씀이 마치 69 이레의 끝에 될 일을 말한 것처럼 잘못 번역되었다. 사실상 모든 학파의 보수적인 주석가들(세대주의 혹은 전통적)은 25절의 마지막 부분이 일곱 이레에 관한 언급이라고 주장한다.

69 이레를 두 기간으로 나누는 것은 이 두 기간이 각기 특색을 가지고 있기 때문이다. 일곱 이레는 에스라와 느헤미야의 지도 하에서 이루어지는 회복 기간이라는 특색이 있다. 이 견해를 지지하는 학자들은 영, 헹스텐베르크, 게이블라인과 세대주의 학자들이다. 그러므로 이 기간은 고레스 왕 원년부터 에스라, 느헤미야의 지도 하에서 이루어진 성전과 예루살렘 중건이 완성된 때까지이다. 이 기간 후에 62 이레가 오게 되는데 62 이레는 성전과 예루살렘의 중건을 완성한 때부터 예수 그리스도가 지상에 오시기(초림)까지이다. 이 견해를 통하여 25절 끝에 있는 일곱 이레에 관한 특색을 알 수 있다. 62 이레가 끝난 후에 될 일-즉, 기름 부음 받은 자가 끊어질 것은 26절에서 알 수 있다.

일곱 이레의 기간을 예루살렘과 성전 중건 시대로 보는 해석이 당연하다는 이유로서 헹스텐베르크는 하나님이 일곱 이레를 사용한 의도는 아마도 이와 연결되는 멋진 대구법에 있는 것과 같다고 하여 희년을 주목했다. 모세의 율법에 의하면 희년은 매 49

년 끝에-즉, 칠 년이 일곱 번 지나서 임하는 것인데(레 25:8, 10) 이 때에는 모든 비참했던 일들이 회복되는 기간이었다. 일곱의 일곱을 사용한 것은 희년 제도의 완전한 회복과 병행하는 신적 상징을 의도한 것으로 본다.

일곱의 일곱에 대한 해석과 조화하여 우리는 25절의 끝 부분이 예루살렘의 광범위한 복구 사업에 관한 언급임을 이해할 수 있다. 심지어 전통적인 메시야적 해석을 전혀 즐겨하지 않는 몬트고메리까지도 이 부분이 에스라와 느헤미야가 제공한 훌륭한 예증이라고 한다. 본문을 보면 이 건축이 **"곤란한 동안에"** 될 것이라고 하였는데 이 구절은 확실히 예루살렘을 건설하는 자들이 당한 반대와 억압에 관한 언급이다. 에스라서와 느헤미야서를 읽어 보면 고레스의 지도 하에 유대 인들이 시작한 이 성역에 대한 반대의 성격도 알 수 있다(느 4:1 이하, 6:1 이하, 9:36-37 참조).

"광장과 거리"라는 말을 사용하여 도시의 완전한 복구를 강조했다. 본 절의 내용은 다니엘의 기도의 응답이다. 성전은 황폐하거나 돌봄을 받지 못하는 상태에 놓이지 않을 것이고 아무리 어려운 때일지라도 중건될 것이며 칠십 년 포로 생활은 끝나고 예루살렘성은 결국 완전히 복구될 것이라는 것이다. 이 계시를 받던 그 당시에는 유대 인들이 귀환할 것이라는 전망은 전혀 없었고 더욱이 이전과 같은 예루살렘의 회복은 많은 시일이 지난 후에 될 희미한 기대 속에 있었다. 그러나 하나님은 여기에서 약속을 주시는 것이다. 즉, 그의 백성이 돌아갈 것이며 도시가 부분적으로가 아니라 완전히 중건될 것이며, 공격과 곤란 속에서 그 도시가 건설될 것이라는 약속이다. 희년에 모든 것이 회복되는 것과 꼭 같이 예루살렘 성벽과 성전이 다시 세워질 것이라는 것이다. 25절의 내용을 도표로 표시하면 다음과 같다.

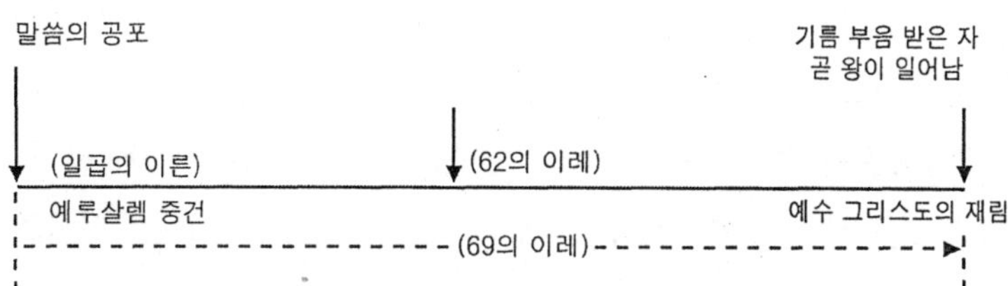

62 이레의 특색

9:26. 예순두 이레 후에 기름 부음을 받은 자가 끊어져 없어질 것이며, 장차 한 왕의 백성이 와서 그 성읍과 성소를 무너뜨리려니와 그의 마지막은 홍수에 휩쓸림 같을 것이며, 또 끝까지 전쟁이 있으리니 황폐할 것이 작정되었느니라.

본 절에서는 이레의 둘째 기간 곧 62 이레의 특색을 보여 준다. 이 기간은 예루살렘 성이 중건된 때와 기름 부음 받은 자가 끊어진 때의 기간이다. 이레 이후에는 두 가지 사건이 일어난다. ① 기름 부음 받은 왕자의 끊어짐과 ② 예루살렘의 멸망이다. 그런데 이 두 가지 사건이 62 이레의 얼마 후에 될는지 우리 본문은 말하지 않는다. 27절의 내용을 보면 기름 부음 받은 자가 끊어질 사건은 70 이레 중에 될 일로 알려진다.

"기름 부음을 받은 자가 끊어져 없어질 것이며" 본 절에 있는 기름 부음 받은 자가 25절의 "기름 부음을 받은 왕자"와 같은 인물임을 보여 주기 위하여 고의적으로 특정한 관사를 생략했다.

여기에서 끊어질 기름 부음 받은 자는 주 예수 그리스도이시다. 여기에 기록된 말씀을 읽으면서 우리는 이사야 53 : 8에 기록된 "그가 살아 있는 자들의 땅에서 끊어졌다."는 말씀을 회상하게 된다.

"끊어진다"는 말은 죽음을 의미한다. 이 말은 레 7 : 20에서 죽음의 형벌에 관하여 사용되었으며 비명(非命)의 죽음을 의미한다. 이 말은 가끔 하나님을 섬기지 않는 자들의 종국에 대하여서도 사용되었다(시 37 : 9, 잠 2 : 22). 여기에서 이 말이 사용된 것은 기름 부음 받은 왕자의 죽음을 의미하며 예수 그리스도께서 갈보리 십자가에서 죽으실 것을 예언한 것임에 틀림없다.

그 기름 부음 받은 자가 죽음으로 끊어질 뿐만 아니라 또한 없어진다고 한다. 이 말은 문자 그대로 **"그에게 아무것도 없다"**는 뜻이다. 칼빈은 이 구절에 관하여 다음과 같이 말하였다. "여기서 천사(9 : 21의 가브리엘)가 의미한 것은 그리스도께서 죽으셔서 아무것도 아닌 것으로 모양을 바꾼 사실을 가리킨다. 곧 그리스도의 죽으심은 이사야 53 : 2의 말씀과 같이 흠모할 만한 아름다운 것이 없음을 가리킨다. 실제로 천사가 우리들에게 알려주는 것은 마치 인간들이 보기에는 풍채의 결핍으로 인하여 그리스도가 사라져서 없어져 버리는 것과 같다는 그리스도의 죽으심에 관한 수치스러운 특성을 보여 준다."고 하였다.

이 말의 배후에 숨어 있는 사상은 그리스도께서 죽으실 때에 메시야로서 당연히 받을 모든 대우를 받지 못하고 하나님과 사람에게서 전적으로 배척당할 것을 알리는 강력한 표현이다.

그의 동족들도 그를 부인하면서 하는 말이 "가이사 외에는 우리에게 왕이 없나이다."(요 19:15)라고 하였고, 심지어는 그의 아버지이신 하나님까지도 세상 죄를 지고 가도록 그를 버리셨기 때문에 "나의 하나님, 나의 하나님, 어찌하여 나를 버리셨나이까?"(마 27:46)라고 부르짖으셨다. 다시 말하면 그가 죽으시는 때에 그가 대신한 모든 자들의 죄의 짐 외에는 그에게 아무것도 없었다는 것이다. 그가 전적으로 버림을 당하여 끊어졌다.

62 이레가 끝난 후에 일어날 둘째 사건이 본문에 기록되어 있다. 이 사건은 한 왕의 백성이 와서 예루살렘 성읍과 성전을 무너뜨리는 것이다. 이 사건은 메시야가 끊어진 뒤에 따라 일어날 것이다. 이 말씀을 해석하면 "메시야가 죽으심으로 끊어진 후에 성읍과 성소가 무너지리라."는 것이다. 그 성읍과 성소가 파괴되는 시기는 본문에 언급되지 않았다. 즉, 62 이레 이후 얼마 후에 될 일인지는 본문에 말하지 않았다. 27절도 시기에 관한 이 질문에 해답을 주지는 않았다.

"성읍과 성소"란 말을 강조하기 위하여 히브리 원문에는 문장의 초두에 놓았다. 이 말을 해석하면 "성읍과 성소를 파괴하기 위하여 한 왕의 백성이 올 것이라."는 뜻이다. 다니엘의 기도가 여기에서도 응답된 것이다. 즉, 예루살렘 성읍과 성전의 장래에 관한 그의 기도에 관하여 그들이 회복될 것이지만, 영원히 존속하지 못하고 장차 오는 한 백성의 손에 멸망한다고 응답해 주었다.

"한 왕"과 그 "왕의 백성"이란?

파괴의 도구가 바로 장차 올 한 왕의 백성이라는 것이다. 장차 올 이 백성은 확실히 누구이며 그들의 왕은 누구인가? 여기에 대해서는 다음과 같은 몇 가지 견해들이 있다.

(1) **안티오커스 에피파네스** : 몬트고메리, 프린스, 로울리 등과 같은 자유주의 고등 비평가들은 여기 "한 왕"이란 말이 안티오커스 에피파네스를 가리킨다고 한다. 이 해석은 성립될 수 없다. 그 이유는 역사상으로 보아서 안티오커스의 군대가 예루살렘과 성전을 완전히 멸망시키지 않았기 때문이다. 마카비전서 1 : 31 이하를 보면 이것이 분명하다. 안티오커스가 파괴 사역을 했다는 것은 우리 본문의 표현과는 완전히 부합되지 않는다.

(2) **적그리스도** : 카일과 루폴드는 "장차 올 한 왕"을 적그리스도라고 믿는다. 적그리스도의 목적은 바로 하나님의 교회를 멸망시키는 것이다. 그래서 적그리스도의 하는 일은 지상 교회의 영향을 효과적으로 파괴하는 것일 것이라고 한다. 이 견해의 난점은 성읍과 성소의 파괴를 비유적으로 했다는 것인데 이 해석은 원문과 상징 사이의 관계를 조심스럽게 취급하지 않는다. 오직 상징적인 뜻만 지나치게 강조하는 것으로 보인다.

(3) **과거 로마 민족과 장차 재생 로마 제국의 왕** : 세대주의 학파는 한 왕의 백성을 주후 70년에 팔레스타인에 와서 예루살렘을 훼파한 **로마 민족**이라고 주장한다. 그러나 한 왕은 주후 70년에 군대를 지휘하고 쳐들어 온 티투스 베스파시아누스(Titus Vespasianus)(이하 '티투스'로 표기함)가 아니라고 주장한다. "장차 올 그 왕"은 "장차 올 백성들"을 지휘하는 티투스가 아니고 그 왕은 아직 나타나지 않은 왕이며 **재생 로마 제국에서 일어날**

왕이라고 한다. 여기에서 말하는 그 왕은 마지막 날의 폭군 왕을 의미한다는 것이다. 즉, 그리스도의 재림 직전에 일어날 재생 로마 제국의 왕이며 결국 그 왕은 적그리스도를 표명하는 것이라고 한다. 게이블라인의 말을 인용하여 다시 말하면 "이 예언이 주후 70년에 티투스가 지도하던 로마 민족에 의해서 우리가 역사상에 나타나기도 전에 성취되었다. 그러나 티투스는 '장차 올 한 왕'이 아니다."라고 하였다. 이 해석은 다음과 같은 여러 가지 난관을 가지고 있다.

a) 주후 70년에 공격한 로마 군대를 이런 방법으로 설명하는 것은 불가능하다. 비록 2,000 년이 거의 지났다고 할지라도 이 군대를 아직도 나타나지 않은 왕에 속한 군대라고 할 수 없다. 어떻게 주후 70년의 로마가 아직도 나타나지 않은 왕에게 속할 수가 있는가? 그것은 마치 아이젠하워(Eisenhower) 장군을 조지 워싱턴(George Washington) 군대의 사령관이라고 말하는 것과 같다.

b) 소유격을 사용한 것은 분명하게도 왕과 백성이 같은 시대에 속하는 관계임을 보여 주는 것이다. "한 왕의 백성"이라는 문자 그대로의 번역은 이 관계를 더욱 분명하게 강조하고 있다. 바꾸어 말하면 한 왕에게 소속된 그 백성은 왕과 같은 시대의 백성이라는 의미이다. 그 백성은 그들의 머리요 지도자인 왕에게 소속되어 있고 2000 년 혹은 2000 년 이상 후에 올 인물들에게 소속된 것이 아니다. 26절에서 강조하는 것은 한 왕에게 근거를 둔 백성이 아니라 백성에 근거를 둔 백성의 왕이라는 것이다.

그러므로 이 왕은 이 백성을 통치하는 왕이어야 하고 이 백성은 이 왕의 백성이어야 한다. 바꾸어 말하면 왕은 백성과 같은 시대에 살고 있는 왕이어야 한다.

c) 라킨(Larkin)과 기타 세대주의 학자들은 본문에 있는 "장차 한 왕의 백성이 와서"라는 말에 강조점을 둔다. 예를 들면 라킨은 "'장차 … 와서'라는 말을 미래 - 즉, 티투스의 시대와 예루살렘이 멸망한 시대와는 멀리 떠나서 올 왕을 의미하는 것"이라고 하여 그들의 이론을 성립시키려고 한다.

그러나 여기 "장차 … 와서"란 말은 그런 뜻이 아니다. 이 말은 두 가지 방법 중의 하나로 이해할 수 있다. 이 말을 단순히 미래 시상으로 생각할 수 있다. 그렇다고 할지라도 주전 6세기에 살고 있던 다니엘의 입장에서 볼 때 미래이지 주후 70년에 살았던 티투스의 입장에서 본 미래가 아니다. 그래서 다니엘은 미래의 어느 날에 올 백성과 왕의 양자로 이해했을 것이다. 그리고 그 미래는 티투스 이후가 아니라 69 이레가 끝난 후라고 이해했었을 것이다. 이 논쟁을 그만두고라도 이 용어는 또한 전혀 미래만을 의미하지 않는다. 이것은 단순히 전쟁을 지적하고 있으며 그 왕은 적대감을 가지고 역사상에 나타난다고 지적한다. 이 적대감이 어떠한 것인가에 대해서는 다니엘서의 여러 곳에 기록되어 있다. 단 1 : 1, 11 : 10, 13, 15을 주의하여 살펴보라.

(4) 티투스와 로마 군대 : 우리는 칼빈과 영의 해석을 택한다. 칼빈과 영은 그 백성이 주후 70년에 팔레스타인에 와서 성읍과 성소를 훼파시켰던 것은 로마 군대(민족)이고, 그 왕은 로마 군대의 지도자였던 티투스를 가리킨다고 믿는다.

이 특별한 해석이 옳다고 하는 이유는 26절 하반절에 기록된 성읍과 성소의 멸망에 관한 묘사와 잘 부합되기 때문이다. 즉, 역사적 관점에서 볼 때 이 말씀은 주후 70년 예루살렘 성 전체가 황무한 모습을 생생하게 나타내 준 말씀이라는 것이다. 천사가 **"그의 마지막은 홍수에 휩쓸림 같을 것이며"**라고 알려 주었는데 여기에 사용된 히브리 말은 홍수로 뒤덮이는 것을 제시하는 말이다. 이와 동일한 말씀이 나훔 1:8에서는 죄에 대한 하나님의 진노하심으로 사용되었다.

외국 왕의 침입은 홍수와 같고 그 파괴는 심히 완전하며 성읍과 성소가 없어진다. **"끝까지 전쟁이 있으리니 황폐할 것이 작정되었느니라."** 파괴가 끝날 때까지 황폐함이 계속할 것이다. 이 말은 안티오커스 에피파네스의 시대와 같이 일시 지나갈 적대적인 침입이 아니고 성읍과 성소를 완전히 파괴시키는 침입이다.

이 모든 것은 하나님이 작정하신 예정과 목적의 부분이다. 이 전쟁과 황폐함은 **'작정된 것'**이었다. 이 말은 신적인 작정과 예정이 되었다는 것을 의미한다. 신적 작정이라는 이 말은 가끔 형벌의 괴로움을 의미하는 데 사용되었다(단 9:26, 11:36, 사10:23, 28:22 참조). 멸망의 이유는 칼빈이 지적한 바와 같이 전능자의 결정이요 침범할 수 없는 그의 작정하심에 있다. 현재 황폐한 성읍을 중건시키실 것이 하나님의 돌이킬 수 없는 작정인 것처럼 동시에 그 성읍이 다시 황폐될 것도 돌이킬 수 없는 하나님의 작정하심이다.

이 예언의 능력과 정확성은 역사적인 성취를 통하여 쉽게 찾아볼 수 있다. 주후 70년에 로마의 침략으로 예루살렘이 황폐된 사실은 역사가 요세푸스에 의하여 가장 분명하게 기술되었다. 그는 기독교인이 아닌 유대 인 역사가였다. 그는 예루살렘이 포위되기 전에 갈릴리에서 로마 군대와 대항하여 용감히 싸웠으나 후에 항복하여 포로가 되었다. 티투스는 이 전쟁의 후반기에 가서 가끔 그를 유대 인과 자기 자신 사이에 중재인으로 사용했다. 그는 예루살렘이 포위당할 때 포로가 되어 있었다.

그때 로마인들은 유대 인들의 장기간에 걸친 격렬한 항전에 대단히 분노하여 "유대 인들을 아끼지 않고 불쌍히 여기지도 않고 괴롭혔다." 그래서 많은 유대 인들이 자포자기하여 스스로 목숨을 끊었다. 갈릴리에서는 예루살렘이 포위되기 전에 수천 명이 피살되고 3만 명 이상이 노예로 팔려 갔다.

로마 군대는 일 년 이상 갈릴리 도와 유다 도를 점령하였고 또 파괴시켰다. 예루살렘을 포위하기 시작하자 그 비운의 도시는 이미 무질서하게 되었다. 그 도시 내부에서 내란이 일어나 항전파와 평화파 사이에 슬픈 투쟁을 하게 되었다. 요세푸스는 대제사장직이 아주 치욕을 당하고 파멸되었다고 말한다. 예루살렘 성안에 있는 평화파 전부를 노소를 막론하고 학살했다. 요세푸스는 이 일을 "성전 바깥뜰에는 피가 넘쳐흘렀으며 그날에 8,500 명의 시체가 거기에 있었다."고 기록했다.

이렇게 내란으로 인하여 12,000 명의 주민들이 괴로움과 학살을 당했으며 로마 군대의 지지자로 간주될까 봐 두려워서 아무도 그 시체들을 매장하지도 않고 버려두었다.

예루살렘을 포위하여 장기간의 싸움을 계속하는 동안에 110만 명이 죽었고 97,000 명이 노예로 팔렸고 성전은 파괴되었으며 성읍은 여지없이 파괴되었다. 기근을 당한 유대인들은 밤중에 식량을 구하려 계곡으로 돌아다니다가 잡혀서 괴로움을 당했고 시민들 앞에서 십자가에 못 박혀 죽임을 당했다. 이렇게 죽은 자가 매일 500 명씩이나 되었다. 그래서 그들을 죽일 십자가가 부족하여 십자가 하나에 여러 사람을 못 박아 죽였다.

포위를 당하고 있는 동안에 성안에서 죽는 사람이 너무 많아서 성안에 매장할 수 없게 되자 시체를 골짜기에 내려 굴렸다. 요세푸스의 기록을 보면 "티투스가 계곡에 가득 찬 시체들과 썩어서 고름이 흘러내리는 것을 보았다.… 안에는 시체를 둘 곳이 없을 만큼 기근과 내란으로 인하여 죽임을 당한 시체들로 온통 덮여 있었다."고 했다. 어떤 도망자들은 금붙이를 감추기 위하여 입 안에 넣어 삼키고 성을 떠났다. 이 속임수의 결과에 대하여 요세푸스는 다음과 같이 말한다. "이 계략이 탄로가 나면 그들의 몸을 수색하고 탄원자라고 고문을 당한다. 이 탈주자들은 하룻밤에 2,000 번씩이나 이런 고문을 당했다."고 한다.

신체적, 도덕적, 종교적인 면에서 볼 때 예루살렘이 포위당했을 때 받는 고난처럼 심한 고난의 위험과 강도는 결코 없었을 것이다. 그렇게도 많은 사람들이 죽은 일은 다른 어느 도시의 멸망에서도 없었다. 우리는 가끔 많은 사람들을 공포에 떨게 하는 가장 큰 원인으로 히로시마에 떨어졌던 원자탄을 생각한다. 그러나 히로시마에서 원자탄 때문에 죽은 많은 사람들은 예루살렘 멸망 시에 죽은 사람들의 10분의 1에 불과할 뿐이다. 단 9:26의 이 말씀은 주후 70년 예루살렘의 멸망에서 그 완전한 성취를 찾아볼 수 있다.

"한 이레"의 성격과 내용의 개요

9:27. 그가 장차 많은 사람들과 더불어 한 이레 동안의 언약을 굳게 맺고 그가 그 이레의 절반에 제사와 예물을 금지할 것이며 또 포악하여 가증한 것이 날개를 의지하여 설 것이며 또 이미 정한 종말까지 진노가 황폐하게 하는 자에게 쏟아지리라 하였느니라.

본 절은 남아 있는 "한 이레"의 성격과 내용의 개요이다. **"그가 장차 많은 사람들과 더불어 한 이레 동안의 언약을 굳게 맺고"**라는 말씀이 그 한 가지 성격이다. 대답을 요청하는 그 첫째 문제는 '누가 이 언약을 맺는가?' 하는 문제이다. 여기에 대해서 여러 해석 학파들이 제시하는 몇 가지 해답이 있다.

누가 한 이레 동안의 언약을 맺는가?

(1) **안티오커스 에피파네스라는 견해**: 몬트고메리와 드라이버는 이 사람은 안티오커스 에피파네스를 가리킨다고 주장한다. 몬트고메리는 안티오커스 에피파네스가 능란한 외교로 많은 예루살렘 사람들과 더불어 언약한 것을 의미한다고 한다.

이 견해가 가지고 있는 난점은 역사상으로 안티오커스 에피파네스가 유대 인들과 언약한 일이 없다는 사실에 있다. 다만 어떤 유대 인들이 그에게 주위에 있는 다른 이방들과 더불어 언약하도록 해 달라는 제안을 했던 사실은 있었다. 그 목적은 그들이 이방의 풍속을 수입하려는 것이었다. 안티오커스 에피파네스는 이 청원을 허락하였다. 그러나 이 사건은 안티오커스 에피파네스 자신이 언약한 것이 아니고 유대인들이 다른 이방들과 더불어 맺은 것이다.

(2) 재생 로마 제국의 왕이라는 주장: 게이블라인과 세대주의 학자들은 여기 언약한 자가 재생 로마 제국의 왕이라고 주장한다. 이 로마 왕은 26절의 왕자이며 다니엘 7장의 작은 뿔이며 70 이레(한 이레)의 초기에 유대 인들과 언약할 왕자라고 한다.

이 왕자는 한 이레의 중간-즉, 삼 년 반에 가서는 그 언약을 파기하고 유대 인을 핍박하기 시작한다고 한다.

이 사상을 해석하여 다시 말하면 "한 왕자의 백성이 올 것이다. 그들은 성읍과 성소를 훼파할 것이며 언약을 굳게 맺을 것이다."라는 것이다.

이 견해도 역시 다음과 같은 난점을 가지고 있다.

a) 27절의 주어를 왕자로 해석하는 것은 본문을 읽는 데 자연스럽지 않다. 주어는 왕자가 아니고 백성이며 왕자는 선행사(先行詞)로 보는 것이 가장 자연스럽다. "왕자"란 말은 참으로 26절에서 종속적인 입장에 놓여 있다. 심지어는 26절에서까지도 왕자는 문장의 주어가 아니다. 만일 가장 가까운 명사를 "굳게 맺다"라는 동사의 주어로 생각한다면 그 명사는 "왕자"가 아니고 "백성"이다. 26절에서는 성읍과 성소를 파괴하는 자는 분명히 그 왕자가 아니고 그 백성이다. 왕자라는 말을 "그가 언약을 굳게 맺을 것이다."라는 문장의 주어로 많은 사람들을 선행사로 생각하는 것은 대단히 부자연스러운 일이다.

b) 이 해석을 강력하게 반대하는 또 다른 이유는 27절에 사용된 동사 때문이다. 본절의 저자는 여기에서 그가 언약을 맺는다

는 말을 하려고 의도하지 않는다. 이 말은 "언약을 맺는다"라는 재래(在來)의 관용적인 표현이 아니다. 본문 27절은 영과 루폴드가 번역한 것처럼 그가 언약을 실시할 것이라는 말이다. 바꾸어 말하면 이 말은 주권적인 언약 체결에 있는 것이 아니고 이미 언약이 체결되어 있다는 의미이다. 세대주의 학자들의 해석은 이것을 로마 왕이 유대 인들과 더불어 언약을 맺는다고 한다. 그러나 성경 본문은 이 언약이 이미 맺어져 있다고 말한다. 이 문장의 주어는 다만 언약을 실시하는 근거에 있을 뿐이다.

(3) **메시야라는 주장** : 우리는 이 문장의 주어가 메시야라고 주장한다(메시야가 이 언약의 시행자일 것이다). 이 장절들은 모두 메시야의 특성과 메시야의 지도적 성격을 말하고 있다. 24절에서는 메시야가 모든 신적 활동의 중심이요 모든 영적 축복의 집행자로서 나타나신다고 했으며, 25절에서는 메시야의 출현이 69 이레의 끝에, 혹은 69 이레의 결론이라고 했으며, 26절에서는 메시야께서 모든 백성에게 거절을 당해서 죽으시고 거기에 따라 성소와 성읍이 심판을 받는다는 것을 말했다. 이 문맥들 전체는 메시야 중심 성격을 나타내는 드라마이다.

본 절의 다른 말씀도 또한 이 해석을 강조한다. 그 언약을 실시하는 많은 사람들을 대신하여 한다고 말한다. 여기에서는 한 사람과 많은 사람의 대조이다. 이것은 그리스도와 그의 백성과의 관계를 설명하는 이사야서에서 자주 볼 수 있는 대조이다(사 53 : 11, 12 ; 8 : 15 참조). 특별히 53:11은 이것을 강력하게 말해 준다. 즉, "나의 의로운 종이 자기 지식으로 많은 사람을 의롭게 하며"라고 했다. 이 구절은 틀림없이 메시야를 가리키고 있다.

이 해석을 따른다면 메시야가 어떻게 많은 사람들을 위하여 언약을 실시하셨는가? 우리는 단 9 : 27에서 언급하고 있는 이 언약은 처음에 아담에게 주셨던 것을 후에 아브라함과 그의 자손에게 주셨던 하나님의 은혜 언약을 의미한다고 말한다. 예수 그리스도께서 그의 능동적 순종과 수동적 순종으로 이 은혜 언약을 성취시키셨다. 웨스트민스터 신앙 고백은 이 예언에 관하여 잘 설명해 준다(7장 3절). 즉, 사람이 타락하여 스스로 언약(행위 계약)에 의한 생명을 얻을 수 없게 되었으므로 주님은 둘째 언약을 맺으시기를 기뻐하셨다. 이것을 보통 '은혜 언약'이라고 부른다. 여기서 하나님은 죄인에게도 예수를 통한 생명과 구원을 자유롭게 제공하신다. 단지 그들에게 요구하시는 것은 그들이 구원을 얻기 위해서 예수 그리스도를 믿으라는 것이다. 그와 동시에 그는 생명을 얻도록 작정된 모든 사람에게 믿을 것을 요구하고 또한 믿을 수 있게 하기 위하여 성령을 주시겠다고 약속하신다. 이것은 우리 주님이 은혜 언약을 성취시키셨다는 의미이다. 그리스도께서 성취하신 사역에 근거하여 죄인들에게 자유로이 생명과 구원이 주어졌다. 그래서 그는 이 언약이 유효하도록 만들었다.

70 이레(한 이레)에 관련된 또 하나의 중요한 문제가 제기된다. 70 이레의 시간들은 언제 일어날 사건들인가? 여기에서 우리는 소위 **"괄호 시대설"**을 말하는 세대주의 학설을 주의 깊게 고찰해야 한다.

이 학설을 간단하게 설명하면 다음과 같다. 즉, 9장 26절과 27절 사이에는 결정되지 않은 불확정한 기간이 가로놓여 있다고 한다. 이 불확정한 기간은 커다란 괄호와 같은 것이며, 교회 시대 전체를 포함하는 기간이다. 이 커다란 괄호 시대에는 하나님이 유대 인과 교통하심이 끝났으며 이때부터 한 이레가 시작된 것이라고 한다.

다니엘서에 관한 세대주의 학자들의 견해는 대단히 독특하다. 이 견해에 의하면 예수 그리스도가 지상에 강림(초림)하신 것은 이 세상에 다윗 왕국을 설립하시기 위함이었다는 것이다. 그가 그의 백성인 유대 인들에게 이 왕국을 주려고 왔으나 유대 인들이 그를 배척했기 때문에 다니엘의 69 이레는 끝나게 되었다는 것이다.

그러므로 다윗 왕국을 세우는 대신에 구약에 계시되지 않은 전혀 다른 어떤 것을 세웠는데 이것이 곧 교회의 설립이라고 한다.

세대주의자들에 의하면, 그 교회는 유대 인들이 예수님을 배척했을 때 하나님이 두 번째 방편으로 주신 것(저 왕국 설립 대신)이라고 한다. 우리가 살고 있는 이 시기를 교회 시대 혹은 괄호 시대라고 하며, 이 시대는 예수님이 그의 성도들을 데리고 공중 재림할 때까지 계속된다고 한다. 그래서 예수님은 공중에서 이 지상에 있는 교회를 취하여 천국 잔치에 참여할 것이라고 한다. 오늘날 유대 인들이 팔레스타인으로 돌아가는 것은 다니엘의 70 이레가 시작되는 것이라고 한다. 이 한 이레가 시작할 때에 재생 로마 제국이 일어나고 그 로마 왕이 그때까지 믿지 않는 유대 인들과 언약을 맺을 것이라고 한다. 정치적인 충성과 원조에 대한 답례로서 로마 왕은 유대 인들에게 예루살렘 성전 건축과 제사

드리는 것을 허락할 것이지만 후 삼 년 반에 가서는 그가 그의 언약을 파기하고 유대인들을 극도로 핍박하기 시작할 것이라고 한다. "70 이레"는 그리스도가 그의 성도들을 데리고 팔레스타인에 천년 왕국을 세우기 위하여 재림하심으로 끝난다고 한다.

이 해석에 관한 신학적인 난점은 그만두고라도 **해석학적 난점**을 언급하면 아래와 같다.

① 이 견해는 69 이레와 70 이레 사이에 공백기가 있으며 그 공백기는 70 이레 전체보다 4배나 길어진다고 주장한다. 괄호 시대를 주장하는 자들은 70 이레 전체의 길이가 490년이라고 가정한다. 그러나 그 공백기는 이미 지나간 길이보다 4배나 길다고 주장한다. 필자가 보기에는 이 해석이 성경 기록에 부적합하며, 이상스런 특정한 사상을 첨가한 것이다.

② 처음의 일곱 이레와 그 다음의 62 이레(9:25) 사이의 공백기가 전혀 없었던 것과 같이 69 이레와 70 이레 사이에도 이러한 장기간의 공백기는 없다. 이 두 가지 사실이 반드시 이 이론의 반증(反證)이 되는 것은 아니나 중요한 고찰임에는 틀림없다.

③ 26절의 두 사건이 62 이레 후에 일어나는 것이 사실이나 27절의 사건들이 26절에 있는 사건들 이후에 일어난다는 말은 아니다. 그렇게 생각하는 것은 단순히 가정에 불과하다. 26절에 보면 메시야가 죽으심으로 끊어진다고 선포했는데 메시야가 죽기 전에 혹은 적어도 죽음과 동시에 언약을 실시하셨다. 그러므로 언약을 실시하는 행위 - 즉, 70 이레의 행위는 메시야의 죽으심(26절)과 동시대의 일이다. 만일 이것이 사실이라면 70 이레가 62 이레를

지난 후에 곧 따라오지 않는다는 가정은 이유가 될 수 없다.

④그리스도께서 "멸망의 가증한 것"에 관하여 말씀하실 때(마 24:15) 그는 다니엘서의 이 구절(9:27)을 염두에 두고 말씀하셨을 것이라는 가정이다. 그가 가증한 것을 염두에 둔 것은 미래에 관한 것이었으므로 70이레에 일어날 가증한 것도 미래에 될 일이라고 한다. 그러나 칼빈이 말한 것과 같이 마 24:15-16에서 예수님이 하신 말씀은 티투스가 예루살렘을 포위할 것을 염두에 둔 것이다. 칼빈은 말하기를 "조금도 의심할 것 없이 이 예언은 베스파시아누스의 아들 티투스에 의해서 성전은 완전히 파괴되었으며, 성읍도 파괴되었고 주민은 포로로 잡혀간 때에 성취되었다. 이것은 여기에 예언된 사건들을 충분히 설명해 주는 것이다."라고 했다.

우리는 70이레에 관한 세대주의 해석을 부인한다. 우리는 70이레와 메시야의 사역 기간을 동등한 것으로 취급한다. 이 기간은 그리스도의 낮아지신 모든 기간-즉, 신이시요 인간이신 그리스도가 그의 백성을 위하여 영원한 생명을 얻으신 그 때를 포함한다. 그의 능동적, 수동적 순종은 그 언약을 효과 있게 성취시키는 수단이 있다. 그 언약에 의해서 하나님은 믿음을 조건으로 하여 죄인들에게 생명과 구원을 값 없이 주셨다. 그러나 이 생명과 구원은 값을 주고 사야 했던 것이며 그리스도의 유효한 구속의 사역을 통하여 그 값이 지불된 것이다.

"그가 그 이레의 절반에 제사와 예물을 금지할 것이며" 이 동사의 주어는 앞의 문장과 똑같다. 주어는 성전 의식을 폐지시킨 안티오커스 에피파네스도 아니며 재생 로마 제국의 왕도 아니다. 그 주어는 그의 죽으심으로 제사와 예물을 폐지시키시는 메시야이다.

"제사와 예물"이라는 말을 사용했는데 이것은 전부 제사를 의미하는 말이다. 이 말은 피 흘리는 제사와 피 안 흘리는 제사 두 가지를 모두 포함하고 있다. 그래서 모든 제사의 정지(停止)를 말하는 것으로 보인다. 여기서는 또다시 구주로 인한 놀라운 성취를 의미한다. 제사 제도가 주님이시요 구주이신 예수 그리스도로 말미암아 폐지되었다는 것이다. 이것은 히브리서가 말하는 중요한 것 중에 하나이다. "… 제사와 예물과 번제와 속죄제는 원하지도 아니하고 기뻐하지도 아니하신다 하셨고(이는 다 율법을 따라 드리는 것이라), 그 후에 말씀하시기를 보시옵소서 내가 하나님의 뜻을 행하러 왔나이다 하셨으니 그 첫째 것을 폐하심은 둘째 것을 세우려 하심이라."(히 10:8-9; 10:5-6, 7:11, 9:25-26 참조). 레위기의 의식이 약하며 무익하므로 폐하고(히 7:18) 그리스도로 말미암아 참된 사죄와 영원한 의가 부여되었다.

이 제도의 실제적 폐지는 그리스도의 죽음에서 이미 실시되었다는 작정을 공식적으로 선포하는 데 불과하다. 주후 70년에 로마 군대로 인한 예루살렘의 멸망은 이미 일어났던 사실의 외부적인 표명 외에 아무것도 아니다. 그리스도가 죽으심으로 말미암아 그 때부터 예루살렘은 거룩한 성읍이 될 수 없고 성전도 하나님의 집이 될 수 없으며 한낱 가증한 것에 지나지 않았다. 이와 같은 모든 결과는 그리스도께서 죽으셨던 그 순간에 성전 휘장이 찢어짐으로 그 상징적 증거를 보여 주었다. 이에 대하여 칼빈은, "휘장이 찢어진 것은 율법의 의식을 폐지한다는 것뿐만 아니라 하늘이 열려서 하나님의 자녀들을 초청하여 하나님께 담대히 나아가게 하는 것이다."라고 했다.

27절의 하반절인 **"가증한 것이 날개를 의지하여 설 것이며"** 라는 말은 해석하기가 극히 어렵다. 이 해석의 열쇠는 "날개"라는 말을 어떻게 해석하는가에 달려 있다. 우리 한역에는 **"날개"** 라는 말로 번역되었으나 영, 헹스텐베르크, 몬트고메리는 이 말은 신성을 잃어버려서 이미 주님의 성전으로 간주될 수 없고 우상 숭배의 성전이 되어 버린 성전의 꼭대기라는 의미라고 번역한다. 즉, 성전의 날개(翼), 성전의 꼭대기를 의미한다는 것이다. 이 견해로 미루어 볼 때 "가증한 것"이라는 용어는 성전 예배 - 즉, 이제는 하나님에 대한 진정한 헌신과 사랑이 배제된 성전 예배를 말하는 것이다. 영은 말하기를 "이 말은 휘장이 둘로 찢어진 후의 성전 예배를 비유적으로 묘사하기 위하여 사용한 것이다."라고 한다. 이 견해를 바꾸어 말하면 여기에서 가증한 것으로 언급된 것은 바로 성전 그 자체라는 것이다. 갈보리의 참된 제사가 한번 있은 후에는, 성전은 이미 하나님의 성전이 아니며 단지 가증한 장소에 지나지 않는다는 것이다.

그러므로 가증한 것의 '날개'는 성전의 중심에서 가장 먼 곳 - 즉, 성전 꼭대기를 말하는 것으로 생각된다. 본문의 뜻은 황폐케 하는 자가 성전을 완전히 정복할 것이라는 내용이다. 영은 말하기를, 이것은 주후 70년에 성읍과 성전을 완전히 황폐시킨 티투스를 가리킨다고 한다. 27절 하반절에서는 성전이 완전히 파괴된다고 말했다. 즉, 하나님이 이미 정하신 종말까지 이 모든 것이 황폐케 하는 장소에 쏟아지리라고 하신 말씀이다. 그러나 "가증한 것의 날개"란 개념에 대한 또 하나의 해석이 있다. 카일과 클리포드는 이 말이 성전 꼭대기를 의미한다는 헹스텐베르크의 주장에 찬성하지 않는다. 카일과 클리포드는 이 말이 성경에서는 주로 새의 날개를 시종일관하게 의미하고 있다고 주장한다(출 19:4, 신 32:11, 시 18:10 참조). 이상의 구절들에서 날개는 힘과 목적을 실행하는 권력의 상징으로 보인다. 그러므로 단 9:27은 가증한 것들에게 우상 숭배하는 것을 나타내기 위하여 "가증한 것"이라는 용어와 관련되어 사용되었다. 특별히 파괴자와 황폐케 하는 자를 떠받들고 조종하고 이 세상을 황폐케 하는 권세와 관련되어 사용되었다. 바꾸어 말하면 하나님의 강력한 이방 원수는 여기에서 우상의 가증한 것의 날개에 실려 오는 것이라고 생각되며 이는 마치 신정국의 하나님이 바람의 날개나 하나님의 종인 천사와 관계되는 것과 같다.

우리는 여기에서 사용되는 말들에 관하여 완전한 해답을 얻을 수가 없는 것 같다. 영의 견해를 취하여 이 말을 성전이라고 생각하든지 카일의 견해를 취하여 이교도의 우상 숭배로 해석하든지 간에 이것은 주후 70년에 티투스가 예루살렘을 파괴시킨 역사적 사건을 가리킨다. 즉, 어느 해석을 취하든지 이 말씀은 티투스에 의해 성전이 훼파된 역사적 사건을 의미한다고 필자는 믿는다. 영의 해석은 특별히 성전이 훼파된 이유-즉, 그리스도를 배척하고 성전 예배를 하는 유대인의 곡해를 강조한 것이다. 카일의 해석은 특히 성전이 훼파된 방법-즉, 티투스의 이교 군대를 강조한 것이다.

"또 이미 정한 종말까지 진노가 황폐하게 하는 자에게 쏟아

지리라 하였느니라." 9 : 27에 있는 마지막 말씀은 앞에 있는 문구 - 즉, 황폐케 하는 것의 결과이다. 26절과 27절 사이에는 유사(類似)한 점이 있다. 두 절은 모두 하나님의 작정하신 목적에 관한 언급이다. 27절의 "종말까지"(עַד כָּלָה)란 말은 26절의 "끝까지"(עַד קֵץ)라는 말과 부합된다. 이 유사절들이 주후 70년의 성전 훼파를 언급한 것이라고 생각하는 우리의 해석을 더 강화해 준다.

"정한 종말까지"(כָּלָה וְנֶחֱרָצָה)란 말은 이사야 10 : 23, 28 : 22을 생각케 하는데 이 말은 완필 곧 변동할 수 없이 정해진 완전한 멸망의 심판을 의미한다. 멸망이 불가피하게 그 성읍과 성전에 쏟아질 것이다. 우리 본문에 "종말"이라고 번역된 이 말은 심판의 이러한 성격을 한층 더 강조하고 있다. 그 절대적인 힘을 가장 잘 표현해 주는 것은 "종말"이란 말이다. 여기에 나오는 본동사('쏟아지다'라는)도 역시 이 성격을 강조하고 있다. 이 말은 물같이 쏟으시는 하나님의 진노하심을 나타내는 말로 사용되었다. 이 말은 이사야 28 : 2과 에스겔 38 : 22에도 사용되었는데 이 구절들에서는 분명히 소돔과 고모라의 멸망을 언급한 것이다. 여기 단 9 : 27에서도 동일한 언급을 의미하는 것일 것이다.

본문에 사용된 "황폐하게 하다"라는 동사는 한역에서도 정확하게 번역되지 못했다. 이 동사는 항상 자동사(自動詞)이다. 그러므로 목적어를 취할 수 없다. 그런데 한역에는 "자에게"라는 말을 써서 어떤 사람을 가리키는 것같이 되어 있다. 천사가 말하는 것은 하나님의 심판이 성읍을 황폐하게 하는 자에게 쏟아진다는 것이 아니라 황폐케 된 것에 쏟아진다는 것이다.

이 사상은 비인격적(人格的)인 것으로 황폐된 것 즉 훼파된 성전과 성읍을 가리킨다. 다니엘서의 저자는 하나님의 마지막 심판이 이 성전을 파괴시킨 이교도에게 임하는 것이 아니고 그의 친백성에게 임한다고 말한다. 정한 종말은 황폐케 하는 자에게가 아니라 황폐된 것 위에 임할 것이다.

이 사상에 대하여 세대주의 학자들은 이 마지막 구절을 마지막 심판에다가 적용시킨다. 이 마지막 심판은 배교가 일어나게 만들고 이스라엘 사람을 대환난으로 이끌어들인 로마 왕 위에 쏟을 심판이라고 한다. 그들은 이 말을 그리스도께서 그의 성도들과 함께 오셔서 적그리스도를 심판하는 그날을 말하는 것이라고 본다. 이 사상에 대해서 우리가 느끼는 해석학적인 최대의 난점은 이 말이 유대인을 멸망시킨 자들을 심판하는 것이고 황폐된 것-즉, 성읍과 성전을 말하는 것이 아니라고 하는 점이다. 그것은 곧 여기에 사용된 동사의 비인격적 성격과 자동사의 성격을 충분히 고려하지 않은 점이다.

70이레의 끝을 표시하는 것은 무엇인가? 본문에는 이 문제에 대한 대답이 없다. 69이레의 끝은 분명히 언급되었다. 즉, 기름부음을 받은 자 곧 왕자이신 예수 그리스도이다. 그러나 70이레의 기간이 끝나는 시간을 정확하게 말할 수 있다고 믿을 수는 없다. 그 끝남이 특별한 중요성이나 의미를 가지고 있는 것 같지는 않다. 또 그 끝남을 표시하는 중요한 사건도 없다. 70이레가 끝나는 때는 알 수가 없다.

이와 같은 관계에서 볼 때 이 구절은 또한 이 기간의 시작에 관해서도 모호하다는 것을 주목하게 한다. 70이레의 시작도 단순히 말씀의 공포에 관해서만 말할 뿐이다. 이 예언 자체는 특별히 어떤 왕의 시대에 그 말씀이 공포되었다는 데에 초점을 두고 있는 것이 아니다. 해석가들은 그 연대를 맞추어 보려고 노력하지만 본문 자체는 모호한 것이다. 으뜸 되는 강조점은 이 놀라운 기간의 시작이나 종말에 있는 것이 아니고 그 기간 동안에 일어나는 전능한 사건들-즉, 인간을 하나님과 화목시키는 사건들에 있는 것이다. 여기에서 중요한 것은 27절에서 나오는 70이레의 목적을 성취하는 데 있다. 우리도 이 본문을 해석할 때에는 그 날짜나 수학적인 계산을 강조하지 말고 예수 그리스도를 강조해야 한다. 예수 그리스도께서 하늘로 승천하셨을 때 예수께서 성취하려고 오신 그 전능한 구원이 실제로 이루어졌던 것이다. 이것이 곧 우리가 강조해야 할 사실이다.

예수 그리스도가 바로 다니엘서의 중심이요 핵심이다. 다니엘의 초기 예언들은 하나님의 나라를 보다 일반적으로 강조했다. 바벨론에 살고 있던 다니엘에게 그가 살고 있는 바벨론이 멸망할 것을 계시해 주셨다. 하나님 자신께서 영원한 나라를 세우실 그때까지는 세상 나라가 계속해서 일어날 것이다. 화려하고도 광범한 개요로 약속하신 구원을 묘사하였다. 다니엘 9장에 와서는 일찍이 나온 세상 나라들은 자취를 감추고 인격자이신 메시야가 하실 일을 강조한다. 다시 말하면 그의 구원 사역이 강조되어 있다. 다니엘 2장과 7장의 놀라운 예언이 메시야가 끊어져 없어짐으로 성취된다는 것이다. 인자의 나라가 영원하고 우주적인 것이지만 그것이 성취되기 위하여 메시야가 죽으셔야만(끊어져야만) 한다는 것이다.

다니엘 9장에서 우리는 갈보리의 십자가를 대면한다. 여기에 그의 백성을 위로하는 다니엘의 중심이 있다. 즉, 그리스도가 끊어짐 곧 메시야의 속죄의 죽음이 죄인을 하나님과 화목시키셨다. 그는 하나님이 기뻐하시는 유일하고 영원한 의를 성취하셨다.

참고 도서

1) Aalders, G. Ch., *Daniel, Commentaar op het Oude Testament.* Kampen : J. H. Kok, 1962.

이 책은 암스테르담에 있는 자유대학교(Free University)의 칼빈주의 학자가 저술한 훌륭한 주석이다. 이 책을 너무 늦게 구하게 되었기 때문에 본서에 인용하지는 못했지만 이 책의 관점은 본서가 지향하는 견해와 철저하게 일치한다.

2) Allis, Oswald T., *Prophecy and the Church*. Philadelphia : Presbyterian and Reformed Pub. Co., 1945.

이전에 웨스트민스터 신학교에서 구약학을 교수했던 분의 저서인 이 책은 주석은 아니지만 다니엘서의 많은 주제와 구절들을 다루고 있다. 이 책은 역사적인 칼빈주의 입장에서 세대주의를 취급한 가장 권위 있는 신학 서적이다.

3) Barton, G. A., "The Composition of the Book of Daniel," *Journal of Biblical Literature.* 1898.

4) Bevan, A. A., *A Short Commentary on the Book of Daniel*. Cambridge : Cambridge University Press, 1892.

5) Boutflower, *Charles, In and Around the Book of Daniel.* London : SPCK, 1923.

이 책은 이름이 지시해 주는 것과 같이 주석이 아니다. 이 책은 전통적인 메시야적 해석을 받아들이고 있다.

6) Calvin, John, *Commentaries on the Book of Daniel,* Vols. I-II. Grand Rapids : Eerdmans Publ. Comp., 1948.
칼빈 주석은 그가 정확하게 "The Exegete of the Reformation"을 한 이유를 보여 준다. 그의 다른 모든 주석과 같이 이 책에서도 가치 있는 설교와 설명을 많이 수록했다.

7) Charles, R. H., *A Critical and Exegetical Commentary on the Book of Daniel.* Oxford : Oxford University Press, 1929.
Charles는 현대 묵시 문학 분야의 권위자이다. 그는 이러한 통찰력을 가지고 주석을 저술했다.

8) Culver, Robert, *Daniel and the Latter Days.* Westwood, N. J.: Revell Pub. Co., 1945.
다니엘서를 세대주의적 방법으로 저술한 최근의 책 가운데서 가장 대표적인 책이다. 이 책의 상반부는 대체로 전천년설에 관한 토론을 흥미 있게 다루었고, 하반부는 다니엘의 적극적인 해석을 취급했다.

9) Delizsch, Franz, "Daniel," *Realenzyklopaedie fuer Protestantische Theologie und kirche, Zweite Auflage.*

10) Dougherty, Raymond P., *Nabonidus and Belshazzar.* New Haven : Yale University Press, 1929.
설형문자(楔形文字)를 사용한 대단히 좋은 설명을 해 주는 역사적 자료이다.

11) Driver, S. R., *The Book of Daniel (The Cambridge Bible for Schools and Colleges).* Cambridge : Cambrige Uni-

versity, Press, 1922.

다니엘의 예언에 관하여 자유주의적 비평 방법을 사용한 가장 대표적인 책이며 대단히 유용한 책이다.

12) Ewald, H., *Die Propheten des Altes Bundes erklart III er Band.* Gottingen, 1868.

13) Farrar, F. W., *The Book of Daniel (The Expositor's Bible).* New York : Funk and Wagnalls Co., 1900.

14) Gabelein, Arno, *The Prophet Daniel.* New York : Loizeaux Bros., 1911.

다니엘서를 세대주의적인 입장에서 다룬 전형적인 책이다.

15) Heaton, E. W., *The Book of Daniel (Torch Bible Commentaries).* London : SCM Press, 1956.

광범한 개론서이며 (111페이지) 본문을 충분하게 취급하지 않은 책이다.

16) Hengstenberg, E. W., *Christology of the Old Testament,* Vol. III. Edinburgh : T & T Clark, 1968.

19세기에 독일에서 살았던 유명한 보수주의 학자 중의 한 사람인 Hengstinberg의 책으로서 다니엘 7장 13-14절과 9장 24-27절을 상세하게 취급한 책이다.

17) Ironside, Harry, *Lectures on Daniel the Prophet.* New York : Loizeaux Bros., 1911.

세대주의적 견해를 취급한 표준서이다.

18) Keil, C. F., *The Book of Daniel (Biblical Commentary on the Old Testament).* Grand Rapids : Eerdmans, 1949.

(저자 성명을 27쪽과 같이 독일어대로 하면 Keil, K. F. 인데 Karl을 영어로는 Carl로도 쓰기 때문에 여기엔 약자를 K 아닌 C로 됨 - 편집자 주)

루터교도인 카일(1807-1888)과 델리취의 구약 주석은 깊은 학식과 경건적인 증언이다. 영은 이 책을 "다니엘서에 관한 주석 중에서 가장 좋은 주석"이라고 부른다.

19) Kliefoth, T., *Das Buch Daniel ubersetzt und erklart.* Schwerin, 1868.

카일의 주석과 꼭 같은 해석학적 전통을 가지고 기록된 좋은 책이다.

20) Lang, G., *The Histories and Prophecies of Daniel.* London : Paternoster Press, 1941.

21) Leupold, H. C., *Exposition of Daniel.* Columbus, Ohio : The Wartburg Press, 1949.

보수주의적 루터파 주석가가 저술한 대단히 유용한 책이다. 이 책은 전통적인 메시야적 해석을 강력하게 옹호하는 책이다.

22) Luck, G. Coleman, *Daniel.* Chicago : Moody Press, 1958.

세대주의적인 입장에서 평신도를 위하여 기록한 간단한 연구서이다.

23) Maurer, F., *Commentarius grammaticus criticus in Vetus* Testamentum, Vol. II, Leipzig, 1838.

자유주의 비평학파의 일원인 Maurer는 4 나라가 바벨론, 메대 바사, 알렉산더 대왕이 다스리던 헬라, 알렉산더 대왕의 후계자가 다스리던 나라 등을 가리킨다고 주장한다.

24) Mauro, Philip, *The Seventy Weeks and the Great Tribu-*

lation. Revised Edition. Swengel, Pa : Reiner Pub., 1944.
이전에 세대주의자였던 저자가 다니엘서에 관한 세대주의자들의 견해를 강력하게 반응한 책이다.

25) Montgomery, J. A., *A Critical and Exegetical Commentary on The Book of Daniel (Interantional Critical Commentary).* Edinburgh : T&T Clark, 1927.
이전에 펜실베니아 대학교 교수였던 Montgomery가 저술한 이 책은 풍부한 언어학적 재료와 고고학적 재료가 담뿍 실린 책으로 훌륭한 다니엘서 주석 중의 하나이다.

26) Mowinckel, Sigmund, *He That Cometh*. Nashville : Abington Press, 1954.

27) Newell, Philip, *Daniel.* Chicago : Moody Press, 1962.
다니엘서의 근본 주제에 관한 메시지를 취급한 인기 있는 책이며, 세대주의적인 방법을 채택하고 있는 책이다.

28) Porteous, *Norman, Daniel (Old Testament Library)*. Philadelphia : The Westminster Press, 1965.
지나치게 간결한 책이다.

29) Prince, J. D., *A Critical Commentary on the Book of Daniel.* New York : Lemcke and Buechner, 1899.
비평적인 책 가운데서 가장 표준적인 책이다.

30) Pusey, E. B., *Daniel the Prophet.* New York : Funk and Wagnalls, 1855.
보수주의적인 책이긴 하지만 너무 상세한 부분이 오히려 거치장스럽다.

31) Rosenmuller, E. F. C., *Scholia in Vetus Testamentum, pars X.* Leipzig, 1832.

전통적인 다니엘서의 연대와 저작권을 받아들이고 있지만 넷째 나라를 헬라라고 주장한다.

32) Rowley, H. H., *Darius the Mede and the Four World Empires in The Book of Daniel.* Cardiff, Wales : Unve- rsity of Wales Press, 1935, 1959.

이 책은 20세기의 유명한 구약학자 중에 한 사람인 Rowley의 유물이다. 그의 모든 저서 가운데서 발견되는 참고 도서 목록은 특기할 만한 것이다.

33) Suart, Moses, *A Commentary on the Book of Daniel.* Boston : Crocker and Brewster, 1850.

34) Torrey, C. C., "Notes on the Aramaic Part of Daniel," *Journal of the American Oriental Society.* 1923.

35) Tregelles, S. P., *Remarks and Prophetic Visions in the Book of Daniel.* London : Sovereign Grace Advent Testimony, 1965.

1852년부터 출판되기 시작한 이 유명한 책은 재판되었다. 저자는 유명한 예언 문학가인 동시에 유명한 원문 비평가이다. 이 책을 저술하던 그 당시에는 플리머드 형제회(Plymouth Brethren)의 회원이었으며 교훈은 세대주의적 교훈이다.

36) Vos, Geerhardus, *Pauline Esxhatology.* Grand Rapids : Eerdmans Publishing Comp., 1952.

프리스턴 신학교에서 성경 신학 교수로 봉직했으며, 귀중한 많은 저서를 남겼다. 그가 1930년에 저술한 이 책은 재판되었다 이 책이 비록 다니엘의 예언을 직접 취급하지는 않았지만 일반적으로 다니엘의 예언에 관하여 유용한 주해를 많이 하고 있다.

37) Welch, Adam C., *Visions of the End, A Study in Daniel and Revelation.* London : James Clarke and Co., 1922.

38) Wilson, Robert Dick, *Studies in the Book of Daniel* Vol. New York : G. P. Putnam's Sons, 1917.

39) Wilson, Robert Dick, *Studies in the Book of Daniel, Second Series.* New York : Fleming Revell Comp., 1938.
이전에 프린스턴 신학교에서 구약학 교수로 재임한 Wilson이 저술한 두 권의 고전적인 책이다. 사실상 이 책은 다니엘서를 둘러싸고 있는 문제들을 취급한 기술적인 논문이다.

40) Wright, C. H., *Daniel and His Prophecies.* London : Williams and Norgate, 1906.

41) Young, Edward J., *The Prophecy of Daniel.* Grand Rapids : Eerdmans Publ., 1949.
의심할 여지도 없이 오늘날에 유용한 가장 보수적인 다니엘서 주석이다. 이 책은 깊은 학식을 뽐내지 않으면서도 유용한 자료들을 통하여 철두철미한 지식을 나타내 준다.

42) Young, Edward J., The *Messianic Prophecies of Daniel.* Grand Rapids : Eerdmans Pub. Co., 1954.
이 책에서는 책 이름과 같이 다니엘서의 메시야 예언을 간단하게 취급하고 있다.

43) Young, Edward J., *Daniel's Vision of the Son of Man.*

London : The Tyndale Press, 1958.

다니엘 7장 13-14절을 세밀하고도 조심스럽게 취급한 책이며 다니엘의 예언에 관한 책보다 최근의 견해를 유용하게 취급하고 있다.

44) Zockler, Otto, *The Book of the Prophet Daniel* (*Lange's Commentary Series*). New York : Scribner, Armstrong and Co., 1876.

45) 박윤선, **성경주석 : 에스겔서 · 다니엘**. 서울 : 영음사, 1967.

우리말로 기록된 다니엘서 주석 가운데서 가장 가치 있는 책이다.

46) 소안론, **다니엘서 요해**. 서울 : 기독교서회, 1967.

적절한 세대주의적 관점에서 평신도를 위하여 기록된 간단한 입문서이다.

다니엘서의 난제 해석

다니엘서의 메시야 예언

1970년 8월 05일 초 판 1쇄 발행
1995년 9월 10일 초 판 6쇄 발행
2018년 10월 25일 개정판 3쇄 발행

지은이 : 간 하 배
옮긴이 : 정 정 숙
펴낸이 : 최 석 진
펴낸곳:개혁주의출판사

출판등록 : 제2014-000065호
주소: 서울 은평구 갈현동 서오릉로 20길 14(갈현동)

전화: 353 - 1752
팩스 353 - 1754

ISBN 89-86184-05-2 93230
은행계좌 : 국민 879637-01-001507(개혁주의)

정가 15,000 원